人性的弱點

卡內基經典成功學

一針見血指出人類劣根性

(美)戴爾·卡內基 著
趙雅筑 編譯

—— 要顯示一個偉大人物的偉大，就在於看他是如何對待一個卑微的人。

—— 真正有理想有抱負的人，會懂得失敗只是暫時的。

—— 永遠對身邊的新事物感興趣，那就永遠也不會感到落伍與失落。

人性的弱點

卡內基經典成功學，一針見血指出人類劣根性

目錄

第一章　掌握人際交往的基本技巧
如欲採蜂蜜，勿踏翻蜂房 …… 10
抱著真誠的心去讚賞他人 …… 19
左右逢源的處世之道 …… 26

第二章　掌握平安和快樂的要訣
保持自我的本色 …… 40
摒除不好的工作習慣 …… 45
釋放自己讓自己變得輕鬆 …… 49
活在當下，別為明天的事自尋煩擾 …… 52
學會遺忘，懂得寬恕 …… 57
予人恩惠，不要苛求對方的回報 …… 62

第三章　獲得人脈的必勝法則
微笑是有力量的 …… 68

不要因小事與他人爭執不休 71
牢記對方的姓名 74
尊重他人的意見，不要輕易否定 77
學會運用投其所好的方法 80
給他人發言權，善於傾聽 85
有一顆關懷他人的心 87
切勿將自己的觀點強加給他人 91
善於傾聽他人的見解 94
激發他人的高尚意願 98
與他人共用自己的快樂 100

第四章　如何讓人喜歡你

讓你處處受歡迎的方法 106
如何給他人留下良好印象 113
儀表是你給人的第一印象 117
避免麻煩發生的方法 122

第五章　做一個最好的自己

讓自己成為獨一無二的人 130

學會鍥而不捨，不要輕言放棄 131
隨時隨地接受新思想，以彌補你的欠缺 133
別讓人覺得你無聊 136
學會勇敢的承擔責任 140
把你的煩惱放置一邊 143

第六章　擁有幸福快樂的家庭生活

不要在家人面前嘮嘮叨叨 150
別試圖改變對方 152
千萬不要批評你的伴侶 154
注重那些看似不起眼的事情 156
家庭之中也應有禮有讓 158
學會與你的伴侶相處 160
如何與男性相處 168

第七章　有效改善你的講話技巧

通往速成技巧的捷徑 178
讓自己練就一流的口才 186
將活力和熱誠帶給聽眾 188

讓聲音變得甜美而有韻律 192
讓人能夠理解你的技巧 194
戰勝恐懼，樹立自信 197
用詳實的資料吸引聽眾 203
吸引聽眾，巧妙設計開場白 211
避免受到聽眾不利的注意 221
有效說話的速成技巧 224

第八章　巧妙有效的說服別人

保存他人的顏面 234
敢於承認自己的錯誤 237
收回你的批評和指責 241
莫讓批評之箭擊中你 244
委婉的為他人指出錯誤 248
運用鼓勵、讚賞的態度讓他人接受 251
妙說可以讓信件創造奇蹟 254

第九章　戰勝自我，走出孤獨的人生

讓忙碌占滿你的生活 262

健康的大敵——憂慮 273
憂慮容易引發三大疾病 274
憂慮容易引發神經和精神問題 276
消除憂慮的有效法則 280
不要杞人憂天 286
勇於接受無法避免的事實 289
面對困難保持樂觀的心態 291
讓生活充滿熱忱 295

第十章　讓生活與工作、金錢相和諧

慎重選擇適合於你的工作 300
合理支出，以防止入不敷出 302
讓工作與休閒之間保持的平衡 306
變不利因素為成功的動力 309
在合作競爭中實現自我價值 313

第十一章　擺脫疲勞，永保活力

提前休息，防止疲勞 320
不妨假裝對工作有興趣 323

放鬆你緊張的肌肉……327
保持平和的心態……331
大膽說出你的心事……335
壓力的起源是什麼……338
讓自己精神百倍的奧祕……340

第一章　掌握人際交往的基本技巧

如欲採蜂蜜，勿踏翻蜂房

在一九三一年的五月七日，紐約市民經歷了一樁前所未有的事情：一起駭人聽聞的圍捕激戰！殺人凶手是個菸酒不沾、有「雙槍」之稱、名叫「克勞雷」的罪犯。他被警方包圍在西末街——他情人的公寓中。

警方治安人員出動了一百五十名，此刻正把克勞雷包圍在他公寓頂樓的藏身處。一切都在緊張激烈的進行：警方人員在屋頂鑿了個洞，試圖用催淚毒氣把凶手克勞雷熏出來。附近四周的警方人員已把機槍安置在建築物上，等候時機。在接下來一個多小時的時間內，這個紐約市區裡原本清靜的住宅區，就響起了一陣陣的驚心刺耳的機槍、手槍聲。克勞雷藏在一張堆滿雜物的椅子後面，用手上的短槍，接連的向警方人員射擊。上萬的人，懷著緊張而興奮的心情，圍觀這幕警匪激戰的場面。久住紐約的人都知道，這樣的事情從古至今是第一次發生。最後，終於把克勞雷抓獲後，警方總監「馬羅南」向外界指出：這個暴徒是紐約治安史上最危險的一個罪犯。並且又說：「克勞雷的殺人行動，就像切瓜一樣！他罪有應得要被判處死刑！」

但是，「雙槍」克勞雷又是怎麼看待自己的呢？當警方人員圍擊他藏身的公寓時，克勞雷寫了一封公開的信來表明自己的心跡，由於傷口流血，從而使那張紙上留下了他的血跡！克勞雷是這樣寫的：「在我衣服下面，是一顆疲憊的心——一顆不願意傷害任何人的心，它是仁慈的。」

在這件事不久之前，克勞雷駕著汽車行駛在長島一條公路上，邊開車邊與一個女伴調情。那時，一個警察忽然來到他停著的汽車旁邊，說：「讓我看一下你的駕駛執照。」

克勞雷一言不發，拔出手槍，對準那警察就連開數槍，那警察當即倒地身亡。接著克勞雷從汽車裡跳了出來，撿起那警察的手槍時，又對著警察的屍體開了一槍！這就是克勞雷所說的——「在我衣服下面，是一顆疲憊的心——一顆不願意傷害任何人的心，它是仁慈的。」暴徒克勞雷被判死刑坐電椅。當他走進受刑室時，你以為他會懺悔的說：「這是我殺人作惡的下場。」不，他仍然頑固的說：「我是因為要保衛我自己，才這樣做的。」

我們可以看出，「雙槍」克勞雷至死對自己沒有任何一絲的內疚。

這是罪犯中一種慣常的態度嗎？如果你是這樣想，那麼就再看看下面這些話：「我將一生中最好的歲月給了人們，讓他們擁有幸福和愉快，過著舒適自在的生活，而我所得到的卻是侮辱——一個遭人搜捕的人。」

那是「卡邦」所說的名言，他曾經是美國的第一號公敵，橫行在芝加哥一帶，一個十惡不赦的匪首。但是，他認為自己是一個有益於大眾的人——一個沒有受到讚許，而且是一個被人誤解的善良的人。「休士」在紐約被槍彈擊倒前，也有這樣的表示。他接受新聞記者採訪時說，自己是一位有益於群眾的人。事實上，他在紐約是個令人髮指的罪犯。

我（作者卡內基本人，下同）曾經和「星星監獄」負責人華賴．勞斯有過一次有趣的通信。他說：「在『星星監獄』中，很少有罪犯承認自己是壞人，他們的人性就跟你、我一樣，他們都有自己的解釋。他們會這樣告訴你，為什麼要撬開保險箱，或是接二連三開槍傷害人，甚至為他們自己反社會現實的行為而辯護，因此堅持認為警察不應該把他們囚禁起來。」

看看卡邦、「雙槍」克勞雷、休士，和在監獄中的暴徒，都完全不自責，不把錯誤歸咎在自己身上……那你我在生活中所接觸的人又怎麼樣呢？

已故的華納梅格，曾經有過這樣一次坦誠的論述：「三十年前我就明白，指責別人是愚蠢的事，我雖然不抱怨上帝沒有將智慧和財富均勻的分配，但我對克制自己的缺陷卻感到非常的吃力。」

華納梅格很早就學到這一課，而我在這世界上，盲目的生活了三十多年，現在才豁然領悟……一百次中有九十九次，沒有人會為了任何一樁事情來自我批評，無論錯誤發展到什麼程度。

批評是沒有用的，因它會產生增加更多的抵觸情緒，而且竭力替自己辯護。批評也是危險的，它能傷害一個人的自尊和自重的感覺，並激起他的反抗。

德國軍隊裡的士兵們，都要遵守這樣一條軍紀：在發生某一件事後，不許即刻申訴、批評。他需要懷著滿肚子的怨氣睡下，直到這股怨氣消失。如果他申訴，會受到處治。在我們的日常生活中，好像也應該有必要產生這樣一種規律——就像嘀咕埋怨的父母，嘮叨不止的妻子，斥責怒罵的老闆……和那些吹毛求疵、令人討厭的人。

從卷帙浩繁的歷史中，你可以找出大量的例子——「批評」是毫無效果的。羅斯福和塔虎脫總統的著名爭論後果是：這爭論分裂了共和黨，卻把威爾遜送進了白宮，使他在世界大戰中，留下了勇敢、光榮的足跡，而且還改變了歷史的趨勢。

讓我們簡單回顧一下當時的情形：

一九〇八年，羅斯福離開白宮的時候，他讓塔虎脫當了總統，然後自己去非洲狩獵獅子。當他回來的時候，情形就發生了變化，他斥責塔虎脫太守舊，自己打算連任第三任總統，並且組織了「進步黨」。這個舉動幾乎毀滅了共和黨。就在那次選舉的時候，塔虎脫與共和黨僅獲得兩州的支持——那是「佛蒙特」和「猶他」，這是共和黨一次最大的失敗。

羅斯福責備了塔虎脫，但是塔虎脫有沒有責備自己呢？當然沒有，塔虎脫兩眼含著淚水，說：「我不知道如何做，才能跟我以前所做的有所不同。」

究竟是誰做錯了？這情形我不清楚，也不需要去關心。不過我所要指出的一點，就是羅斯福所有的批評，並沒有讓塔虎脫認為自己是錯誤的。那只使塔虎脫極力替自己辯解，眼中含著淚水，反覆的說：「我不知道如何做，才能跟我以前所做的有所不同。」

茶壺堡事件的煤油舞弊案，這件事還有記憶嗎？它使群眾輿論忿怒了好幾年，讓整個國家上下全部震驚！在所有人的記憶裡，美國公務生活中，從沒有發生過此類的情形。

下面是這樁舞弊案的事實經過：亞伯特．費爾，是哈定總統委任的內政部長，當時委任他主事政府在「愛爾克」山和茶壺堡油田保留地出租之事。那塊油田，是政府預備未來海軍用油的保留地。

費爾是不是公開投標？不，他沒有這樣做，而是把這份豐厚的合約，直接給了自己的朋友「鄧西尼」。鄧西尼又是怎麼做的呢？他把自己願意稱為「債款」的十萬元美金，「借給」了這位費爾部長。費爾接著用高壓的政府手段，命令美國海軍進駐那一地區，趕走其他競爭者，因為他們的鄰近油井，搶走了愛爾克山的財富。保留地上的那些競爭者，在槍桿、刀光的強權下被迫離開了，但是他們並沒有就此甘心認輸。受到損失的油商跑進法庭，揭發了高達一億美金茶壺堡事件的舞弊行為。這件事發生後，影響之惡劣，幾乎毀掉了哈定總統整個的行政，全國上下群情譁然，一致痛恨這種腐敗行為。就連共和黨也幾乎垮台，而費爾也被判入獄。

在事件發生前後，費爾被各種斥責搞得焦頭爛額——在公務生活中，很少有人遭到這樣的譴責！此時，他後悔了嗎？沒有，他根本沒有為自己的所作所為感覺後悔！

那是幾年後，胡佛總統在一次公開演講中透露，哈定總統的死，是由於長期而強烈的神經刺激和心中的憂慮，因為有一個朋友曾經出賣了他。當時費爾的妻子也在場，聽到這句話後，立刻從座椅上跳了起來。她放聲大哭，緊緊握著拳頭，怒喊道：「什麼……哈定是被費爾所出賣的？不，我丈夫從未做任何對不起人的事。即使這間屋子一角堆滿了黃金，也不能讓我丈夫受此誘惑而做壞事。他是被別人所辜負，才走向刑場，被釘在十字架上的！」從這些故事中，你可以看出，人類自然的天性，是做錯事只會責備別人，而絕不會責備自己，我們每個人都是如此的。所以當你我明天要批評別人的時候，就想想卡邦、克勞雷和費爾這些人。

批評就如同飼養的鴿子，牠們永遠會飛回家的。我們需要理解，我們要矯正或譴責的人，他也會為自己辯護，而反過來譴責我們的人，也會失去既得的利益。就像溫和的塔虎脫，像他上面說的那樣。

一八六五年四月十五日，星期六的早晨，林肯躺在一家簡陋的公寓臥室中。這家公寓就在他遭到槍殺的福特戲院對面。林肯瘦長的身體，躺在一張特別短而且往下沉的床上，靠床的沿壁，掛著一幅朋漢「馬群展覽會」的複製畫，一盞煤氣燈散發出幽黯、淡淡的光亮。

林肯躺著在即將離開這個世界的時候，當時的陸軍部長史坦頓說：「躺在那裡的，是世界上最完美的元首。」

林肯待人成功的祕訣是什麼？我曾用了十年左右的時間，來研究林肯的一生，同時我用了整整三年的時間，為他撰寫了一部書，我替這部書題名叫「人們對林肯尚未清楚的一面」。我相信，有關於林肯的人格和他的家庭生活，我詳盡的研究已到了人們所能做到的極限。我又找出有關於林肯待人的方法，作特殊的研究。林肯是否曾任意批評過他人？是的，在他年輕的時候，在印第安納州的鴿溪谷。他不但批評，而且還寫信作詩去譏諷他人。他把寫好的東西，扔到一定能讓人撿到的馬路上，其中有一封信，讓人對他產生了終身的憎惡之情。林肯在伊利諾州的春田市，掛牌做了律師後，他還在報紙上發表文稿，公開攻擊敵對他的人。但這樣的事他只做了一次。

一八四二年秋季，林肯譏笑一個名叫「西爾滋」的自大好鬥的愛爾蘭政客。林肯在春田市的報上，刊登了一封匿名信諷刺他，使讀了文章的全市眾人哄然大笑。西爾滋平時敏感而自豪，這件事在他心頭激起了萬丈怒火。當他得知是誰寫這封信的時候，跳上馬，立即去找林肯，決定和他作一次決鬥。

林肯平時不願意打架，反對決鬥，但是為了顧及自己的面子又不能推辭或者拒絕。他的對手西爾滋讓他自己選用武器。林肯兩隻手臂特別長，就挑選了馬隊用的大刀，爾後他向一位西點軍官學校畢業生學習刀戰。到了指定的日期，他和西爾滋在密西西比河的河灘上，準備決一生死，就在最後的一分鐘，他們兩方面的助鬥者，才阻止了這場決鬥。

那次對林肯而言，是一樁最驚人、最恐怖的事。但是這件事在林肯待人的藝術上，卻給了他一個極其寶貴的教訓。他從此不再寫凌辱人的信，從此不再譏笑別人。從那時候開始，他幾乎從不為任何事而批評任何人。

在美國內戰的時候，林肯屢次委派新將領，統率「波多馬克」軍隊，但是所有將軍都遭到了沉痛的慘敗……使林肯懷著失望而沉重的心情，獨自一人在屋子裡踱步。全國幾乎有半數的人，對這些不能勝任的將領譁然指責，但是林肯一概保持著他平和的態度。他最喜歡的一句格言，就是——「不要評論人，免得為人所評論」。

當林肯的妻子和有些政客，刻薄的談論南方人時，林肯總是這樣打斷：「不要批評他們，如果我們處在相同的情形下，也會像他們一樣。」

但是，如果有人有機會批評的話，那就是林肯了。我們看下面這個例證：

七月四日的晚上，南方「李」將軍開始向南邊撤退。當時全國雨水氾濫成災，那時「李」帶領敗軍到達波多馬克時，看到前面河水暴漲，已經無法過河，而勝利的聯軍就在後面。「李」和他的軍隊，進退維谷，處於困境當中。

林肯知道這正是個絕佳的機會，把「李」的軍隊俘虜，立刻就能結束這場戰爭。林肯滿懷著希望，他命令彌特，不必召開軍事會議，而立即出兵襲進「李」軍。林肯先用電報發出命令，隨後又派出特使要彌特就即採取行動。

但是這位彌特將軍，又是怎麼做的呢？彌特所採取的行動，卻違背了林肯的命令。他召開了一個軍事會議，沒有聽從林肯的命令，遲疑不決的拖延下去。彌特用了各種藉口覆電，實際上就是拒絕進襲「李」軍。最後等到河水降退，「李」和他的軍隊就此逃過了波多馬克。「彌特這樣做是什麼用意？」林肯知道這件事後，震怒至極。他向兒子羅伯特大聲說：「老天爺，這是什麼意思？……『李』軍已在我們掌控之中了，只要一伸手，他們就是我們的了……在那種情形下，任何將領都能帶兵把『李』打敗，如果我自己去就已經把他捉住了。」在沉痛失望之下，林肯給彌特寫了封信！林肯在他一生的這段時間中，是極端保守的，用字也非常拘謹，所以在一八六三年裡頭，這封信出自林肯手筆，可以算是最嚴厲的斥責了。信的內容，是這樣的——

親愛的將軍：

我相信你能夠明白，由於「李」的脫走，所引起的不幸後果的重大關係。他已是在我們輕易的掌握中，如果將他俘獲，再加上最近我們其他地方的勝利，立刻就能結束這場戰爭。

但是照現在的情形來看，戰事將會無限期的拖延下去。上星期一你不能順利的襲擊「李」軍，現在你又如何能再向他襲擊……我不期望你現在會有多大的成功，因為你已讓黃金般代價的機會消失掉了，這使我感到無限的沉痛。

據你的猜想，當彌特看到這封信後，他將會如何呢？

但是，彌特從沒有看到那封信，因為林肯並沒有把這封信寄出去。這封信是在林肯去世後，在他的文件中發現的。

我有這樣的想法——這只是我的假設：林肯寫了這封信後，望著窗外喃喃自語：「慢著，或許我不能這樣匆忙。我坐在這寧靜的白宮裡，命令彌特進攻，那是一樁很輕而易舉的事。但是如果我到了蓋茲堡，像彌特一樣在上星期看到那麼多的血，我的耳朵也聽到死傷者的呼叫、呻吟，我也許會不急於要向『李』軍進攻……如果我也有跟彌特一樣懦弱的個性，或許我所做的，會跟他做的完全一樣。「現在木已成舟，無法挽回了。如果我發出這封信，固然發洩了我心一時的不愉快，但是彌特也會替他自己辯護。在那種情形下，他會譴責我，引起他對我的惡感，而且會傷及到他以後做司令官的結果，甚至還會逼他辭去軍隊的職務。」

如我想像中那樣，林肯沒有把信發出，就放在一邊了。因為林肯從苦痛的經驗中知道，尖銳的批評、斥責，是永遠達不到任何效果的。

羅斯福總統曾經這樣說過，當他任職總統，遇到難以解決的問題時，他會把座椅往後面一靠，仰起頭，看著寫字桌對面壁上那幅很大的林肯畫像，這樣問自己：「如果林肯處在我眼前這種困難下，他將會如何？他將如何去解決這個問題？」

以後如果我們想要批評人家時，就讓我們從口袋中拿出一張五元的鈔票來，看看鈔票上林肯的畫像，再這樣的問自己：「如果林肯遭遇到同類的事，他將會如何處置呢？」

你所認識的人，你願意他改變、調整，或是進步嗎？是的，那是最好不過的。但是你為什麼不先從自己開始呢？從自私的立場來說，先從自己開始，要比改進別人獲益更多。「當一個人的爭論、激辯起於自己時，」鮑寧這樣說，「他在諸多方面已不是尋常的了。」在我年輕的時候，就很渴望讓人家知道我。我曾寫過一封信，給美國文壇上一位久負盛名的作家，他叫「戴維斯」。那時我準備給一家雜誌社，寫些有關文壇作家的文章，所以我請戴維斯指導我，為我傳授一些有關他寫作的方法。

數星期後，我接到了一封信，信上附注著這樣一句話：「信係口述，未經重讀。」看到這兩句話後，很引起我的注意，相信寫這信的人，肯定是位事務繁忙的大人物，而我卻一點也不忙。但是我急於引起戴維斯的這位大作家注意，我在寫了一封簡短的回信後，後面也加上這樣一句：「信係口述，未經重讀。」戴維斯不屑再給我回信，只是把我那封信退了回來。但是下面潦草的寫著幾個字：「你態度不恭，簡直無以復加。」

現在回想此事，我的確是做錯了，或許我應該受到這樣的斥責。但是，人性使然，這讓我產生了深深的痛恨，對他懷著極度的憤恨。甚至十年後，我得知戴維斯去世的消息時，我心裡還在深深的恨他。而我卻羞於承認自己的錯誤，總認為我自尊的傷痕是他給我造成的。如果你明天要激起一股憤恨，使人痛恨你十年，一直到死，我們可以放任一些對人具有刺激性的批評。

當我們要應付一個人的時候，一定要記住，我們應付的不是理論上的動物，而是在應付具有感情的動物。

而且批評是一種危險的導火線——一種能使自尊的火藥庫爆炸的導火線，這種爆炸，有時會置人於死地。曾有這樣的一個例子：胡特將軍受到人們的批評，又不被允許帶兵去法國，他的自尊所受的打擊，幾乎讓他的壽命變得非常短暫。

苛刻的批評，曾使敏銳的哈代——一位英國文壇上最好的小說家——永遠放棄執筆寫小說的勇氣。富蘭克林在年輕的時候，並不聰明，但是後來成為一個極有手腕且處世待人富有技巧的人，甚至擔任過美國駐法的大使。他成功的祕訣是：「我不說任何人的不好！」他又這樣說：「而且我所知道的每一個人都有其好的方面！」

任何一個人，都會批評人、斥責人和抱怨人；同時，也是絕大部分愚蠢的人才會這樣做。但若要寬恕和了解別人，那就必須在於人格、克己上下功夫了。

卡萊爾曾經這樣說過：「要顯示一個偉大人物的偉大之處，就在於看他是如何對待一個卑微的人。」

正如傑森博士所說的：「上帝在末日之前，還不打算審判人！」

你我又為什麼非得要批評他人呢？

不要批評責怪或抱怨他人。

抱著真誠的心去讚賞他人

世上到底有沒有一種方法可以促使人去做任何事呢？你可以用槍威逼他人，要他乖乖的交出金錢；可以用「炒魷魚」來威脅員工聽你的話——直到你不在跟前；也可用體罰或恐嚇的辦法讓小孩聽從於你。但是，這些粗卑的辦法換來的卻是一種極為不良的反應。

而真正要他人做事的唯一方法就是：給他想要的東西。可是，一個人到底想要什麼呢？按照佛洛伊德的說法，一個人做事的動機不外乎兩點：性衝動和渴望偉大。美國學識最淵博的哲學家之一，約翰．杜威則有另一種說法，他認為，人類的本質裡最深遠的驅動力就是「希望具有重要性」。那麼，一個人到底需要什麼呢？其實，所求並不多。一般來講，大多數人需要的東西包括：

（一）健康的身體
（二）食物
（三）睡眠
（四）金錢和用金錢能夠買到的東西
（五）自己日後的保障
（六）性滿足
（七）親人的幸福
（八）被人重視和尊重的感覺

以上這些需要，除了第八項以外都較容易滿足。人們對這項需求的根深蒂固、迫切渴望基本上等同於對食物和睡眠的需要。它就是佛洛伊德所說的「渴望偉大」，或是杜威所說的「希望具有重要性」。

林肯在寫信時曾提到過，「人人都喜歡受到別人的讚揚」。威廉．詹姆士也說過：「人類本質裡最殷切的需求是渴望得到別人的肯定。」他不用「希望」、「需要」或是「盼望」等字眼，而用的是「渴望」這個詞。

這種渴望不斷的啃噬著人的心靈，只有少數懂得滿足人類這種欲望的人，才可以將他人掌握在自己手中。這種「希望具有重要性」的感覺，也是人類與禽獸最大的區別與不同。

我小時候，住在密蘇里州的鄉間，那個時期，父親養了幾隻品種優良的紅色大豬和一頭血統優良的白牛。我們帶著豬和牛在美國中西部一帶參加家畜展覽，並且獲得了特等獎。父親把特等獎藍帶別在一塊白色軟質平紋布上，逢人便拿出來炫耀一番。

儘管豬和牛對這贏來的藍帶並不在意，但父親卻十分珍惜，因為那使他擁有了「深具重要性」的感受。如果我們的祖先沒有這種「希望具有重要性」的渴望，現在的一切文明也就無從談起，我們與禽獸也不會有什麼異同。

正是這種渴望，促使一位未受教育又極度貧苦的雜貨店員，去認真研究他在一個堆滿雜物的大木桶底下找出的法律書──那是他花五毛錢買到的。你也許已經聽說過這位雜貨店員的名字，他就是林肯。就是這種渴望促使狄更斯寫下了不朽的作品；就是這種渴望鼓舞克里斯多佛．雷恩爵士（英國著名建築家）在石頭上設計出詩篇；就是這種渴望使洛克菲勒聚集了耗之不盡的財富；也因為這種渴望，使你們鎮上的有錢人建造了超出實際所需的大房子；也因為這種渴望，使你想擁有最新款式的衣裝、最新型的汽車，還有誇耀一下你聰明的孩子；也因為這種渴望，驅使許多年輕男女加入了不良幫派。曾擔任過紐約市警察局長的莫洛尼指出，許多年輕的罪犯十分自負，他們被捕後的最大願望就是能夠在報紙上大出風頭，和那些運動健將、影視明星或政治人物的照片一起出現在報端。至於以後的牢獄生涯如何度過，他們從不考慮。

倘若你告訴我，你是如何滿足這種「具有重要性」的需要的，我就可以告訴你，你是怎樣的一個人。因為那決定了你的人格，是對你最具有意義的事。舉個例子來說明，洛克菲勒滿足這種需要的方法，就是捐錢在國外建立一所現代化醫院，為那些未曾謀面的窮苦人民造福。另一個人名叫狄令格，他滿足這種需

抱著真誠的心去讚賞他人

要的做法，是走上犯罪道路，成為搶劫銀行的匪徒和無情殺手。在美國聯邦調查局通緝他的時候，他逃到密蘇里州一處農舍，對著驚惶的農民說道：「我是狄令格！」似乎對第一號社會公敵的身分引以為豪，「我不會傷害你們，但是，你們要知道我就是狄令格！」

是的，狄令格和洛克菲勒最大的區別就在於，他們採用了不同的方法，讓自己感到「深具重要性」。

歷史上的這類例子數不勝數。就連喬治．華盛頓也喜歡人家對他的稱呼為「美國總統閣下」；哥倫布要求女王賜予「艦隊總司令」的頭銜；凱薩琳大帝只接受上面標有「女皇陛下」的信函；林肯夫人在白宮的時候，有一次對格蘭特夫人咆哮道：「不經過我的邀請，你竟然敢出現在我的面前！」一九二八年，好幾個百萬富翁資助拜爾德將軍到南極大陸探險，就是因為他們知道，那些封凍的山嶺將會以他們的名字而命名。作家雨果最熱衷的莫過於希望有朝一日能將巴黎改名為雨果市。甚至連著名的莎士比亞，也千方百計的為自己的家族獲得一枚象徵榮譽的徽章。

也有人用病弱來求取別人的注意和同情，而突出自己的重要性。我們以麥金利夫人為例子，美國第二十五屆總統威廉．麥金利的夫人，常常要求丈夫放下國家大事，而陪她留在房裡，撫慰她入睡。有一次因為要修補牙齒，她堅持要丈夫留下來陪她。後來因為總統先生與國務卿海約翰有約，沒能滿足她的要求，夫人為此還大鬧了一場。

有些專家指出，人的精神異常，是希望在幻覺中尋求肯定自己的重要性，這在殘酷的現實生活中是不能實現的。全美國由於精神疾病導致的傷害，超過其他疾病的總和。

精神失常的原因是什麼？沒有人能回答這個大問題。但是，我們知道有些疾病，比如梅毒，也會損及腦細胞而造成精神異常。事實上，半數的精神疾病可歸咎於生理因素，諸如腦部障礙、酒精、毒素和外傷等。

但一個令人驚駭的事實是，另一半精神異常的人，腦部器官完好無損。根據死後的驗屍表明，當把這些人的腦部組織放在顯微鏡下觀察時，發現這些組織絕對和你我的腦部組織一樣健康。那麼，是什麼原因讓這些人患病，致使精神失常呢？

我向一家著名精神病醫院的主治醫師請教這一問題。他是一位備受推崇、也極具權威性的專家。但是他很坦然的告訴我，他也不知道人為什麼會變得精神異常，沒有人能說出絕對的原因是什麼。同時這位醫師也指出，許多人因為不能在現實生活中獲得「被肯定」的感覺，因而他們到另一種世界去尋求，這就是我們所說的精神失常。他還向我講了一個例子：

我現在有個病人，她的婚姻極不美滿。她渴望得到發洩、性滿足、孩子和社會地位。但是，在現實生活中，她所有的希望都破滅了。她的丈夫並不愛她，甚至不願與她一道用餐，卻又要她把食物端到樓上的房間讓他享用。這位女士沒有孩子，沒有社會地位，於是她發瘋了。在她想像的世界裡，她與丈夫離了婚，恢復了本性。現在，她甚至想像自己嫁給了一位英國貴族，所以要大家稱她為史密斯夫人。

因為她渴望有孩子，所以每天晚上，都想像自己有個小寶貝。每次我去看望她時，她都說：「醫生，我昨天生了個小寶貝。」

現實生活一度摧毀了她的夢想之船，但是，在另一個灑滿陽光與有著神妙島嶼的世界裡，她的夢幻之舟又再度揚帆駛進快樂的港灣。

這是一齣悲劇嗎？我無法回答。醫師告訴我：「如果我真能矯正她的病狀，我也不會去做的。因為我認為她在現在的世界裡更快樂。」

查爾斯．施瓦布在當年是全美少數年收入超過百萬美元的商人。一九二一年，安德魯．卡內基獨具慧眼，提名施瓦布為新成立的「美國鋼鐵公司」第一任總裁時，施瓦布才三十八歲（施瓦布後來離開了「美國鋼鐵公司」，接管當時陷入困境的「貝氏拉罕鋼鐵公司」，經過他的重新部署，最終使這家鋼鐵公司變為全美獲利最大的公司之一）。

是什麼原因讓安德魯．卡內基每年花掉一百萬聘請施瓦布先生呢？這幾乎等於每天支付他三千多美元。難道施瓦布先生是個天才，的確了不起嗎？還是施瓦布先生對鋼鐵生產比別人懂得多？都不是。施瓦布先生親自告訴我，其實在他手下工作的許多人對鋼鐵製造都比他懂得多。施瓦布說他之所以能獲得高薪，主要是因為他擅長處理人事關係，管理人事和生產。我問他這一點他是怎麼做到的，他對我說了下面這段話——這段話應該銘刻到銅版上，懸掛在每個家庭、學校、商店和辦公室裡。只要我們還活著，這段話就會改變你我的生活面貌：

我想，我天生具有激發人們熱情的能力。激發人將自身能力發展到極限的最好辦法，就是讚賞和鼓勵。來自長輩或上司的批評，最容易讓一個人喪失志氣。我從不批評他人，我相信獎勵是使人工作的原動力。所以，我喜歡讚美而討厭吹毛求疵。要問我我喜歡什麼，那就是真誠、慷慨的讚美他人。

這就是施瓦布成功的祕訣。但是，一般人是怎麼做的呢？正好相反，如果他們不喜歡一件事，就一定會對下屬大吼大叫；如果喜歡，就默不作聲。就像俗語所說的：「好事無人知，壞事傳千里。」「在現實生活中，我廣泛接觸過世界各地不同層面的人。」施瓦布說道，「我發現，無論多麼偉大或尊貴的人，他們都和平常人一樣，在受到認可的情況下，比在遭受指責的情形之下，工作更加奮發，效果也會更好。」

這也是安德魯．卡內基先生獲得出色成功的主要原因。施瓦布指出，卡內基常常公開稱讚他人，私底下也是如此。甚至在墓碑上，卡內基也總是想著恭維別人。他為自己所寫的墓誌銘是這樣的：「這裡躺著一個人，他懂得如何奉迎比他聰明的人。」

真誠的讚賞是約翰．洛克菲勒管理人事成功的首要祕訣。舉例來說，愛德華．貝德福特是洛克菲勒的合夥人之一，在南美的一次生意中，他讓公司損失了一百萬美元。洛克菲勒非常有理由對其加以指責，但是他並沒有這樣做，他知道貝德福特已經盡力了——況且事情已經發生也過去了。所以洛克菲勒透過其他的事找到了稱讚貝德福特的理由，說他節省了六〇%的投資金額。「這太好了，」洛克菲勒讚美說，「我們並不可能總是像巔峰時期那樣好。」我的剪報中有這樣一個小故事，雖然並不是真實的，卻很有道理，所以我還是希望與讀者一起欣賞一下。

有個農婦在勞累了一天之後，為工作的幾個男人準備了一大堆乾草當晚餐。男人憤怒質問她是不是瘋了，農婦答道：「嘿，我怎麼知道你們會在意呢？二十年來，我一直煮飯給你們吃，你們都是默不作聲，也從沒告訴我你們並不吃乾草啊！」

幾年前，有人對離家出走的婦女進行過研究。你知道是什麼重要的原因讓這些婦女離家的出走嗎？——「沒有人對她們的工作感恩」。我相信，離家出走的男人也大概是出於相同的理由。雖然我們心裡也常常感謝另一半為自己所做的一切，但卻從來沒有說出自己的感激之情。

有個朋友的妻子參加了一種自我訓練與提升的課程，回家後，她要先生列出六種能讓她變得更加理想的事項。這位先生說道：「這個要求真讓我吃驚。坦白的說，要我舉出六件事項其實並不困難——天曉得，我太太或許能列出上千個希望我變得更好的事項——但是，我沒有這麼做，我只是對她說：『讓我想想看，明天早上給你答覆。』「第二天早上，我起了個大早，打電話要花店給我太太送六朵紅玫瑰，並且附上一張紙條，寫著：『我想不出有哪六件事是希望你改變的，我就喜歡你現在的樣子。』「傍晚回家的時候，你猜在門口等著我的會是誰呢？對啦，當然我太太！她幾乎含著眼淚等著我回家。沒必要再多說什麼了，我很慶幸自己沒有照她的請求趁機批評一番。「星期天她再次去上課的時候，當她把事情經過告訴她周圍的朋友後，許多太太走過來告訴我：『這真是我所聽到過的最善解人意的事。』我也因此感受到了讚賞的力量。」

佛羅倫茲．齊格飛二世是百老匯最知名的歌舞劇家，具有一項「使美國女孩增光添彩」的超絕能力。好幾次，他把原本沒有人願意多看一眼的平凡女孩，變成了千嬌百媚、風情萬種的舞台明星。他深知讚美和信心的價值，常用殷勤、體貼的力量打動女士們的心，使她們相信自己確實很美麗。他十分看重現實，把歌舞女郎的週薪由三十元提高到一百七十五元；他也很浪漫，在首演之夜，一定會給主要明星致電，還給每個歌舞劇女演員送一大束紅薔薇。

我一度屈從潮流，絕食了六天六夜。這當然不容易做到，不過，到了第六天晚上，感覺已不像第二天晚上那麼飢餓難熬了。你我都知道，若是讓家人或員工六天不吃飯，我們一定有犯罪感。但是，我們卻常常六天、六星期、甚至六十年都從不對家人表示讚賞，這份精神鼓舞不是和食物一樣重要嗎？

我們會照顧兒女、朋友、甚至員工的身體，但是我們可曾照顧過他們的自尊？我們給他們牛肉、馬鈴薯，使他們的體力得以補充，但是，卻忽略了說一些感謝他們的語言。這樣的語言勝似晨星的美妙音樂，永遠在他人的記憶深處歌唱。

在日常生活中，我們通常忽略的美德之一就是讚賞他人。有時候，兒女從學校帶回一份優秀的成績單，我們忘了稱讚他們；當孩子們第一次烤了一個蛋糕或做了一個鳥籠，我們也忘了給予他們鼓勵。對孩子們來說，父母的注意和讚賞是最令他們高興的事情了。

下一次，若你在餐館裡見到盤中漂亮的裝飾，不妨告訴廚師他們做得太好了；當疲憊的店員耐心的拿出貨物給你看時，也要對他們表示一下稱讚。

每位演講者、公共發言人都有所體會，當他們傾其所有給聽眾，卻聽不到半點鼓勵的掌聲時，他們的內心有多失望。同樣的情形發生在辦公室、店鋪和工廠；員工，甚至我們的家人和朋友，他們的感受都是一樣的，甚至難受的程度會更加強烈。別忘了一點，在人際交往裡我們所接觸的是人，他們都渴望被人讚賞。給予他人歡樂，這是合情合理的一種美德。

在你每天的生活之旅中，請想著為人間留下一點讚美的溫馨，這一點小火花會燃起友誼的火焰。當你下次再度來訪時，會驚奇的發現它留下了多麼明顯的痕跡。

傷害別人的人不僅不能改變自己，更不能鼓舞自己。下面這則古老的格言，我剪下來貼在鏡子上，每天都默讀它好幾回：

人的生命只有一次，所以，任何能貢獻出來的好與善，我們都應現在就去做。不要遲緩，不要怠慢，因為你就只這麼活過一次。

愛默生說過：「我所遇見的每一個人，或多或少都是我的老師，因為我從他們身上學到了東西。」

如果這話對愛默生而言是正確的，對我們則更是如此。讓我們不要一心只想著自己的成就、需要，而應盡最大能力的去發現別人的優點，然後，不是逢迎，而是用一份真誠的心態去讚賞他們。要「真誠、慷慨的讚美」，而人們也會把你的言語珍藏在記憶裡，終生不忘。

因此，如果你想學會待人處世，那就記住這條原則：

用真誠的心讚賞他人。

左右逢源的處世之道

只要到了夏天，我一定要到緬因州去釣魚。對我自己來說，楊梅和奶油是我喜愛的食物，但是，可以看出因為一些特殊的原因，水裡的魚兒是愛吃小蟲的。所以當我去釣魚的時候，我不想我所要的，而想魚兒們所需要的。我不以楊梅或奶油作釣餌，而是在釣魚鉤上放一條小蟲或是一隻蚱蜢，放下水裡，向魚兒說：「你要吃那個嗎？」

同樣的道理，生活中你也可以這樣去「釣」一個人的。

有人問路依特．喬琪，他如何能在別的戰時領袖們都退休不聞事後，卻還身居要職？他是這樣回答的：如果他官居高位，可以歸功於一件事的話，那就是因為他已知道「釣魚時，必須放對了魚餌」的原因。

我們為什麼只看到自己所要的呢？那是孩子氣的，不近情理的。當然，你注意自己的需要，你永遠在注意，這沒什麼錯誤。但別忘記了，同樣，別人對你卻漠不關心。要知道，其他的人也都像你一樣，他們關心的只是他們自己。

世界上唯一能影響對方的方法，就是談論他所要的，並且還要告訴他，如何才能得到它。如果明天你要別人替你做些什麼時，你就要記住那句話！可以這樣打一個比喻：如果你不願意你的孩子吸菸，你不需要教訓他，只須告訴他，吸菸將使他不能參加棒球隊，抑或不能在百米競賽中取勝。

不論你是在應付孩子、一頭小牛或一隻猴子，這都是你所值得注意的一件事。

有一次，愛默生和他的兒子，準備把一頭小牛趕進牛棚，他們就犯了一般人常犯的錯誤，只想到自己所需要的，沒有想到那頭小牛的意願。愛默生在後面推，他兒子在前面拉。而那頭小牛其實和他們一樣，也只想牠自己所想要的，所以挺起牠的腿，堅持拒絕離開那片草地。

旁邊那個愛爾蘭女傭人，看到他們的情形，她雖然不會寫書做文章，但是至少在這次，她懂得牛馬牲口感官的感受和習性，她想到這頭小牛所需要的是什麼。這個女傭人把她的拇指放進小牛的嘴裡，讓小牛一面吮吸著自己的拇指，一面溫和的把牠引入牛棚，她成功了。

從你來到世界上第一天開始，你所有的舉動、出發點都是為了你自己，都是為你自己的所需而考慮。

如果你捐助紅十字會一百元的時候，又如何呢？是的，那也不會是例外，你捐給紅十字會一百元，是因為你要行一樁善舉，因為你要做一件神聖的事……但是，或許是你不好意思拒絕，所以才捐助的；或許因為一位朋友請你捐款之故，你才做了這件事。但有一件事是確定的：你捐款，是因為你需要些什麼的緣故。

哈雷．歐弗斯屈脫教授，他在一部影響人類行為的書中說：「行動是由我們基本的欲望所產生的，對於未來想要說服他人的人，最好的建議就是，無論在商業中、家庭中、學校中、政治中，都要先激起對方對某種事物迫切的需要，若能做到這點，就可左右逢源，否則將會處處碰壁。」安德魯．卡內基早年是個貧苦的蘇格蘭兒童，當時他工作的酬勞，每小時只有兩分錢，但是後來布施給人家的錢，有三億六千五百萬元。他早年就已知道了影響人的唯一方法，就是以對方的需要來作為首要。他只受過四年的學校教育，但是他學會了如何應付人。安德魯．卡內基發生過一樁發人深省的事：他嫂嫂由於對兩個兒子的掛念而憂急成病。這兩個孩子在耶魯大學念書，可能因為他們都在忙各自的事情，所以把家書給疏忽了，更沒有想到家中憂急掛念的母親。安德魯．卡內基知道這件事後，他給兩個侄兒寫了封閒談的信。他在信末附上一句，說是給他們每人寄上一張五元的鈔票。

但是，他並沒有把錢裝入信封。

很快，他的兩個侄兒回信了，信中表示謝謝他們的叔父。而他們也在信中帶上這樣一句：錢沒有收到。

明天你要勸說某人去做某件事，在你尚未開口前，不妨先問一下自己：「我要怎樣說，才能使他想要做這件事呢？」

那個問題可以阻止我們在匆忙不小心之下去見人，避免毫無結果的談論我們的欲望。

我租用紐約一家飯店裡的活動場地，每一季需要二十個晚上，是為了舉行一項演講活動。

在某一季開始的時候，那家飯店突然通知我，說要我支付比過去多三倍的租金。但是我接到這個消息時，演講的通告已經公布，入場券已經印發。

我自然不願意付出增加的租金，但是，和飯店談我所要的有什麼用呢？他們所注意的只是他們所需要的。所以過了兩天，我才去見那家大飯店的經理。

我向那位經理說：「我接到你的信時，感到有點惶恐……當然我不會怪你，如果我們易地而處，我也會寫出類似這樣的信。你做經理的職責，就是如何使這家飯店盈利。如果你不這樣做，你就會被撤去這個職務，而且也可能會被革職的。現在我們拿出一張紙來，寫上有關你的利和害……如果你是堅持要加租的話。」

我拿了一張紙，經過紙上的中心點，畫出一條線，上端寫上「利」，下一端寫上「害」。

我在「利」的那一行寫著：「活動場地空著」幾個字。然後接著說：「你可以自由的出租場地，作為舞會諸類聚會的場所之用，那是一項很大的收入。像那種情形，顯然你的收入，要比租給一個以演講集會為主的活動收入更多。如果我在這一季中，占用了你那個場地的二十個晚上，你一定會失去了那些能有更多盈利的收入。」

我又說：「現在我們來談談另一方面……因為我拒絕你的要求，減少了你的收入。在我來講，因為我沒有付出你所需要的租金，只好到別處舉行演講。但是，另外有一項事實，我相信你該想到的。我這個演講活動，能使上層社會知識分子的群眾，到你這家飯店來，對你而言，是不是做了一次極成功的廣告？事實上，如果你付出五千元的廣告費，也不見得能吸引到如我的演講活動裡的那麼多人來訪你這家飯店，這對你來說是很有價值的，是不是？」

我說這話時，把這兩種情形都寫在了紙上，隨後把那張紙交給了經理，又說：「這兩種情形，希望你仔細考慮一下，當你最後作決定時，給我一個通知。」

第二天，我接到那家飯店的一封信，告訴我租金只增加百分之五十，而不是百分之三百。

請注意，我並沒有說出有關於我要減少租金的半個字，我所說的，都是對方所要的，還要他該怎麼樣得到它。

如果我照一般普通人的做法，闖入這位飯店經理的辦公室，跟他理論。我可以這樣說：「入場券我已經印好，通知也已經公布，你突然對我增加三倍的租金，那是什麼意思？百分之三百，太可笑了……不近情理，我堅決拒付！」

在這種情形下，又會怎麼樣呢？爭論、辯論就要開始了！結果又會怎麼樣呢？就算我所指的情形，能夠讓這位飯店經理認為自己是錯誤的，但是因為他的自尊，也很難讓他低頭承認自己是錯誤的。

關於人與人之間，建立關係的藝術，這裡有一個很好的建議。亨利．福特曾這樣說過：「如果有一個成功祕訣的話，那就是如何去得到對方『立場』的能力，從他的觀點出發設想，正和由你的觀點一樣。」

是的，我把福特的話，再重說一遍：「如果有一個成功祕訣的話，那就是如何去得到對方立場的能力，從他的觀點出發設想，正和由你自己的觀點一樣。」那是這樣的簡單，這樣的明顯，任何人都容易找出其中的原理來。但是，即使如此，世界上有百分之九十的人，在百分之九十的時候，都把這件事給疏忽了。

可以舉出一些例子來說明嗎？看看明天早上你桌上的來信吧！你可以發現有很多的人，違反了這種常識的規則。就拿下面這封信來說，那是一家全國各地都有分公司、極具規模的廣告公司裡的一位廣播業務部主任，寫給全國各廣播電台負責人的信。（底下括弧中的說明，是對每一節文句中的見解、反應。）強．布萊克先生，布萊克維爾，南卡羅萊納州

「親愛的布萊克先生：本公司希望在電台的廣告節目方面，能夠保持一向的領導地位。」

（誰關心你們公司的希望如何？我自己正為著多種問題在煩惱呢！銀行要取消我房產抵押的贖取權，害蟲正在損害我的花草，昨天交易市場混亂，早晨我誤了八點十五分的火車，昨晚瓊斯家裡舞會沒有邀請我，醫生說我有高血壓、神經炎的毛病……）「本公司的廣告客戶遍及全國，是創造業績的堅強保障，我們以後在廣播需要大量的廣告時間，使我們每年都保持在各家公司之上。」

（你如此自大，炫耀有錢，一切都遙遙領先，啊哈？那又怎麼樣？就算你像通用汽車公司、奇異公司、美國陸軍總部合起來那麼大，我也不去理會的。如果你自己也只是一知半解，那你就該清楚，我關心的只是我自己怎麼樣「大」，而不是你怎麼樣「大」。）「我們希望能夠提供廣播電台的最新消息，來為我們的廣大客戶服務。」

（「你」希望！「你」希望！你這頭蠢驢。我才不會注意「你」所希望的，或是美國總統所希望的，或

是平克勞斯貝所希望的，我直接告訴你，我只注意「我」所希望的……在你這封不近情理的信件中，就沒有提到一個關於這樣的字。）「所以，希望你將本公司列入優先名單，每週提供電台資訊給我們，這些資訊包括廣告公司在登載廣告時能派上用場的每一項細節。」

（「優先名單」？你替自己的公司自吹自擂，讓我感到自己那麼微小……你要我將你列入優先名單，你需要別人幫忙的時候，連「請」字都沒用一個。）「即予函覆，提供我們關於你們最近的『活動』，這樣對我們彼此都有好處。」

（你這個笨蛋，你給我寄了一封普通的格式信件，是一封分發各地的通知信——簡直就像秋天的落葉一樣多。你要我正在抵押房產，血壓太高的時候，坐下來單獨寫封信，回答你那封通用格式的信，而且還要我給你「即予函覆」。「即予」是什麼意思？難道你不知道，我也跟你一樣的忙。我問你，是誰給你這樣一個「權力」來吩咐我的？你說「對彼此都有好處」，卻在最後你才開始提到我的立場，但是對我又有什麼益處，你卻模糊不清，沒有詳細說明。）「再啟者，隨信附上《布萊克維爾日報》的影本，如果你對它感興趣、願意在電台節目中播出的話，可供參考。」

（在你這一則附言中，倒是提到了能幫助我解決一項問題的事情，為什麼不把這些，放在你這封信的開頭呢？但是，那又有什麼用？任何廣告公司的人，若是像你一樣犯了這封信中那種愚蠢的毛病，一定是神經不正常。）

如果有個一生致力於廣告事業的人，他以為自己有影響他人的力量，但是卻寫出那樣的一封信來，我們怎麼能給他更高的評價呢？

這裡有另外一封信，是一位極有規模的貨運站的總監，寫給我演講班裡一個學員瓦米倫先生的。這封信對收到信的那個人來講，會有什麼影響呢？先看過這封信後，我再告訴你。

首雷格公司，

前街二十八號，
布魯克林，紐約州

致愛德華．瓦米倫先生尊敬的先生：

敝處外運收貨站的工作，由於大部分交運貨物的客戶，都在傍晚時分把貨送到，讓敝處受到極大困擾。因為這樣的情形，會引起貨運停滯，使我們員工延遲工作時間，影響卡車運送效率，因而形成了交貨緩慢的結果。

十一月十日，我們收到貴公司交運的五百一十件貨物，送達時間是在下午四點二十分。

為了避免因貨物遲交所發生的不良影響，我們希望獲得貴公司充分的合作。以後如交運大批貨物時，是否可以盡量提早時間把貨物送到我們這兒來，或者在上午先送來一部分？

該項措施，有益於貴公司業務，也可以讓你們載貨卡車迅速駛回，同時敝處保證，收到你們貨物後立即發出。

總監某某　謹啟

首雷格公司銷售部主任瓦米倫先生，看過這封信後，在信紙的下面注上見解，交給了我：「這封信所產生的效果，與對方的原意恰恰相反。信的開端，說出對方貨運站的困難，一般來講這不是我們所關心的。接著對方要求我的合作，但是他們絲毫沒有考慮到，是否對我們會有所不便？信上最末一段，提到如果我們合作，可以使卡車迅速駛回，且保證我們的貨物可以在收到之日立即發出。

換句話說，這才是我們最在意的事，但放在最後，卻使整個效果起了相反的作用，而不是合作的精神。」

現在我們看看，這封信是否能加以改善而重寫，我們不需要浪費時間談自己的問題，就像亨利．福特曾經說過的讓我們「站在對方的立場，由對方的觀點來看事物，正和由我們的觀點一樣。」

這裡是一種修改的方法，也許不是最好，但與先前的情況相比，是不是有所改善呢？

首雷格公司轉交瓦米倫先生，前街二十八號，

布魯克林，紐約州

親愛的瓦米倫先生：

十四年來，貴公司一直是我們歡迎的好主顧。當然，對於你們的照顧，我們將不勝感激，並且極願意為你們提供更迅速有效的服務。但是，我們感到非常抱歉的需要談到一件事，那是當貴公司的卡車，像十一月十日那種情形，在這個時間才交下大批貨物，這種服務就不可能了！

那是什麼原因呢？因為很多其他的客戶，也在傍晚時候交貨，自然就會發生停滯的現象。至於貴公司的運貨卡車，有時也難免在碼頭受阻，從而使你們貨運延遲下來。

這情形不好，非常不好，但是又怎麼去避免呢？那就是如果可能的話，請貴公司在上午時間，把貨物交送到碼頭。這辦法可使貴公司的運貨卡車能迅速的繼續流動；你們交運的貨物，我們就能即時的處理，而敝處的員工，每晚可以提前回家，去品嘗貴公司出品的鮮美麵食。

看過這封信後，請勿介意，敝處並非向貴公司建議改善業務方針，唯有一種目的，是使敝處對貴公司有更優質的服務。

貴公司貨物無論何時到達，我們仍願竭力迅速的替你們服務。您處理業務很忙，請不必費神賜覆！

某某

謹啟

今天成千的推銷員，疲倦，沮喪，收入甚微，在路上徘徊！那是什麼原因？因為他們永遠只替自己所需要的打算、著想，而沒有去考慮，他們所推銷的是不是客戶所需要的東西。

如果我們要買自己需要的東西，會直接出去買，原因就是——我們所注意的是如何滿足自己需要的問

題。如果有個推銷員，他的服務和貨物，的確是能夠幫助我們解決一個問題，他不必喋喋不休的向我們推銷，我們就會買他的東西。顧客喜歡在自己主動的意願之下買東西，而不是因為推銷才買的。

但有很多人，耗費一生的時間在做銷售工作，卻從不站在買主的立場論事。

現在有這樣一個例子：我住在紐約市中心的「林邱」住宅區。有一天，我正向車站走的時候，恰巧遇到一個經營房地產的經紀人，他在長島一帶買賣房地產，已有很多年了。他非常熟悉我住的那個「林邱」住宅區，所以我問他，我住的那種房子是用什麼材料建造的，他說他不知道，而他卻告訴了我一些我所知道的……關於我所問他的那個問題，他說我可以去詢問我那住宅區的相關機構。

第二天早晨，我收到他一封信……他是要把我想知道的事告訴我？那根本不用寫信，花六十秒鐘時間，打個電話給我就行了。但他沒有這樣做，還是叫我去問那個相關機構，最後卻是要我讓他代理我的保險業務。

他並沒有注意到怎麼樣幫助我，只是注意幫助他自己。

我該給他兩本歐文．楊著名的小冊，那是《去賜予》和《幸運的分享》。他如果看了那兩本書，而又能履行書中的哲學，相信他的收穫，能超過為我辦理保險收入的千倍。

那些專業的人們，往往也會犯有同樣的錯誤。那是數年前的事，我在費城一位著名的耳鼻喉科醫生的診療室。這位醫生還沒有診看我喉間扁桃腺前，問我的職業是什麼。他注意的不是我扁桃腺的大小，而是注意我錢包的大小。他所關心的，不是幫助我、替我解決一個問題，而是能從我口袋裡得到多少錢。結果，他一無所獲……我輕視他人格的欠缺，放棄請他診治的打算，就離開他的診療室。

世界上就充滿了這些人：攫取、自私。但是那些不可多得的、不自私的、服務他人的人，卻相反的獲得了很大的利益。歐文．楊曾經這樣說過：「一個人能為他人設身處地著想，能了解他人意念活動，他不必擔心將來的前途怎麼樣。」

如果看這本書，你只獲得了一件事——你會永遠站在別人立場去打算、設想，並從對方的觀點，去觀察事物的趨向。如果你真的從這本書上學會了這件事，那就是你一生事業轉折的關鍵。

許多人受過大學教育，研究深奧的學問，但是，他們從來都沒發現，自己的心是如何發揮作用的。有一次，我為一些大學畢業、在一家冷氣裝置公司工作的年輕職員，舉辦一個「有影響力的演講技巧」的課程，我找出一項資料，作個比喻：

有個人要勸別人打籃球，他是這樣說的：「我要你們去打籃球，我喜歡籃球。但是前幾次去體育館，因為人數太少，不能分隊打對抗賽。那晚上我們兩、三人作投籃拋球練習……一個不小心，我的眼睛被打腫了，不過我希望你們明晚來，我要打籃球。」

他問過別人說，你需要些什麼嗎？你不去的話，那體育館就沒人去了，是不是？你不會管他要什麼，只願別把眼睛打腫了。

他可以告訴你去體育館後，你可以得到你所要的嗎？當然能。他可以說：激發精神、加強食欲、清醒頭腦、消遣、遊戲……

這是歐佛垂教授明確的見解：「先激發起對方某種迫切的需要，若能做到這點，就能左右逢源，否則會處處碰壁。」在我的訓練班中有一位學生，相當憂慮他的孩子。原因是這孩子體重很輕，不肯乖乖的吃東西。孩子的父母通常是這樣責罵他：母親要他吃這個、那個！父親要他快快長大成人！

這孩子會注意到這些話嗎？他不會注意這些，也就如你不會去注意一次跟你漠不相關的盛宴一樣。

一個稍有一點常識的父親，就不會希望一個三歲的孩子，能對三十歲父親的提出的見解有所反應。但在最後那個父親意識到了，那是不合情理的。所以他對自己說：「那孩子需要的是什麼？我怎麼樣將我所需要的，和他所需要的結合在一起呢？」

他開始想到這一點時，問題就變得容易解決了。他的孩子有一輛三輪腳踏車，並且喜歡在屋前人行道上踩著這輛三輪車玩。隔壁住著幾家鄰居，其中鄰家有個「很壞」的大孩子，他常把那小孩子推下三輪車，搶過來自己騎著玩。

那小孩哭著跑回來，告訴自己的母親，他母親出來，就把那「很壞」的大孩子推下三輪車，再讓自己孩子坐上車子，像這種情形，每天都在發生。

想到這裡，那麼這小孩所需要的是什麼？這問題很容易就能想到。他的自尊、他的憤怒，他求得自重感的欲望，這都是他性情中最強烈的情緒，驅使他想報復、痛擊這「很壞」的大孩子！

此時，做父親的這樣告訴孩子，只要吃母親要他吃的東西，他就會快快長大，將來可以把這個經常欺負自己的「很壞」的大孩子一拳打倒。當他父親許諾他那件事後，飲食已不再是問題了！現在這孩子什麼都愛吃了，菠菜、白菜、鹹魚和任何其他食物。他希望自己快快長大，去打倒那個一再欺侮他的「暴徒」。

當這問題解決後，又有一個問題困擾了這位父親……這小男孩有尿床的壞毛病。

小男孩跟他祖母一起睡，祖母早晨醒來，摸摸床單，對小男孩說：「你看，強尼，昨夜你又做了什麼？」

強尼總是這樣回答：「不，我沒有，我沒有尿床，那是你弄濕的。」

家裡父母親打他、罵他、羞辱他，他母親曾多次的告訴他，要他不能再尿床了，但是強尼始終無法改正他這個尿床的壞習慣。所以強尼的父母親自問：「怎麼樣讓強尼這孩子，改掉尿床的壞習慣呢？」

強尼他想要的是什麼？「第一，他要和父親穿一樣的睡衣，而不願意和祖母一樣穿睡袍。祖母已受夠了他夜晚的搗亂和吵鬧，使她每夜不能舒服的入睡，所以如果強尼改去他那種壞習慣，她很願意為他買套睡衣。第二，他要一張屬於他自己的床——祖母對這件事也不反對。

母親帶強尼去了一家百貨公司，用目光向櫃檯人員示意，並向售貨小姐說：這位小紳士要買些東西！」

接著，售貨小姐的話讓孩子覺得自己受到了尊重：「年輕人，你要買些什麼？」

強尼踮起腳跟，站高了些，說：「我要替我自己買一張床。」

當強尼看到他母親也喜歡他買的床時，強尼母親向售貨小姐又使了個眼色，售貨小姐就向強尼介紹了那張床的可愛和實用等特點，強尼很滿意，就把這張床買了下來。

床送到家的當天晚上，父親回來的時候，強尼奔到門口，大聲的叫著說：「爸爸，爸爸，快上樓看看我自己買的床！」

父親看到那張床，想到施瓦布所說過的話，就對他點頭表示讚許。

他趁機問兒子：「強尼，你不會再弄濕這張床了，對不對？」「噢，不會了，不會了，」強尼連連搖著頭說：「我不會再弄濕這張床的。」因為他自尊心的關係，這孩子遵守了自己的諾言：強尼從此再也不尿床了。因為那是他的床，他親自買的。現在強尼穿起睡衣，就像個小「大人」一樣，他要做個「大人」，他成功了。

另外有個父親，叫特斯曼，是一位電話工程師，也是我訓練班裡的學員。他所遇到的困擾，是他三歲的女兒不肯吃早餐。無論對這小女孩怎麼責罵、請求，或是哄騙，都無法收到效果。

這小女孩喜歡模仿自己的母親，似乎覺得自己已經長成大人了。所以有一天早晨，他們把她放在一張椅子上，讓她做早餐——眼前的情形，正是這小女孩心理上的需要。當她正在做早餐時，爸爸走進廚房來。小女孩看到爸爸進來，就說：「嗨，爸爸，你看——我在做早餐呢！」

就在那天早晨，小女孩沒有任何人的哄騙、誘勸，乖乖的吃了兩大盤。因為她對這件事很有興趣，滿足了自己的自重感。做早餐的時候，她找到表現自己的機會。

威廉．溫特爾曾經說過：「表現自己，那是人性最主要的需要。」那麼，我們為什麼不在事業上，也同樣的運用這種心理學呢？

第二章　掌握平安和快樂的要訣

保持自我的本色

北卡羅萊納州的愛迪絲．阿爾雷德太太曾給我寫過一封信。她在信中寫道：

年輕時，我是一個特別敏感羞怯的女孩，我長得太胖，兩頰豐滿，這使我顯得更胖。我的母親是一個極其古板的人，她覺得穿得太漂亮是一種愚蠢，而且衣服太過合身容易撐破，最好做得寬大一點，她也讓我如此打扮。我從不參加任何聚會，也沒有什麼能讓人感到開心的事。上學後，我也不參加同學們的一切活動，甚至也不加入運動項目。我害羞至極，總覺得自己跟別人「不一樣」。

長大後，我嫁給了一位比我大幾歲的先生，可我還是沒有任何變化。我丈夫的家是一個穩重而自信的家庭。我想要像他們那樣，但總是做不到。我努力效仿他們，也總是不能如願。他們幾次嘗試幫我突破自己，卻總是適得其反，把我推向更壞的境地。我越來越緊張、易怒，不敢見到任何朋友。一聽到門鈴聲我都會驚慌！後來我是徹底的失敗了。我對自己很清楚，只怕有一天丈夫會發現真相，所以每次在公共場合，我都盡力裝得很開心，甚至都過了頭。我知道自己表現過度，因為事情過後的好幾天裡我都會感覺特別累，心力交瘁。最後，我實在懷疑自己是否還有繼續生存的必要，於是我開始想到自殺。

那麼，是什麼事情改變了這位幾乎打算自殺的婦人呢？只是一句偶然的話。愛迪絲太太繼續寫道：

改變我一生的是一句偶然的話。有一天，我的婆婆和我談起她是怎麼樣教育子女的，她說：「不論遇到什麼事，我都堅持讓他們不要改變自我本色……」「保持自我本色！」這幾個字像一道靈光閃過我的腦際，我發現所有不幸的起源，都是我把自己套入了一個不屬於自己的模式中去了。

一夜之間我變了！我開始保持自我本色。我努力研究自己的個性，認清自己，並發掘自己的優點。此後，我學會怎樣配色與選擇衣服樣式，以穿出自己的品味。我主動結交朋友。我加入一個團體——起初只是一個小團體——當他們請我主持某項活動時，我也很膽怯。不過我每次上台，都會擁有更多的勇氣。這是一段相當漫長的過程——但現在我比過去快樂很多。當我要教養我自己的兒女時，我一定把這些歷經苦難才學到的教訓告訴他們：不論發生什麼事，永遠保持自我本色。

保持自我本色這個問題，「與人類歷史一樣久遠了，」詹姆斯醫生指出，「這是全人類的問題。」很多精神、神經及心理方面的問題，其暗藏的病因往往是他們不能保持自我。安傑羅寫過十三本書，還在報上發表了幾千篇有關兒童訓練的文章。他曾說過：「一個人最糟的是不能成為自己，並且在身體與心靈中不能保持自我。」

但是在現實生活中，這種模仿他人的現象相當嚴重，比如好萊塢。好萊塢著名導演山姆．伍德曾說過，最令他煩惱的事，是幫助年輕演員克服這個問題：保持自我。他們人人總是都想成為二流的拉娜．特納或三流的克拉克．蓋博，「觀眾已經嘗過那種滋味了，」山姆．伍德不住的告誡他們，「他們目前的需要是來點新鮮的。」

山姆．伍德在執導《萬世師表》和《戰地鐘聲》等名片前，在房地產打磨了好多年，因此他讓自己具備一種銷售員的個性。他認為，商界中的一些規則在電影界也完全適用，完全模仿別人絕對會一事無成。「經驗告訴我，」山姆．伍德說，「最保險起見，就是盡量不用那些模仿他人的演員。」

我也問過保羅，一家石油公司的人事主任，求職者所犯的最大錯誤是什麼。他面試過的人超過六千人，還寫過一本《求職的六大技巧》，所以對這個問題他應該了解得還算透徹。他回答說：「求職者所犯的最大錯誤，就是不能保持自我。他們回答問題總是不夠坦誠，只想說出他認為你想聽的答案。」但是那樣一點用也沒有，因為誰都不願意聽一種不真實的、虛偽的東西。

據我所知，有一位公車駕駛員的女兒就是歷經一番辛苦，才得到這個教訓的。她想當歌星，但不幸的是她相貌不好，嘴巴太大，還長著暴牙。她第一次在紐澤西的一家夜總會裡公開演唱時，總是用上唇遮住牙齒，她企圖讓自己顯得高雅，結果卻把自己弄得什麼都不是，這樣下去她就註定要失敗了。

幸好當晚在座的一位男士認為她唱歌很有天分，他很直率的對她說：「我看了你的表演，看得出來你想掩飾什麼，你覺得你的牙齒很難看？」那女孩對此覺得很難堪，不過那個人還是繼續說下去，「暴牙又怎麼了？那又不犯罪！不要總是竭力去掩飾它，張開嘴就唱，你越不以為然，聽眾就會越愛你。再說，你這些現在引以為恥的暴牙，將來可能會給你帶好運呢！」

凱絲接受了那人的建議，把暴牙的事置之腦後，從那次以後，她的注意力全部集中在觀眾身上。她盡情開懷的演唱，後來成為電影及電台中走紅的頂尖歌星，有趣的是，現在她反倒成了別的歌星的模仿對象。

專家告訴我們，你我都有這麼多未加開發的潛能，又何必擔心自己不像其他人。你在這世上只有一個你。以前沒有像你一樣的人，以後也不會有。遺傳學告訴我們，你是由父母雙方的二十三條染色體組合而成，這四十六條染色體決定了你的遺傳，每一條染色體中有數百個基因，任何單一基因都可以改變一個人的一生。事實上，人類生命的形成真是一種令人敬畏的奧妙。

即使你父母相遇相愛孕育了你，其實那也只有三百萬億分之一的機會有一個跟你完全一模一樣的人，也就是說，即使你有三百萬億個手足，他們也都跟你不同。這只是猜測嗎？當然不是，這完全是科學事實。你若是不相信，那就去研讀一下這方面的書吧。

我很有資格談這個主題，因為我本人曾有過深切的體會，而且是一次痛苦昂貴的經歷。當我從密蘇里州的玉米田來到紐約時，我到美國戲劇學院報名。我嚮往成為一位演員。我當時有個自作聰明的想法，通往成功的捷徑，這麼簡單易行的道理，真不明白別人怎麼會想不到。這個主意是，好好研究當時的幾位名演員，把他們的優點都集合起來變成我自己的。多蠢啊！我花了好幾年時間模仿別人後，才發現我誰都學不了，我還是我自己。

那樣的慘痛經驗總該讓我一輩子不再做那樣的事情吧！但是，不，我實在太愚蠢了，我得再經歷另外一次痛苦。幾年後，我想寫一本有關公眾演說的書。我又產生了同樣愚蠢的想法，就是借用其他書的一些方法技巧，彙編成一本包羅萬象的書。於是我弄來一批有關公眾演說的書，花了一年的時間吸收他們的想法，使其成為自己的文章。最後，我再次發現自己又成了一個傻瓜。把別人的想法變成自己的文章，只會把文章弄得空洞乏味，不會有人讀的。於是我把這一年的工作成績全丟進廢紙簍裡，重新開始。

做回你自己！這也是美國作曲家歐文．柏林對後期的作曲家喬治．蓋希文提出的忠告。柏林與蓋希文第一次相遇時，柏林已聲譽卓著，蓋希文卻只是個無人知曉的年輕作曲家。柏林很欣賞蓋希文的才華，以蓋希文所能賺得的三倍薪水請他做音樂祕書。但是柏林也勸告蓋希文：「我希望你不會接受這份工作，如果你接受了，最多只能成為一個歐文．柏林第二。要是你能堅持下去，總有一天，你會成為第一流的蓋希文。」

蓋希文接受了忠告，結果是顯而易見的：他漸漸成為當代貢獻卓越的美國作曲家。

像查理．卓別林這樣的人，以及其他所有的人都曾經受過這個教訓，而且多數人得先付出代價。

卓別林開始拍片時，導演要他模仿當時的著名影星，結果他一事無成，直到他開始做回自己，才漸漸成功。鮑伯．霍伯也有類似的經驗，他以前有許多年都在唱歌跳舞，直到他發揮自己的特長，才真正走紅。

當瑪麗第一次上電台時，她開始模仿一位愛爾蘭明星，但不成功。直到她用本來面目——一位由密蘇里州來的鄉村女孩——才成為紐約市最紅的廣播明星。

蓋瑞一直想改掉自己的德州口音，打扮得如同一個城市人，他還對外宣稱自己是紐約人，結果只能招惹別人在背後訕笑他。後來他開始重拾吉他，演唱鄉村歌曲，才奠定他在音樂圈最受歡迎的牛仔的地位。

你在這個世界上是一個嶄新的自我，為此而高興吧！善用你的天賦。追根溯源，所有的藝術都是一種自我的體現。你只能唱你自己、畫你自己。你的經驗、環境和遺傳造就了你。不管是好是壞，你只需要好好經營自己的小花園，也不論好壞，你只須在生命的管弦樂中演奏好自己的那一份樂章。

愛默生在他的短文〈自我信賴〉中說過：

一個人總有一天會明白，嫉妒是無用的，而模仿他人等同於自殺。因為不論好壞，人只有自己才能幫助自己，只有耕種自己的田地，才能獲取自家的玉米。上天賦予你的能力是獨一無二的，只有當你自己努力嘗試和運用時，才能知道這份能力到底是什麼。

另一位詩人道格拉斯．馬洛克說：

假若你不能成為山巔上一棵挺拔的松樹，
就做一棵山谷中的灌木吧！
但要做溪邊一棵最好的灌木。
假若你不能成為一棵參天大樹，
就做一片灌木叢林吧！
假若不能成為一叢灌木，
就試著做一棵小草，給道路增添一點生機！
你如果做不了麋鹿，
就做一條小魚也可以！
但應是湖中最活潑的一條！
我們不能都做船長，總得有人做船員，
但人人都必須各司其職。
不管是大事還是小事，
我們一定要完成分內的工作。
走不了大路，就去走一條羊腸小徑，
不能成為太陽，又何妨當顆星星；

成敗不在於大小——
只在於你是否已盡其所能。
平安快樂的第一原則：
切勿模仿他人，發現自我、保持自我本色吧！

摒除不好的工作習慣

人並非生來就具有某些惡習和錯誤的習慣，而是後天慢慢養成的。對於我們的生活和事業來講，有些習慣雖然不好，但它們可能對我的事業影響甚微，不會產生直接的衝突和嚴重危害；而有些則會成為我們獲得幸福與成功的大敵。對於後者，我們應該努力改正，並堅決摒棄，否則，這些惡習會影響我們終生。

一、不良的工作習慣之一：不能保持辦公桌上乾淨整潔

芝加哥和西北鐵路公司總裁羅蘭·威廉斯說過：「那些桌上老是堆滿東西的人會發現：如果你的桌上乾淨整潔，只保留與手頭工作有關的東西，這樣會使你的工作進行得更加順利，而且不會出錯。我把這一點稱為好管家，這也是邁向高效率的第一步。」

如果你去參觀華盛頓的國會圖書館，就會發現天花板上有幾個醒目的大字，那是詩人波普所寫的：

秩序是第一要律。

秩序也應是商界和生活的第一要律。但事實確實如此嗎？只要我們略加留心就會發現，很多人的桌上總是堆滿了文件和資料，可有些東西一連幾個星期也不曾動一下。一位紐奧良的報刊發行人曾對我說，他的祕書有一天為他清理辦公桌的時候，終於找到了失蹤兩年的打字機。

當你的辦公桌上非常雜亂的、堆滿了待回覆信件、報告和備忘錄時，你就會感覺慌亂、緊張、憂慮和煩惱。更為嚴重的是，一個時常擔憂萬事待辦卻無暇辦理的人，不僅會感到緊張勞累，而且會引發高血壓、心臟病和胃潰瘍。

賓州大學藥劑研究教授約翰博士在美國藥劑協會宣讀過一份報告《機能性神經衰弱所引發的器官疾病——病人的心理狀態需要什麼？》，這份報告共提供了十一種情形，其中第一項是：「強迫性履行義務的感覺，沒完沒了的一大堆待辦事項。」

但是，這種「沒有結束，做不完又必須做」的感覺，又怎麼可能單憑清理桌面這種如此簡單的方法而加以避免呢？對「連續不斷的待辦事件」，真的必須處理完畢嗎？著名的精神病醫師薩德勒講過這麼一個故事，他有一個病人，就是用了一個這樣簡單方法而免除了精神崩潰。

這位病人是芝加哥一家大公司的高階主管，第一次去見薩德勒的時候，整個人看上去極度緊張、焦慮和鬱悶不樂。他工作繁忙，並且知道自己狀態欠佳，但他又不能停下來，他確實需要幫助。「這位病人在向我陳述病情的時候，電話鈴響了，」薩德勒醫師說道，「電話是醫院打來的。我沒有半點拖延，馬上作出了決定。只要能夠的話，我一向當機立斷，迅速解決問題。掛上電話不久，電話又響了，又是件急事，頗費了我一番心思去解釋這件事情。接著，有位同事進來詢問我有關一位重病患者的種種事項。等我說明完畢，我向這位病人道歉，讓他久候。但是這位病人精神愉快，臉上顯現出一種特殊的表情。「不用抱歉，醫師。」這位病人說道，「在這十分鐘裡，我好像有所明白自己不對的地方了。我得回去改變一下我的工作習慣……但是，在我臨走之前，可不可以看看您的辦公桌？」薩德勒醫生拉開桌子的抽屜，除了一些文具外，沒有其他雜亂的東西。「你能告訴我，你把要處理的事項都放在什麼地方嗎？」病人問。「都處理了。」薩德勒回答。「那麼，有待回覆的信件呢？」「都回覆了。」薩德勒告訴他，「我的原則是不積壓信件。我一收到信，立刻交代祕書處理。」

六個星期之後，這位公司主管邀請薩德勒前去參觀他的辦公室。令薩德勒吃驚的是，他已改變了——當然桌子也變了，他打開抽屜，裡面沒有任何待辦文件。「六個星期以前，我有兩間辦公室，三張辦公桌，」這位主管說道，「到處都堆滿了有待處理的東西。自從跟你談過之後，我一回來就把一貨車的報告和舊文件處理完畢。現在，我只留下一張辦公桌，文件一到就立即處理妥當，也不會有堆積如山的待辦事件啦，我也不會緊張憂煩。最奇怪的是，我已不藥自癒，再也不覺得身體有什麼毛病了！」

前聯邦最高法院院長查理．伊文凡說：「人不會因為過度勞累而死，卻會因放蕩和憂煩而去。」沒錯，放蕩會消耗人的精力，而憂煩——因為這些人不曾把工作做完——確實為害最強。

二、不良的工作習慣之二：做事沒有輕重緩急

遍布全美的都市服務公司創始人——亨利．杜赫提曾經說過，人有兩種能力是千金難求的無價之寶——一是思考能力，二是能認知到事情的輕重緩急，並且可以十分妥當的處理。

白手起家的查理．魯克曼經過十二年的打拚後，終於成為派索公司的總裁，這是一個年薪十萬，並且還有上百萬其他收入的高薪職務。談到自己成功的原因，他歸結為是杜赫提談到的兩種能力的功勞。魯克曼說：「就我本人來說，我每天早晨都是五點起床，因為這一時刻我的思考能力和分析記憶能力最好。我把當天需要做的事做一個計畫，按事情的輕重緩急安排好並嚴格執行。」

再看看全美最成功的保險推銷員之一弗蘭克．貝特格是怎麼生活和處理日常事務的吧：他每天早晨還不到五點鐘，便把當天要做的事安排妥當——是在前一個晚上預備的——他定下每天要做的保險數額，如果沒有完成，就累積到第二天的數額，之後依此推算。

我透過長期的個人經驗得知，沒有人可以永遠按照事情的輕重程度來做事。但我認為，按部就班的做事，總比想到什麼就做什麼要好得多。

如果蕭伯納沒有為自己定下嚴格的規定——每天堅持寫出五頁稿紙的文字，他也許永遠只是個銀行出

納員。他堅持著自己的夢想，度過了九年難熬的歲月，九年只賺了三十塊錢稿費，平均每天才一分錢！可是，因為他一直把寫作當成最重要的事去做，而不是金錢。終於，他成了世界著名的作家。就連漂流到荒島上的魯賓遜也不忘每天定一個作息表呢！三、不良的工作習慣之三：將問題暫擱在一旁，而不是馬上解決或做出決定

赫威爾以前是我的學生，後來成為美國鋼鐵公司董事會的董事之一。他告訴我，公司的董事會開會總是拖拖拉拉，許多問題被拿出來討論，卻很難討論出一個正式的決定，大家只好把一大堆報告帶回家研究。

後來，赫威爾說服董事長作了這樣一個規定：一次會議只提一個問題，直到解決為止，絕不擱置和延誤。表決之前或許需要研究其他資料，但為了讓問題徹底的得以解決，只有當前一個問題得到處置結束，否則絕不討論第二個問題。這種辦法果然奏效：備忘錄上的有待處理的事項解決了，行事曆上的預定事項也不用再排得滿滿的。各位董事們也免除抱一大堆資料回家的煩惱了，也不用被尚未解決的問題弄得憂心忡忡的。

這不僅是美國鋼鐵公司董事會的好方法，對你我也是適用的、有效的。

四、不良的工作習慣之四：無法有效的組織、授權和監督

在日常工作中，許多人常因不懂得授權他人，由此提早進入失敗的困境。這些人總是對別人不放心，凡事總是躬親，結果淹沒於那些繁瑣的細節之中，難怪他們常常感到匆忙、憂煩、急躁和緊張。我知道，學會授權給別人是非常困難的，至少對我是這樣。儘管如此，身為主管的人員還是得學習怎樣把工作委派給他人，否則永遠處在疲於奔命中，因為你終究只是一個人！

看看身邊的新聞你就能發現，一個大企業的高階主管，如果不懂得組織、授權與監督，通常在五六十歲就由於心臟疾病而死亡——這是長期緊張憂煩所造成的結果。

所以，要讓自己脫離過度勞累與憂煩，那你就應該從現在開始養成良好的工作習慣：

（一）把你的寫字桌桌面收拾乾淨，只保留與目前工作有關的物品

（二）按照事情的輕重緩急的程度去分別對待和處理

（三）你一旦碰上問題，要馬上決定處理，或作個指示，絕不束之高閣

（四）學會怎麼樣有效的組織、授權與監督

需要指出的是，快樂並非取決於你是什麼人，或你擁有多少財富什麼的，它完全源自於你的思想。因此，每天早晨起床時，先想想你應該感恩的事情。你的未來也一定會由你今天的思想所決定。所以，讓你的心中注滿希望、自信、真愛以及成功的想法。

釋放自己讓自己變得輕鬆

艾麗絲是一家小公司的職員，她每天回家都帶著一身的疲憊，渾身疼痛、疲憊不堪。她一回家就一頭倒在床上，頭痛、腰酸、背直不起來，甚至連飯都不想吃。這時，她只想一直躺著，什麼都不想做。她的父母對此很擔心，在母親的極力勸說下，艾麗絲坐起來勉強的吃了幾口。

有一天夜晚，她像往常一樣疲憊的回到家，無精打采的準備吃飯。突然，她男朋友打電話給她，邀請她參加晚間的化裝舞會，艾麗絲聽到後興奮異常，瞬間就換好服裝，興高采烈的奔出家門，晚上進家門時的疲憊也一掃而光。當夜凌晨她才回到家，但即使這樣，也沒有一點疲勞的感覺，心情也相當愉快。在第二天工作時，工作效率也明顯有所提高，與平時的她簡直判若兩人。從艾麗絲兩個時間段的不同表現，可以看出她對工作的不滿，也許她早已厭倦了自己工作的枯燥，也許工作的壓力早已讓她感到力不從心。

在我們現實生活中，一定有許多像艾麗絲這樣因工作壓力而疲憊不堪的人，有時情緒上的壓力也會讓

人難以承受。

面對這種情況，我們就要學會怎樣適當的放鬆自己，學會如何娛樂自己。據科學家研究，我們的大腦在一般情況下工作八至十二個小時是沒有什麼問題，也不會有什麼不良的反應。那麼，我們為什麼會感到勞累呢？究竟是什麼讓我們備感疲勞呢？

醫學家稱，我們當中大多數人的疲勞表現都來源於我們自身的精神狀態，著名精神病理學家曾說過：「人們的疲勞大部分是由於我們的精神因素，而真正因為體力、生理上的疲勞是不多的。」

一家保險公司在他們的宣傳冊中這樣寫道：「努力工作不是導致疲勞的真正原因，尤其是那些經過休息後仍不能消除的疲勞。真正導致疲勞的是緊張、憂鬱和煩躁不安。」因此，請你記住，放鬆自己同樣是最重要的，換言之就是保持良好心態是最重要的。

小說家鮑威爾小的時候，不小心摔跤傷了膝蓋。路過的老人將他扶起，關切的告訴他：「你之所以會受傷，那完全是因為你不懂得怎樣讓自己放鬆，你應該把你的身體當成一隻舊襪子一樣放鬆。讓我給你表演一下吧！」

那位慈祥的老人說著便開始了有趣的表演。他倒在地下，一會兒向前滾過來，一會兒又朝後面翻過去，嘴中還不停的嘀咕道：「我就是一隻鬆弛的襪子，我很輕鬆。」

事實上，我們沒有必要非得在地上滾來滾去來感受鬆弛，我們要的是那種如舊襪子般鬆弛的感覺，沒必要刻意去追求放鬆，放輕鬆是一件自然而然的事情。

緊張是一種習慣，那麼人們也可以把輕鬆培養成一種生活習慣。

在緊張的時候我們就要從肌肉開始放鬆，說得簡單點，就是當我們剛看完一篇很難理解的科學論文時，不妨先將身體向後靠在椅子背上，慢慢的將眼睛閉上，然後對自己說：「放鬆一點，不要緊張，不要皺眉，放鬆一下吧！」過幾分鐘，也許你就會感覺到自己的眼部肌肉真的輕鬆了許多，也許這讓你不可思議，其實放鬆的方法就是如此的簡單。當然身體各部位都可以實行這種神奇的簡單易行的方法予以放鬆。

思格特先生就是因為很好的掌握了這種放鬆方法，從而讓自己的身體恢復了健康。思格特先生在十年前得了腎炎，走訪過許多名醫，都沒有療效。

沒過多久，憂鬱的思格特先生又患了腎炎的併發症。血壓急劇上升，一下升到兩百，醫生惋惜的對他說，他活不了多長時間了，並吩咐他的家人為他準備後事。

思格特悲痛萬分的回到家中，查了自己的保險，並準備了後事，心情也低落到了極點。他憂傷的心情把全家的快樂都趕走了。他的全家都在為他擔心，以致氣氛極為消沉。而思格特整日都沉浸在自怨自艾中，每晚也在痛苦的失眠中度過。這樣過去一段時間後，他開始了深刻的反省，好像領悟到了任何不快與失落都沒有意義。為何不珍惜眼前所剩無幾的時光，與家人快樂的度過呢？

對於自己的生命，他開始不那麼緊張了，反而開始放鬆的面對每一天。他微笑著面對自己的家人與朋友，儘管他一開始有些壓抑著自己的不快，但當他看到家人因他心情變好而高興時，自己也從心底裡開始變得輕鬆了。

沒過多久，他便覺得自己的病情開始好轉，他深知自己的身體也和心情一樣好了許多。因為心情的愉悅，他的病情不但超過醫生給他預定的死期很長時間，而且連血壓也有了明顯的下降，身體竟然一點點的奇蹟般康復了。是他積極的心態讓自己的病體得到了治癒。

擁有放鬆、愉快的心情不僅可以給自己帶來生命的奇蹟，還會把快樂傳遞給周圍的人們。

對於放鬆的心態，這裡有四項建議，也許對你的生活有所幫助：

（一）　要像一隻鬆弛的舊襪子一樣隨時保持放鬆的心態。當然，如果你對襪子鬆弛的理念還沒有什麼概念的話，你可以看看在溫暖的午後，趴在窗台上晒太陽的貓咪，牠們那身在陽光下軟綿綿的皮毛。沒有哪隻慵懶的貓會因心煩的事而不能入睡，或因頭痛折磨而精神疲憊。

（二）盡量選擇舒適的工作環境。無論身體怎麼緊繃都是沒有任何意義的，這還會導致頸椎方面的疾病。

（三）做到每天幾次的自我反省，自問在哪方面還有不足，有沒有讓自己過度勞累，隨時養成自我放鬆的習慣。

（四）在入睡前，躺在床上，回想一天中自己的所作所為，自己在工作上是否過於疲勞。若感到力不從心，找一找是不是工作方法有問題，對自己的心情及精神狀態做個總結。每天和自己談談話，可以引導自己思考勇氣與快樂的含義。若每天回想一下值得感謝的事情，你的心靈也會豁達起來的，會變得快樂而歡暢。

因此，在緊張而忙碌的工作生活中，讓我們學會放鬆自己，這比什麼都重要。

活在當下，別為明天的事自尋煩擾

一八七一年的春天，有一個年輕人，在自己目前的生活中堆滿了各種憂慮：擔心畢業以後該到哪裡去、擔心怎樣通過期末考試、怎樣才能生活、怎樣才能開業等。這天，他看到一本書，讀到了一句對他前途產生莫大影響的話。這讓他立刻變得興奮起來，他是蒙特婁綜合醫院的醫科學生威廉．奧斯勒。

在一八七一年，威廉．奧斯勒所看到的那一句話，促使他成為他那一代最為著名的醫學家，促使他創建了全世聞名的約翰．霍普金斯大學醫學院，並且成為牛津大學醫學院的欽定講座教授——這是在英國學醫的人所擁有的最高殊榮。他還被英國國王封為爵士。可以說，他無憂無慮的過完了他的一生。

那麼，在一八七一年春天他所看到的那句話是什麼呢？其實，這是出自湯瑪斯．卡萊爾的一句話：「對我們來說最重要的，不是要看遠方模糊的事，而是要做手邊清楚的事。」

四十二年之後，在一個溫和的春夜，鬱金香開滿了校園，威廉．奧斯勒爵士給耶魯大學的學生作了一次演講。他對學生們說，像他這樣一位曾在四所大學當過教授，並且出過一本很受歡迎的書的人，似乎應該有一顆「特殊的頭腦」，但事實並非如此。他說他的一些好朋友都非常了解他，他的腦袋是「最普通不過了」。

可是，他成功的祕訣究竟是什麼呢？威廉．奧斯勒爵士認為這完全是因為他生活在「一個完全獨立的今天」。他這句話是什麼意思呢？就在這次演講的幾個月前，他搭乘一艘大型郵輪橫渡大西洋，有一次看見船長站在船舵室中，按下一個按鈕，立即聽到發出一陣機械運轉的聲音，輪船的幾個部分立刻成了彼此隔絕空間，變成了幾個完全防水的隔離艙。

奧斯勒爵士對那些耶魯大學的學生說：「你們每個人，思維組織都要比那條大郵輪精美得多，所要走的航程也更遠得多。你們也必須向那位船長學習的是，知道怎樣控制一切。你們要活在一個『完全獨立的今天』，這才是在航程中確保最安全的好方法。到船舵室去，你將會發現那些大的隔離艙都可以使用。按下按鈕，用鐵門把過去隔斷——隔斷已經過去的昨天；再按下另一個按鈕，用鐵門把未來也隔斷，隔斷那些尚未降臨的明天。然後你就保險了，可以在『和別的日子完全隔絕的今天』生活了。要時刻記住：你現在擁有的只有今天，也切斷過去吧，埋葬掉已逝的昨天，切斷那些會把傻瓜引到死亡之路的昨天。明天的重擔加上昨天的重擔會成為今天最大的障礙，要把未來和過去都緊緊的關在門外，記住你只擁有今天，未來就在於今天，沒有明天這個東西。人類得到救贖的日子也就是現在。精神的鬱悶、精力的浪費，總會緊緊纏繞著一個為未來擔憂的人。把船前船後的隔離艙都關掉吧，準備養成一個良好的習慣，生活在「完全獨立的今天」！

當然，奧斯勒博士並不是讓我們不必為明天而學習和努力。他的意思是說，為明日作準備的最好方法，就是運用你所有的智慧和熱誠，把今天的工作做得更完美，這是你能應對未來的唯一方法。

總之，一切都告訴我們，一定要為明天著想，一定要仔細的考慮、計畫和準備，但並不是擔憂。

近日來，我很榮幸，因為訪問了世界上最著名的《紐約時報》的發行人亞瑟．蘇茲柏格。蘇茲柏格先生告訴我，當第二次世界大戰的戰火燃燒到歐洲時他非常驚訝，對未來充滿了憂慮，以至於幾乎無法入睡。他常常會在半夜爬起床，拿著畫布和顏料，對著鏡子，為自己畫一張自畫像。雖然他對繪畫一竅不通，但他還是畫著，藉此來穩定自己的情緒。蘇茲柏格先生說，他是看一首讚美詩裡的一句話才消除了自己的憂慮，得到了平安的。這句話是：「只要一步就好。」這個「一步」，就是今天，就是現在所需要做的。

在現代的生活方式中，最可怕的事就是，我們醫院裡一半以上的床位，大都是給那些大腦神經或者精神上有問題的人留著的。他們都是因為不能承受日漸累積起來的昨天和令人擔心的明天所加起來的重負，從而讓自己成為病人。但是，在這些病人中，他們只要能信奉威廉．奧斯勒爵士的那句話——「生活在一個完全獨立的今天」，那他們今天就都能走在大街上，過上快樂而幸福的生活了。

所有人在目前的這一瞬間，都站在由兩個永恆所交叉的點上——這個點已經永遠的過去了，並且延伸至沒有窮盡的未來。但是，我們都不可能生活在這兩個永恆之中，就算是一秒鐘都不行。我們如果想那樣做的話，就會毀掉自己的身體和精神。我們要滿足於目前所生活的這一刻。從現在起，直到我們上床睡覺，不論任務有多重，每個人都能堅持到夜晚的來臨，不論工作有多麼辛苦，每個人都會好好完成那一天的工作，每個人都能很耐心、很甜美、很可愛而且很純潔的活到太陽下山，這就是生命的真諦。

當然，人性中最可悲的一件事，就是我們所有的人都拖延著不去生活，只夢想著在天邊有一座奇妙的玫瑰園，而對今天就開放在我們窗口的玫瑰花卻漠不關心。

我們怎麼會變成這種傻子，變成這種可憐的傻子呢？其實，我們人生的短暫歷程有多麼奇怪啊，小孩子說：「等我長成大孩子的時候，」但是又怎麼樣呢？大孩子說：「等我長大成人之後，」等他真的長大成人了，那又會如何呢？他又說：「等我結婚以後，」但是，等他結了婚，又會怎麼樣呢？他的想法隨後又變成了一句「等我退休之後」，然後，等他退休之後，他再回頭看看他所經歷的一切時，似乎有一陣冷風掠過腦際，他錯過了一切，而一切又一去不復返。我們總是無法在很早的時候懂得這個道理：生命就在生活裡，就在每一天和每一刻。

有這樣一個例子，講的是已故的赫爾文斯先生的故事。可以說，在學會「生命就在生活裡，就在每一天和每一刻」這個道理之前，他幾乎因為憂慮而走向自殺。

赫爾文斯出生在一個貧苦的家庭，起初靠賣報為生，後來，到一家雜貨店當店員。之後，因為家裡人多，他一個人支撐起一家七口人的生活，於是他想方設法找到一個當助理圖書管理員的工作，薪水雖然微薄，但是，他卻不敢、不願辭職。一直堅持了八年，他才鼓足勇氣，開始自己的事業。他用借來的五十五美元，做出了一番大事業，一年大約盈利兩萬美元。

但是，好景不長，厄運不久降臨了：他替一個朋友背負了一張面額很大的支票，而那位朋友卻破產了。更可怕的是，在此次災禍之後又加上一次更大的災禍，他把所有財產都存入的那家大銀行也垮了。這次災禍不但讓他傾家蕩產，還背負了一萬六千美元的負債。他精神上真的要崩潰了。他告訴我說：「我吃不下，睡不著，我患上了一種奇怪的病。其實，原因就是因為憂慮。有一天，我正走在路上時，突然昏倒在路邊上，從此就再也不能走路了。他們讓我躺在床上，全身都爛了。傷口逐漸往裡面爛，我連躺在床上都受不了了。我的身體糟糕透了，最後醫生告訴我，我只能活兩個禮拜。這個消息讓我非常震驚。之後，我寫好遺囑，就躺在床上等待死亡。當時，我知道，掙扎或擔憂都沒有用了，所以，我只好放棄，開始放鬆下來，閉目休息。連續好幾個星期，我都睡不到兩個小時。但是，因為這時候，我認為一切困難就快要結束了，也不再憂慮什麼了，我睡得像個孩子。我的胃口變好了，體重也開始增加。」

「此時，我的病情也沒有像醫生所說的那樣惡化，幾個星期之後，我就能撐著拐杖走路了。六個星期之後，我就能回去工作了。以前我一年曾賺過兩萬美元，但是現在，我能找到一週三十美元的工作，我就心滿意足了。現在，我的工作是推銷運送汽車的輪船上使用在輪子後面的擋板。此時我已經學會不再為過去發生的事情後悔，也不再害怕將來，不再憂慮了。我把我所有的精力、時間和熱誠，都放在了推銷擋板上。」

赫爾文斯的進步極其顯著，沒有幾年，他就成了赫爾文斯工業公司的董事長。多年以來，這家公司一直是紐約股票市場交易所的一家公司。但是，可以說，如果他沒有學會「生活在完全獨立的今天」的話，赫爾文斯絕不可能取得這樣的成就。「這裡的規矩是，明天可以吃果醬，昨天可以吃果醬，但今天不能吃果醬。」這句話是白雪皇后所說的。我們大多數人也是這樣：為昨天的果醬發愁，為明天的果醬發愁，卻不會把今天的果醬，厚厚的塗抹在我們正在吃的麵包上，好好的吃一頓。

就連法國偉大的哲學家蒙田，也曾犯過同樣的錯誤，他說：「在我的生活中，曾充滿了可怕的不幸，而那些大部分不幸在以前從來沒有發生過。」我的生活和你的生活，一樣如此。

但丁說：「想一想，這一天永遠不會再來了。」生命正在以令人難以置信的速度急速消逝，我們在空間上正在以每秒十九哩的速度跑過，但我們最值得珍惜的應是今天，今天也是我們唯一能真正把握的時間。所以，對於憂慮，你應該清楚的第一件事就是，如果你不希望你的生活被它所擾亂，就要學習威廉·奧斯勒爵士，「用鐵門把過去和未來隔斷，生活在完全獨立的今天」。要相信，活在一個真實的今天，你才會獲得平安快樂。

學會遺忘，懂得寬恕

幾年前的一個晚上，我在黃石公園遊玩，並與其他觀光客一起坐在露天座位上，面對茂密的森林，我們期望能看到森林殺手灰熊。灰熊走到森林旅館丟出的垃圾中去翻找食物。騎在馬上的森林管理員告訴我們，灰熊在美國西部幾乎是所向無敵，除了美洲野牛及阿拉斯加熊例外。但我卻發現有一隻動物，而且僅是一隻，隨著灰熊走出森林，而且灰熊還容忍牠在旁邊分享牠的食物，那是一隻很臭的鼬鼠。灰熊當然明白只須一掌就能把那隻鼬鼠毀掉，那牠為什麼不去做呢？因為經驗告訴牠沒必要，根本不值得這樣做。

我也發現了這一點。我在農場上長大，曾在圍籬旁捉到一隻臭鼬。到了紐約，也在街上遇見過幾隻兩條腿的臭鼬，痛苦的經驗告訴我兩種都不值得碰。

當我們對敵人心懷仇恨時，就是促使對方以更大的力量來壓倒我們，給他機會控制我們的睡眠、胃口、血壓、健康，甚至我們的心情。如果我們的敵人知道他能給我們造成多大的煩惱，他一定要高興死了！憎恨傷不了對方一根汗毛，卻會讓自己的日子變成了煉獄。

猜猜看，下面這句話是誰說的：

如果有個自私的人占了你的便宜，你可以與他斷絕朋友的關係，但千萬不要想去報復。一旦你心存報復，自己所受的傷害絕對比對別人大得多。

此言聽起來像是哪位理想主義者說的。其實，這是曾出現在紐約警察局的布告欄上的一段話。

報復怎麼會傷害自己呢？有好幾種方法。《生活》雜誌記載報復可能毀了你的健康。《生活》雜誌如是說：「高血壓患者最顯著的個性特徵是仇恨，長期的憤恨引起慢性高血壓，從而導致心臟疾病。」

耶穌說：「愛你的敵人。」祂可不只是在傳道，祂宣揚的也是二十世紀的一種醫術。當耶穌說：「原諒他們七十七次」，他是在告訴我們怎麼樣避免罹患高血壓、心臟病、胃潰瘍以及過敏性疾病。

我朋友最近患了嚴重的心臟病，醫生命令她臥床休養，告訴她不論發生什麼事情都不得動怒。醫生都了解如果心臟衰弱，任何一點憤怒都會要人的命。真的是這樣嗎？幾年前華盛頓一位餐廳老闆就因一次憤怒而亡。一份警方報告說：「威廉曾是咖啡店老闆，因廚子堅持用碟子飲用咖啡，竟一怒而亡，因為他急怒之下抓起左輪槍追殺廚子，引起心臟衰竭，倒地不起。驗屍報告宣告心臟衰竭的起因是憤怒。」

當耶穌說「愛你的敵人」時，祂也是在告訴我們如何改進自己的容貌。我看過，我相信你也看過——一些人的容貌是因為仇恨憤懣而布滿皺紋或變形。再好的整形外科也無濟於事，再怎麼也比不上因寬恕、溫柔、愛意所形成的容顏。

仇恨讓我們連美食在口也不知其味。《聖經》上是這樣告誡我們的：「愛意融融的粗茶淡飯勝過仇恨的山珍海味。」

如果我們的仇人知道他能消耗我們的精力，使我們神經疲勞、容顏醜化，還會致使我們心臟發病、提早歸西，他難道不會拍手稱快嗎？

即使我們沒辦法愛我們的敵人，起碼也應該多愛自己一點。我們應該愛自己，至少不讓敵人控制我們的心情、健康以及容貌。莎士比亞說過：仇恨的怒火，將會把你自己燒傷。

當耶穌要求我們原諒敵人七十七次時，祂也是在談生意。舉例來說，我桌上正有一封瑞典烏普薩拉的喬治．羅納先生的來信。幾年來他在維也納從事律師工作，一直到第二次世界大戰才回到瑞典。他身無分文，急需找到一份工作以維持生活。他能說寫好幾種語言，所以他想找個進出口公司擔任文書工作。大多數公司都回信說因為戰爭的緣故，他們目前暫時不需要這種服務，但他們會保留他的資料等等。其中有一個人卻給羅納回信說：「你對我公司的想像完全是錯誤的。你實在很愚蠢。我根本就不需要文書。即使我真的需要，也不會僱用你，你連瑞典文字也寫不好，你的信中錯誤百出。」

羅納收到此信時，氣得暴跳如雷。這個瑞典人居然敢說他不懂瑞典話！他自己呢？他的回信才是錯誤百出呢！於是羅納寫了一封殺傷力足夠氣死對方的信。但是他轉念想了一下，對自己說：「等等，我怎麼知道他錯了呢？我學過瑞典文，但它並非我的母語。也許我犯了錯，我自己沒有認知。真是這樣的話，我應該再加強學習才能找到工作。這個人可能還幫了我一個忙，雖然這並非他的本意。他表達得雖然糟糕，倒不能抵消我欠他的人情。我決定寫一封信感謝他。」

羅納把那封報復的信揉掉，另外寫了一封：「你根本不需要文書，還不厭其煩的給我回信，真是太好了。我對貴公司判斷錯誤，實在很抱歉。我寫那封信是因為我查詢時，別人告訴我你是這一行的領袖。我不知道我的信犯了文法上的錯誤，我很抱歉並覺得慚愧。我會更加努力學好瑞典文以避免犯錯。我要謝謝你的幫助，促使我自我成長。」

幾天後，羅納又收到回信，對方約他到辦公室面談。羅納如約前往，並得到了工作。羅納自己找到了一個方法：「以柔和驅退憤怒」。

我們可能不會那麼神聖去愛敵人，但為了我們自己的健康與快樂，最好就是原諒他們並忘記他們，這樣才是明智之舉。

我有一次問艾森豪將軍的兒子，他父親是否曾抱恨過任何人。他回答：「沒有，我父親從不浪費一分鐘在他不喜歡的人。」

有一句古語說，不能生氣的人是傻瓜，不會生氣的人才是智者。

前紐約市長就以此作為他從政的原則。他曾遭槍擊，險些致命。當他躺在病床上掙扎求生時，他還說：「在每晚睡覺之前，我必原諒所有的人與事。」聽起來似乎太理想化，太天真了吧？那麼，我們再聽聽德國哲學家叔本華的思想吧，他在《悲觀論》中把生命比喻為痛苦的旅程，然而在絕望的深淵中，他堅持說：「如果可能，任何人都不應心懷仇恨。」

我有一次請教巴羅克——他曾連任美國六任總統的顧問，包括威爾遜、哈定、柯立芝、胡佛、羅斯福以及杜魯門——他遭受政敵攻擊時，有沒有感到困擾？「沒有任何人能侮辱或困擾我，」他回答說，「我不允許他們這麼做。」

任何人都不能侮辱我們或困擾我們——除非我們自己允許。

棍棒和石頭可以打斷我的肋骨，但語言別想給我絲毫的傷害。

幾百年來，人類總是欽佩不懷恨仇敵的人。我常到加拿大的一個國家公園，欣賞美洲西部最壯麗的山景，這座山是為了紀念英國護士艾迪絲·卡維爾於一九一五年十月十二日在德軍陣營中殉難而命名的。她的罪名是什麼？她在比利時家中收留一些受傷的法軍與英軍，照顧並協助他們逃往荷蘭。在她即將行刑的那天早上，軍中的英國牧師一到囚禁她的布魯塞爾軍營中探望她，卡維爾喃喃的說道：「我現在才明白，光有愛國情操是不夠的。我不應該對任何人懷恨或怨懟。」四年後，她的遺體被送往英國，並在西敏寺內舉辦了一場紀念儀式。我曾在倫敦居住了一年，常到卡維爾的雕像前，讀著她不朽的話語：「我現在才明白，光有愛國情操是不夠的，我不應該對任何人懷恨或怨忿。」

要想真正做到寬恕並忘卻我們的敵人，最有效的辦法還是依靠我們強大的力量。若我們能夠忘記一切的敵人，當然侮辱也顯得無關緊要了。讓我再舉個例子。

一九一八年，密西西比州有一位黑人教師兼傳教士瓊斯即將被處以死刑。幾年前我拜訪了瓊斯親手創辦的學校，並向學生作過演說。現在它已是一所全國有名的學校，但我要說的這個故事發生在很早以前。當時還是第一次世界大戰的時候，密西西比州中部有謠言流傳說，德軍將策動黑人叛變。瓊斯被控策動叛亂，並將被處死。一群白人在教堂外聽到瓊斯在教堂內說道：「生命是一場戰鬥，黑人們應舉起武器，為爭取生存與成功而戰。」「戰鬥！」「武器！」夠了！這些衝動的白人青年衝入教堂，用繩索套上瓊斯，把他拖了一英里遠，推上絞台，燃起木柴，準備絞死他，並燒死他。有人喊叫著：「叫他說話！說話！說啊！」於是瓊斯站在絞台上，脖子上套著繩索，開始談他的人生與理想。一九〇七年，他由愛達荷大學畢業。他談到自己的個性、學位，談到他在教職員中受人歡迎的音樂才能。畢業時，有人請他加入旅館業，有人願出錢資助他繼續進修音樂教育，都被他拒絕了。為什麼？因為他心中只有一個理想。他在布克．華盛頓的故事的影響下，立志去教育他的貧困的同胞兄弟。於是他前往美國南方所能找到的最落後的地方，即密西西比州的一個偏僻地方，把他的手錶當了一點六五美元，他就在野外樹林裡開始辦學校。瓊斯面對這些激憤的要把他絞死的人們，訴說自己奮鬥的歷程，為教育這些失學的孩子，他想將他們訓練成有用的農人、工人、廚師與管家。他也告訴這些白人，在他興學的過程中，那些曾經幫助過他的白人——一些白人曾經送他土地、木材、豬、牛，還有錢，協助他完成教育工作。

事後，有人問瓊斯恨不恨那些拖他、準備絞死、燒死他的人？他的回答是，他當時忙著訴說比自己的生命更大的事，以至於無暇憎恨。他說：「我沒空爭吵，也沒時間反悔，沒有人能強迫我去憎恨他們。」

當瓊斯如此真誠感人的話語，特別是他不為自己的生死求情，只為自己的使命求情時，暴民們的怒氣也開始減弱了。最後有個老人說：「我相信這年輕人說的是真的，我認識他提到的幾個人。他在做善事，是我們錯了。我們不應該吊死他，而應該幫助他。」老人開始在人群中傳帽子，向那些想吊死瓊斯的人募了五十二美元。因為瓊斯說：「我沒空爭吵，也沒時間反悔，沒有人能強迫我去憎恨他們。」

十九世紀前，愛比克泰德就曾指出，我們收穫的成果就是我們所栽下的種子，命運總不放過，要我們為自己的罪行付出代價。愛比克泰德說：

從長遠而論，每個人都會為自己的錯誤付出代價。若能將此長懷於心的人，就能不對人發怒、憤懣、誹謗、責難、攻擊或怨恨。

從《林肯傳》中可以看出，林肯「從不憑自己的好惡去判斷人。他總是說他的敵人也像任何人一樣能幹。如果有人得罪他，或對他不遜，但卻是最合適的人，林肯照舊請他擔任該職位，就像對朋友一樣毫不猶豫……我想他從未由於個人的反感，或是他的政敵而撤換一個人。」

林肯曾把相當高的職位委任給侮辱過他的人──包括麥克萊倫、希瓦德、史丹頓以及蔡斯。按作者的說法，林肯相信：「沒有人因為自己的作為應該受到讚揚或責難，因為我們每一個人都受到教育的條件及環境所影響，我們所形成的習慣與特徵造就了我們的目前及未來。」

也許林肯是對的。如果你我像我們的敵人一樣，承襲了同樣的生理、心理及情緒的特徵，如果我們的人生也完全一樣，我們可能會做出跟他們完全同樣的事，因為我們不可能會做出別的。讓我們用印第安人的祈禱詞提醒自己：「偉大的神靈！在我穿上別人的鹿皮靴走上兩個星期路以前，請幫助我不要判斷與批評他人。」因此與其恨我們的敵人，還是讓我們憐憫他們，並感謝上天沒有讓我們去經歷他們那樣的人生。與其詛咒報復我們的敵人，何不給他們諒解、同情、援助、寬容以及為他們祈禱。

我是在一個每晚念《聖經》並作睡前祈禱的家庭中長大的。我現在好像還能聽到父親在密蘇里農家中，孤單的念著耶穌說過的話。只要人們還重視這個理想，就會繼續引用這段話：「愛你的敵人，為那些詛咒你的人祝福，善待仇恨你的人，並為迫害你的人祈禱。」

我父親一生都在說耶穌的這段話，這句話賜給他內心平安，這個世界上許多有權有勢的人都無緣享有這樣的平安。

予人恩惠，不要苛求對方的回報

古代的聖賢曾經說：「憤怒的人，心裡都會充滿怨恨。」最近，我在德州遇到一個商人，這個商人正在由於某事而生氣。有人告訴我說，我只要跟他認識不到十五分鐘，他就會將事情原原本本的告訴我。果不其然，他告訴我，令他生氣的那件事是在十一個月以前發生的，但是，他現在的火氣仍舊大得嚇人，簡直難以控制自己淡忘那件事。事情是這樣的：他給三十四位員工總共發了一萬元的年終獎金，然而，卻沒有一個人感激他。他很傷心的埋怨說：「我實在後悔莫及，應該一分錢都不給他們。」

這個人的內心充滿了怨恨，他大約六十歲左右，也許還可以活十四五年，但是，他卻浪費了將近一年的時間，去抱怨已經發生、並且無法挽回的事情，這真是太可惜了！

說實話，我很同情他。他其實不該一直這樣陷入怨恨與自憐之中，他應該問問自己，為什麼沒有人感激他？也許是員工認為年終獎金並不是什麼禮物，而是他們憑勞力賺來的；也許是他平時給員工支付的薪水太低，但分給他們的工作卻太多；也許是他們認為他分給大家年終獎金，是因為這些收益的大部分得拿去交稅；也許是他平常對人太過挑剔和苛刻，所以沒有人敢或者願意感謝他。

當然，從另一方面來說，那些員工也許都很卑劣，很自私，很不懂禮貌。也許是這樣，也許是那樣，這全是我們的猜測而已。我和你一樣不明事情的真相，但塞繆爾．詹森博士曾說過：「感激別人的恩惠是良好教育的結果，這在一般人之中很難找到。」

我在這裡想告訴你們的是，若有人希望別人感激他的恩惠，這正犯了一般人共有的毛病。可以說，他完全不了解人性。試問，如果你救了某人性命，你是不是希望他對你心存感激呢？可能會。萊柏維茲在擔任法官之前，是一個有名的刑事律師，他曾救過七十八個人的生命，使他們避免坐上電椅被處死。你認為在這些人當中，有多少人感激萊柏維茲呢？猜猜看，有多少？說實話，一個也沒有！耶穌曾在一個下午為十個痲瘋病患者治好了病，但是，這些人中有幾個向祂道謝了呢？只有一個。當耶穌轉身詢問祂的門徒「那九個人在哪裡」的時候，他看到那九個人什麼都沒有說就走了。

查理斯曾告訴我，有一次他拯救了一位挪用銀行公款的出納員。那個人用公款投資股票，查理斯用自己的錢救了他，使他不至於受罰。但是那位出納員感激他了嗎？當然，他確實感謝了一段時間，但他過後很快就轉過身來辱罵和批評這個曾使他免於牢獄之災的人──查理斯。

這裡想問一個問題：為什麼我們每個人在對別人施了一點點小恩小惠之後，都希望得到比耶穌更多的感激呢？

其實，人終歸是人，人的本性是不會改變的。在他的有生之年大概都不會有什麼改變，既然對人施恩就不希望得到回報，那是不可能的事情。不管你相信與否，事情就是這樣。所以，我們為什麼不能接受這個事實呢？曾統治過古羅馬帝國的那個聰明的馬可．奧理略對這個現實就非常清楚，他曾在日記中寫道：「我今天就要去見那些多嘴多舌的人——那些自私的、自以為是的、沒有半點感恩之心的人。但是我對此既不吃驚，也不難過，因為我無法想像，一個世界若沒有這種人將是什麼樣子。」

這句話很有道理！如果一個人總是埋怨別人不對自己表達謝意，那你該怪誰呢？是怪人性本身，還是怪我們不了解人性呢？其實，當我們施恩時，如果我們偶然得到了別人的感激，那是一種意外之喜；如果我們得不到這種感激，也不必因過分強求而難過。

我認識一個住在紐約的女人，她常常因為孤獨而不斷的抱怨，她的親戚沒有一個願意接近她。這實在很奇怪，為什麼所有的親戚都不願意親近她呢？原因很簡單，主要是因為，當別人去看望她時，她就會沒有休止的說她對她的侄女有多好，在她們患麻疹、腮腺炎和百日咳的時候都是她照顧她們；多年來她提供給她們吃住，還幫其中一個上完了商業學校，另一個也一直住在她家裡，直到結婚。

其實，這個女人沒有什麼可抱怨的，她的侄女為了盡義務也來看過她。但後來，她們都怕來看她，因為她們知道自己來了以後必須在那兒坐好幾個小時，聽她在那兒指桑罵槐，還得聽她那毫無休止的埋怨和自憐的嘆息。並且，當這個女人再也無法威逼利誘她的侄女來看她的時候，她就使出另一件「法寶」——心臟病。

當然，她並不是真的心臟病發作。是的，醫生都說她有一個「很奇怪的心臟」，才會產生這種病症。但是，醫生們也說，他們對她也是束手無策，因為她的問題完全是情感上的。這個女人真正需要的是愛和關切，但是她將此稱之為「知恩圖報」。可以說，如果她強求它，並覺得那是她應該得到的，她將永遠得不到感恩和愛。

像她這樣的人，世界上也許有很多。她們都因為別人的忘恩負義、孤獨和被人忽視而患病。她們希望得到別人的愛，但我們這個世界上唯一能夠得到愛的方法，就是不再去乞求，而是立即著手付出，並且不要總希望能夠擁有一份回報。

這話聽起來很荒謬，很理想化，很不切實際。但是，這是事實，這是普通常識，同時，這也是讓你和我得到快樂的最好的方法。

當然，像以上事例中的情況，處處可見。幾千年來，為人父母者一直為兒女的不知感恩而感到悲傷難過。就連莎士比亞筆下的李爾王也吶喊道：「一個不知感恩的孩子，比毒蛇的牙齒還要尖利。」

但是，你是否想過，你的孩子為什麼要感激你呢？忘記恩德是人類的天性，就像野草一樣；而感恩卻如玫瑰，必須給它施肥澆水，給它教養、愛和呵護。如果你想讓你的孩子們感激你，那麼，我們就要教育他們應該那樣。

可以這樣說，要是我們的子女不知報恩，那該怪誰呢？也許要怪我們自己。如果我們從來沒教會他們怎麼樣感激別人的話，我們又怎麼能希望他們感激我們呢？

我認識一個人，他住在芝加哥，總是抱怨他的兩個養子對他不知感恩。他的抱怨當然有道理。他在一家紙箱廠工作，一個星期還賺不到四十美元。之後，他娶了一個寡婦，她要他去借錢供她的兩個兒子上大學。他每週的薪水只有四十美元，但要買吃的、付房租、買燃料、買衣服，還要償還債務。他這樣辛辛苦苦工作了四年，也從來沒有抱怨過一句。

有沒有人對他表示感謝呢？沒有，他的太太和那兩個寶貝養子都認為這是應當的。兩個養子從來都不認為他們欠養父什麼人情，因此連一句謝謝也沒有說過。

兩個養子不知感激，怪誰呢？是怪這兩個孩子嗎？當然，可以埋怨兩個孩子，但是，最要怪的是那個做母親的，她認為不應該給她的兒子增加「負疚感」。她不想讓她的兩個兒子「一開始就欠別人什麼」，所以她從來都不曾告訴他們說：「你們的養父真是個大好人，他幫你們讀完了大學。」她採取的態度只是說：「這是他應該做的。」

這位做母親的認為她這樣做有利於自己的兩個兒子，但是，實際上是讓他們剛走上人生道路的時候，產生全世界都虧欠他們的觀點，這是非常危險的。

我們要謹記：子女的行為完全是由父母造成的。我姨媽薇奧拉就從不會擁有孩子們會對她「忘恩」的想法。在我小的時候，薇奧拉姨媽把她母親接到家裡來照顧，同時也照顧她的婆婆。現在我閉上眼睛還能回想起那兩位老太太坐在薇奧拉姨媽家壁爐前的情景。她們會不會給薇奧拉姨媽招惹什麼麻煩呢？可想而知，這是肯定的。但是，你從她的態度上一點也看不出來，她很愛這兩位老太太，所以，她關愛她們、順從她們，盡最大努力讓她們過得非常舒適。當然，她從來都沒有想到這樣做有什麼特別的，或者說接兩位老太太來家裡住有什麼值得讚美的。對她來說，這是該做的事，是很自然的，也是她所希望做的。當時，她除了照看兩位老人外，還照管著六個孩子。

那麼，現在薇奧拉姨媽在哪裡呢？她已經守寡二十多年了，而且六個孩子已經成年，也擁有了屬於自己的小家庭。六個孩子全都爭著要跟她住在一起，接她來自己家。她的孩子們非常敬佩她，都不想離開她，這是因為「感恩」嗎？不是，這是愛，是純粹的愛。在這些孩子的童年時代，就懂得了愛心的溫暖，現在情形相反了，他們同樣會付出愛心，這有什麼值得奇怪的呢？

所以說，我們一定要記住，要教育出感恩圖報的孩子，自己一定要先懂得感恩，然後，再培養他們這樣去做。

當然，要想獲得平安和快樂，就不能因為別人的忘恩負義而憂傷，要認為這是一件很自然的事。

第三章　獲得人脈的必勝法則

微笑是有力量的

一張愉悅的笑臉，洋溢著善意和關懷，它能展現出你內心中最真誠，最和諧的情感。這會讓你周圍的人立刻受到感染。微笑可以帶來快樂，溫馨可以帶來關懷。真誠柔和的笑容會像天使一樣給人類帶來幸福。盡可能將你內心中真摯的情感用微笑來傳播給你身邊的所有人吧！這會使你受益匪淺。

這是一則聽起來有點誇張的故事。但這個故事的確是真實的。故事中，是微笑拯救了一個瀕臨破產的公司，而且提升了公司員工的積極主動性。

事情發生在美國一家企業的子公司中。在一段時間內，這家公司的生產根本趕不上進度，達不到標準。所以效益總是很糟糕，甚至阻礙了公司的發展。

此時，吉姆恰好出任該公司的總裁。吉姆年輕時，曾經做過足球運動員，他深知在球場上團隊合作精神的重要性。一樣的道理，作為一家大公司也是同樣的。要想使公司擁有更好的發展，就必須引發每個員工的積極性，使他們工作起來更有熱情。所以，吉姆冥思苦想了好長時間，終於有了靈感。

吉姆究竟想的什麼樣的絕招呢？其實，方法既簡單又易施行——運用微笑。隨後，吉姆便開始了他的微笑行動，他在工廠的每個角落都貼上醒目的標語：「我們之中的每位朋友，假如你沒看到他人在笑，那你就對他笑。」並且署名為「吉姆」。與此同時，公司的標誌也進行了一次徹底的更換，全部換上了微笑的笑臉。商品、信紙、辦公用品、廠房標誌都被微笑所涵蓋著。看似簡單的笑臉標誌，其實對員工們發揮了很好的暗示作用，它提醒大家時刻保持一種良好的心態。在工作中有一份輕鬆愉快的好心情，這可是對提高員工們的工作效率具有很重要的作用。

吉姆平時還以身作則，微笑著面對每一位公司員工。他經常到工廠裡和他們打成一片，熱情主動的打招呼，用開心的笑話緩解工人們的工作壓力。在工作之餘，他還經常舉辦員工們聚餐、郊遊，和他們談心。毫不誇張的說，吉姆對公司兩千多名員工的名字甚至綽號都十分清楚。他用這種微笑的工作方式真誠的打動了每一位員工的心，把熱情、歡樂傳播給了大家。這是公司發展的動力所在。

吉姆的努力終於換來了成功。幾年來，他並未多投資一分錢，可他的公司的經營狀況有了很大改觀，效益取得了很大的進步。這一切都歸結於微笑的力量呀！

是的，我們活在世上，就要讓微笑多於傷感。我們要強迫自己微笑，如果你單獨一個人，可以用哼歌看報來打發時間，這可以使你快樂。

哈佛大學教授詹姆斯說過：「行動好像跟著感覺走的。但其實不然，行動與感覺是同行的。我們會讓直接受意志去支配的行動有規律，也可以讓不直接接受意志制約的行動有規律。」

所以，請記住，若我們失掉了快樂，那就重新回到可以獲得快樂的途徑，那就讓我們把歡樂的座標啟動，好像快樂已經存在了一樣。

世界上每個人都在尋求快樂，但只有一種方法最行之有效，那就是控制你自己的思想，就是快樂並不在外界，而在你的心中。

經常聽到有人抱怨自己：「我為什麼不能微笑的面對人生呢？」其實就像詹姆斯所說：「只要你想做一個快樂的人，只要你有決心，能很好的控制自己的情緒，你就肯定能做到。」

麥瑞麗是一個公司的職員，每天在辦公室都做著相同的工作。辦公室只有她一個人，一旦工作停下來，就會感到相當的無聊與寂寞。每當她聽到隔壁辦公室中傳出同事間親切交談的話語和陣陣溫馨的笑聲時，心中非常羨慕與嚮往。但是，她每次經過同事們的辦公區時都羞於向大家打招呼，連她自己都覺得十分無奈。

這樣的情況長期下來，麥瑞麗覺得她必須改變自己現在的處事方法，於是她對自己說：「你不能再這樣孤獨的活著了，既然別人沒有和你打招呼，那麼你就試著和別人打招呼，微笑著面對大家。」於是，內向的麥瑞麗每次上班前都這樣激勵自己，然後在公司見到同事後，都先給對方一個柔和的微笑，再親切的問聲好。同事們也都給予同樣友好的回應。於是，麥瑞麗再也不用在孤獨寂寞中生活了，她積極主動的微笑為她獲得了同事們的好感。她一掃往日的愁容，全身充滿了朝氣和活力。她和每一位同事都相處得非常融洽，並且和好幾位志同道合的同事成為了知己。在氣氛和諧的環境中，麥瑞麗的工作效率也大為提升。從此，她的生活、事業都十分的充實與快樂！

正如麥瑞麗的故事一樣，如果你希望別人見到你時很高興，你就必須高興的去見別人。

威廉是美國出名的職業棒球運動員，在四十歲時，他退役轉行做了推銷員，雖然他做推銷員的時間不長，專業知識也不太豐富，但他現在卻成了美國推銷人壽保險的高手了。他成功的祕訣就是來自於他那張真誠的、令人無法抗拒的笑臉。

剛入行時，威廉也並非一帆風順。儘管在面試時他對主考官說自己可以利用一些知名度來幫助自己，但主考官卻告訴他說：「作一名有水準的推銷員光靠知名度是不夠的，最重要的一點你卻沒有具備。」威廉謙虛的問：「我沒有達到您所需要的哪一點條件呢？」主考官對他說：「一張迷人的笑臉是一名推銷員最基本的條件，但你顯然還沒有具備。很抱歉，我們不能錄用你。」

威廉並未因此而打消作一名推銷員的願望。他每天在鏡子面前苦練笑容，每天都笑好幾百次，以至於鄰居們都以為他因為沒有找到工作而發了瘋。為了不影響鄰居們，威廉每次都躲到浴室，關上門繼續練習。

在認為自己的笑容已達到標準後，威廉又來到了那家公司面試。主考官又一次沒有將他錄取，理由是他的笑容還不夠真誠，不能面對顧客。威廉失落的回到家中，鼓起幹勁繼續練習。他搜集了大量明星微笑的照片，貼在屋子的每個角落，然後隨時隨地的模仿練習。

又過了一段時間，威廉再次來面試，主考官對他的評價是，笑容是有了，但還是不夠吸引人，威廉又一次遭到了拒絕。但他沒有氣餒，繼續練習著微笑。

有一天，威廉散步時和一位朋友微笑著打招呼，朋友驚奇的對他說：「你怎麼笑得和以前不太一樣了呢？好有吸引力呀！」聽了朋友的話後，威廉頓時信心大增，忙跑去那家公司，面對主考官會心的一笑，這一笑使主考官也受到了感染。他對威廉說：「你已經做得不錯了，我們想要的就是這樣發自內心的笑容。」

威廉最後終於被錄用了，他明白了微笑的真正含義，那就是微笑不僅體現在表情上，而且還要笑得發自內心。從此，威廉憑著用心的笑臉成了知名的推銷高手。

微笑表達出無限的善意、自信與成熟，可以讓人讀出：「我很高興見到你，你使我開心快樂，我喜歡與你交往。」

所以，如果你要得到他人的好感，就需要給予他人真誠的微笑。

不要因小事與他人爭執不休

你必須懂得，自己的意見被別人反對時，即使被人說服，他仍會毫不屈從，堅持自己是正確的。有時候，如果我們認為一件事是對的，我們就會永遠相信它的正確性。如果有人對我的看法有了質疑，我們就會很反感，想盡方法去辯護。

在二戰結束不久，我在倫敦得到了一個極大的教訓，它使我終身難忘。當時，我是曾在巴勒斯坦擔任過飛行顧問的史密斯的個人助理。他在擔任航空顧問時，就因環繞地球半圈僅用了三十天而名聲大振。與此同時，他也獲得了澳洲政府獎勵給他的五萬元獎金和英國皇室賜予的爵士稱號。史密斯在英國的受歡迎程度幾乎與王室相提並論，他成了英國被談論最多的知名人士。

在一次歡迎史密斯爵士的晚宴中，一位坐在我旁邊的一位客人講了一段有趣的故事，並且引用了一句名句：「無論我們多麼粗俗，有一位神就是我們的目的。」講完後，他強調說這句名言是出自《聖經》。但是，我敢保證，他說錯了。我知道這句話並不是來自於《聖經》。因此為了證明我的觀點是正確的，我上前指明了他的錯誤，並告知他那句話真正的出處是莎士比亞的作品。那位客人聽了之後大為不滿，並且堅決認為自己的話沒有錯，堅持他自己的看法。

現場的氣氛十分尷尬，有些僵持。此時，我左邊座位坐著的恰巧是我的老師賈蒙。他正好是研究莎士比亞作品的專家。於是，我們把這個話題交給他來裁決。賈蒙先生一直在聽著我們的討論。他很平靜的看著大家。但他卻先在桌下用腳輕輕的踢了我一下，我覺得有些驚訝，但還是虛心的把他的話聽完，賈蒙先生說道：「這句話的確是出自《聖經》，這位先生的引用是正確的。」

宴會結束後，我和賈蒙先生順道同行，我很疑惑的問賈蒙：「我確信你知道那句話是出自於莎士比亞的作品呀！可為何要說我的觀點錯誤呢？」

賈蒙見我疑惑不解的樣子，笑了笑說：「你說得確實沒有錯，那是莎士比亞作品中的話語，並且它的出處是哈姆雷特第五幕的第二場，可能在座來賓也知道的。但是，在那麼一個盛大的宴會中，批評一個客人的錯誤是多麼不明智的尷尬之舉啊！再說他又不願意接受你的意見，那你為什麼與他爭辯啊？要永遠避免與他人的正面衝突。」「永遠避免與他人的正面衝突」，這句話將永遠成為我人生中的警句，讓我時時銘記在心。在此之前，我曾是個極愛與人爭論、固執至極的倔強的辯護者。從小我就喜歡和朋友們爭論，上了大學後，我是辯論賽的常客，研究過辯論技巧，並且在紐約還向人傳授過辯論課程，甚至計畫將我在辯論方面的心得編撰成書。這些事情，現在回想起來真是無聊極了。

其實，在人們的辯論當中，無論是輸是贏，結果都是一樣的。即便你贏了，可事實上，你卻失敗了。你在贏得對方的同時指責了對方觀點的錯誤、甚至是漏洞百出，你贏得了口舌上的勝利，卻嚴重的傷害了

不要因小事與他人爭執不休

對方的自尊，給自己多樹立了一個敵人。

所以與別人爭論不休是極不明智的舉動。它會使你進入更無助孤單的境地。

要知道，人類的思想並不是透過爭論、辯解就可以改變的。有時候，你強加給別人的意見時，所得的結果會使對方更加堅持自己的觀點，從而使他的抵觸情緒更為強烈。

同樣的道理，適合用於推銷員身上。

多年前，我遇到過一位愛爾蘭的學員，他在工作中遇到麻煩，於是報名參加我的訓練班。透過幾天的相處，我看出他是一個極度固執的人，曾經做過司機的他，現任工作是汽車的推銷員，但他的工作業績很差，一個月都很難賣出一輛汽車。於是我叫他把他平時推銷汽車的方法跟我說一說，透過他的簡短敘述，我就抓到了他工作中的錯誤所在。他在向客戶推銷汽車時，一旦客人說這輛車有何缺點，他就老大不高興，非要證明客戶是錯的，而且不能聽進一點批評。他在敘述完他的銷售方法後還補充道：「我真不明白，為什麼那些不懂車的人被我指正他們的說法不對後，就都不買我的汽車了呢？」

聽完他的敘述，我向他講述了那次宴會發生的事，並將「永遠避免與人發生正面衝突」這句話送給了他。教他一定要避免與客戶發生爭論。現在，我的這位學員已經將推銷工作做到了極致，受到了公司上下的一致好評。「如果總是反對、爭辯，也許你會勝利，但這種勝利不會永遠保持長久的，也沒有什麼意義，因為你永遠也得不到對方的肯定及好感。」記住富蘭克林的話吧，因為確實如此。

在問題面前，我們永遠不可能與其他人達到一致。所以，固執的爭辯是毫無意義，它反而會使問題更嚴重化。

不同的意見是你避免犯重大錯誤的好機會。在爭論時，我們不妨換一種想法，為反對者關心你的事情而真誠的感謝他們。任何肯花時間表達不同意見的人，一定與你一樣對這一件事非常關注。我們不妨換個角度，把他們當做要幫助你的人，也許這是把反對者轉換為好朋友的一次好機會。

在現實生活中，我們可以試著讓我們的朋友、親人、顧客在小事上勝過我們，這會讓大家都非常快樂。拿破崙的管家在家常與約瑟芬打撞球。他曾經在《拿破崙的私人生活回憶錄》中說：「儘管我的球藝不錯，但每次打撞球時我卻盡可能讓她贏我，因為這樣會讓她很高興。」

林肯曾經說過：「要想有大作為，就不要在小事上與他人錙銖必較，失去自制。發生衝突時，不妨謙讓對方一下，這樣做有百利而無一害。」這就像與狗爭路，就會被狗咬傷，還不如讓路給牠。否則，即便是打死這隻狗，也不會使你的傷口癒合。

所以，我們要盡可能的避免與他人爭執不休。

牢記對方的姓名

現實生活中，一種最簡單、最明顯、最重要的獲得好感的辦法，就是盡可能的記住他人的姓名，這會使他人感覺自己對於別人是非常的重要。

這件事情發生在一八九八年，是紐約州洛克蘭村的一樁悲劇。那裡有個小孩去世了，葬禮的那天，村裡的人都準備去送殯。亨利也是送殯行列中的一員，他去馬棚裡拉出一匹馬來，那時正值寒冬，地上積了一層厚厚的雪。那匹馬關在馬棚裡已經好多天了，牠來到外面，異常興奮，身體不停打轉玩著，兩條馬腿忽然騰空躍起，亨利一個不小心，被馬活活踢死了。所以洛克蘭村就在那一個星期裡，舉行了兩場葬禮。

亨利去世，僅給他妻子和三個孩子留下了幾百元的保險金。因為家境貧窮，他的大兒子吉姆在十歲時就輟學，到一家磚廠做了童工。年幼的他每天要做的工作是將沙子倒進磚模，再將磚搬到太陽底下晒乾，這樣一做就是好幾年，這之間從來沒有進過學校學習知識。但是，他卻有一種讓人對其產生好感的能力，那就是有善於記住他人姓名的才能。這項才能讓他後來成為了政黨的主席、美國郵政局局長。雖然他沒有接受很多的教育，但是有四家大學爭先授予他榮譽稱號。

吉姆起初轉行到一家石膏公司作產品推銷，他的驚人的能力也是從那時學會的。一開始方法很簡單，每結識一名客戶，他都認真記下他的全名、家庭成員以及他的職業和信仰。再到第二次見面時，哪怕相隔一年之久，他都能很清晰的說出那人的姓名及職業，然後很熟悉的和他聊聊家常。

再後來，吉姆有幸為羅斯福工作，那時羅斯福正在為競選總統緊張的忙碌著。吉姆作為祕書，每天都要寫上百封信件給全國各地的人們。然後跳上列車，在十九天內乘坐各種交通工具，經歷二十多個州，行程一萬兩千哩，到每一個城鎮去，跟所有認識的人吃早餐或午餐。跟他們進行一番親切的交談後，又奔赴下一個城鎮。他一回到華盛頓，就馬上把每一個和他談過話的名單整理出來，給他們分別發送私人信函。他總是在信的開頭寫上「親愛的班」或「尊敬的路易」，結尾都會簽上「吉姆」的署名。

一次，我訪問吉姆，問他成功的祕訣是什麼？起初，他說是工作的賣力，而我卻說是他能夠記住一萬個人的名字。「不，你錯了。」他說，「我可以叫出五萬個人的名字。」

我想，正是他的這種能力，才使他幫助羅斯福成功的進入白宮。

記住姓名的能力，在事業上、交際上和政治上是同樣重要的。

法國皇帝拿破崙三世公務繁忙，但即便如此，仍能夠清楚的喊出每個人的名字，他常常以此為榮。其實他記姓名的方法很簡單，如果他沒聽清楚對方的姓名，他就會說：「對不起，我沒聽清楚你的姓名，請再講一遍好嗎？」如果對方名字的拼寫很複雜，他就會說：「很抱歉，能告訴我怎麼拼寫嗎？」所以，在談話的過程中，他會重複記憶別人的名字很多遍，努力將對方的姓名與外貌特徵連結在一起。

如果對方是個重要人物，拿破崙三世會進一步花費更多心思。只要旁邊沒人時，他便將那個人的名字寫在一張紙上，反覆琢磨，直到把名字牢牢記住為止。這樣一來，他眼睛看到的印象，就跟他耳朵聽到的一樣了。

拿破崙三世用這種方式，記住了很多人的名字，一旦再次見到對方，他便會親切的喊出那個人的名字，給對方一份特別的驚喜。

麥肯是美國著名的人際關係學者，一生結交了政界、新聞界、企業界等大量知名人物，但是麥肯的職業是什麼，也許很少有人知道，他原本是一個賣信封的人。

麥肯的成功可以說是源於他父親的一句話：「如果你希望成功，那麼從現在開始就要關心你身邊的每一個人。」麥肯從那以後，就認真記下他所認識的每一個人的姓名，還掌握了他們的詳細情況。到了每個人的生日時，就主動寄賀卡予以慶祝。

後來，麥肯自己設計了一份六十六個完整事項的記錄列表，包括姓名、年齡、生日、星座、血型、性別、愛好、生平經歷、工作及家庭成員等等，這個系統被人們稱之為麥肯六六檔案系統。

在總結經驗時，麥肯坦誠的說：「真誠的對待每一個人，並且要記住他們的名字。」

多數人不記得他人的姓名，只因為他們沒有下功夫或花費精力。而且總喜歡找藉口說：「那太費事了，我沒時間。」

很多時候，我們被介紹與一位陌生人談幾分鐘，走後就完全忘記那人的姓名了。這是很不好的習慣。所有事情都要費些功夫去做，就像愛默生說的：「好禮貌是由小的犧牲換來的。」

所以，當我們熟記一個人的姓名時，你做事就會變得更加有利，更方便可行。

尊重他人的意見，不要輕易否定

詩人吉卜林曾經這樣說：「當你在教訓別人時，要裝作若無其事一樣，十分輕鬆的把事情講述出來，不要讓人感覺到敵意。」

著名科學家伽利略說：「你永遠不能教給別人知識，你做的只是幫他去發現。」

查斯特菲爾德爵士告誡他的兒子：「你要比別人聰明，但不要讓人知道。」

古希臘哲學家蘇格拉底對他的門徒說：「我唯一知道的，就是我什麼也不知道。」

當然，我們是無法超越蘇格拉底的聰明才智的。所以，在指出別人的錯誤時，我們不妨尊重一下他人的意見。

羅斯福在當總統時坦然的承認，如果他有七五％的判斷是正確的，那麼做所有的事他都能做到最好。作為總統的羅斯福，最高判斷也只有七五％，而我們作為普通人又怎麼樣呢？

按最好的情況來說，如果你認為你的最高判斷力為五五％，那你就相當棒了，也許你現在正在華爾街，每天就有上萬元鈔票流入你的口袋。但是很多時候，我們根本不能肯定我們的判斷力能達到五五％這個標準，那我們又有什麼理由去指責別人的錯誤呢？

很多時候，我們正在用神態、語言、動作去指責別人的錯誤，你以為別人對此會泰然處之，欣然接受嗎？那你就錯了，對方非但不會認同你的觀點，反而會很抵觸。因為你讓他的判斷力、智力以及他的自尊受到了傷害。得到的不會是對方的認可，往往是對方的反擊和抵抗。即使你運用柏拉圖或是康德的邏輯理論給予反駁，對方也不會一改初衷，因為你已經傷及了他的自尊。

一定不要跟別人說：「我會證明給你看的。」這樣說，像是個挑戰，無非要顯示你的聰明，你比別人強，讓對方感到十分的厭煩，不再需要多說些什麼，對方已經開始接受你的挑戰了。這不是弄巧成拙，給自己添麻煩嗎？

當你認為有些人的意見不對，你確定他的錯誤之處，你可以這樣說：「哦，等等，我有另外一個想法，但不知道是否正確，如果有不對的地方，希望你們能及時的糾正我。讓我們一起來看看這件事。」這樣不是很好嗎？既可以給對方一個提示，又保住了那份和氣。尊重對方，何樂而不為？

我有一個叫哈洛．雷恩克的學員在處理顧客糾紛時也用了先尊敬後說服的方法，他是道奇汽車在蒙大拿州的代理商。雷恩克作報告時指出，因為現在汽車市場競爭很厲害，所以在處理顧客投訴案件時，我們常常是漠不關心，不予理睬，這樣可能會導致生意的失敗，甚至影響公司的聲譽。

他對研習班裡的其他學員講述：「後來我想明白了，這樣確實是無濟於事，毫無意義的，於是我改變了處事的方式，我是這樣對我的顧客說的：『我們公司存在某些不足，我深表歉意，請你把你所遇到的情況告訴我，好嗎？』很明顯，這種方法消除了顧客的憂慮和反感，當他們情緒放鬆了，也就很容易溝通了。許多顧客對我能理解他們的態度表示贊成和謝意，有兩個顧客還推薦他們的朋友來買車。在這樣激烈競爭的市場，這種顧客對我們來講是非常有益的，而且我相信只要尊重顧客的意見，對他們以禮待之，理解體諒他們，我們就會在競爭中處於不敗之地。」

你是不會因認錯而帶來麻煩的，唯有如此才能和解是非，也唯有尊重他們的意見，你才會左右逢源，把事情處理得得心應手。

心理學家羅傑斯曾在他的書中有過這樣的論述：如果認真的聽取他人的意見，了解他人的想法，你會受益匪淺。你也許會問，我們真的有必要花時間去了解別人的意願嗎？答案應該是肯定的。通常情況下，我們在聽了別人的觀點後，首先是評價、質疑他的觀點，而不是去認真了解其中的意圖。當有人向我們闡述他的觀點時，我們通常是會說：「嗯，這很正確」，「我不同意你的說法」，「這樣做很不明智」等評價，卻很少有人真正用心去體會別人所說的內容的真正意圖是什麼。

尊重他人的意見，不要輕易否定

在人與人的相處之中，有很多我們需要學習的東西。《富蘭克林傳》中有我們需要學習的關於尊重他人意見的例子。

在富蘭克林年輕的時候，有一天，一位與他相處多年的老教友替他上了人生中重要的一課。「你太不應該這樣做了！」老教友憤憤的說，「在教會，你總是打擊別人的意見，只要別人的觀點與你不合，你就去反駁別人，這樣下去，沒有任何人會再理會你的意見，有時他們會覺得你不在場更加舒服。你總是自以為是，導致別人都要疏遠你，再這樣下去，你除了現在所知道的有限的知識外，不會再有更大的進步了。」

富蘭克林回到家中，深刻的反省了自己平時的行為，他有足夠的能力去領悟那位老教友對他的勸誡。他於是決定，一定要痛改前非，否則後果將不堪設想。因此，他決定完全改掉過去的那種不適當的做法。

在以後的時間裡，富蘭克林盡力克服自己的缺點，替自己制訂了一系列的規章，盡可能不讓自己與別人產生分歧，不武斷的肯定自己而否定別人，盡可能體會、尊重他人的觀點和意見。沒過多久，他就融合到大家的討論中來了。當然，有不同意見時，他會很謙虛的提出自己的見解，很少有反對的。「在過去的五十年中，我沒有說一句武斷的話，每次我謙虛的提出一項建議時，都得到人們的熱烈支持。」富蘭克林就是這樣成為一位偉人的。

有人曾經詢問過著名的黑人解放運動領袖馬丁．路德．金恩，為何身為黑人領袖的他卻重用一位白人來作為自己的重要將領，金恩回答說：「我是以群體的原則去判斷他人，而不是依靠我個人的原則。」

請記住，在與你的朋友、親人及客戶在意見上不統一時，不要輕易反駁他們並與之對立，要用巧妙的方法先尊敬對方，再說服。所以，對別人的意見我們要表示尊重，切忌反駁他人。

學會運用投其所好的方法

如果你想使他人喜歡你，或者想讓人對你產生興趣，那你一定要注意的一點就是談論他人感興趣的話題，學會投其所好。

應酬學中有一項很重要的原則：先要滿足他人的需求，從而進一步達到自己的需要。但在現實生活中，很少有人能做到這一點。

在生活中，人們總是把「我」掛在嘴邊。當自己做了一些值得自豪的事情後，人們關心自己永遠勝過他人。從沒想到如果你想成功的與人合作，除了學會傾聽之外，最重要的還要談對方感興趣的話題，即所謂的投其所好。

當然，這種方法與拍馬屁並不相同。我們所說的投其所好是真誠的，用心去與別人交流。　鮑伯是一家電器公司的推銷員，他對此觀點堅信不疑。

有一個週末，他在賓夕法尼亞州的一個荷蘭農民區作考察。當他走過這些農戶時，看到他們都不愛用電。於是便問身邊的一位地區代表這是怎麼回事。代表很不以為然的說：「他們不願意買我們的任何東西，所有的人都像守財奴一樣。即便我們再怎麼做推銷，也服務不了他們。」

鮑伯聽完後，決定自己親自去試試。於是，他走到附近的一家農戶門前，輕輕叩響了大門。不一會兒，門開了個小縫，一位老婦人將頭探了出來，但當她看到敲門人時，立刻就把門關上了。他沒有放棄，又一次叩響了她的大門，這位老太太很不情願的打開門，並直言不諱的說了她對推銷員的看法。說完後，她很不滿的看著他，眼光中充滿了疑惑。

鮑伯接著耐心的對她說：「親愛的太太，打擾了您的休息真是十分抱歉，我並不是要來給您推銷電器的，我只是想向您買些雞蛋而已。您的雞是多明尼克雞，對吧？」「你是怎麼知道這些雞的品種的？」這位

學會運用投其所好的方法

太太探出身來，好奇的問。「我自己也養雞呀！但是沒有您養得那麼好。」鮑伯回答說。「那你為什麼不吃自己的雞下的蛋呢？」那位太太又問。

鮑伯回答說：「我養的雞只下白蛋，而我太太很喜歡製作蛋糕，做蛋糕時用白殼雞蛋比不上用棕殼雞蛋做的漂亮。」

此時，這位太太已經打開門從屋子裡走了出來，態度也隨之溫和了許多。鮑伯順便看到了她的院子裡的那座很大的乳牛棚。

於是鮑伯接著問她：「太太，我相信您養雞所賺的錢一定超過了您丈夫的乳牛棚。」

那位太太聽後，頓時高興起來，因為鮑伯誇獎她會賺錢。

後來，那位太太把鮑伯請進了她的院子，並帶鮑伯參觀了她的雞舍，鮑伯仔細認真的聽她講了自己的養雞心得，並請教了她許多問題，彼此交換了不少經驗。

隨後，這位太太居然主動與鮑伯談起了電的問題，她說，她的幾位鄰居的雞舍裡都裝上了電燈，據說效果還不錯。她向鮑伯詢問了如果她裝電燈是否划算等一系列問題。

兩星期後，在這位荷蘭太太的雞舍裡，鮑伯公司的電燈被高高的安裝在屋頂上，多明尼克雞快樂享受著燈光的照耀。而鮑伯不但做成了這筆生意，而且這位太太的生意也比原來好了不少，雙方皆大歡喜。

如果鮑伯不事先投其所好，而仍用以前的方法去推銷的話，恐怕她永遠都不會接受鮑伯的產品，其實，鮑伯是讓她自己主動購買的。

約瑟夫．紐爾是美國一家房地產公司的推銷商。有一次，一家鋼鐵公司的總裁卡爾約他，打算要購買他的房子。

約瑟夫被邀請到卡爾的辦公室一同商討購房事宜。約瑟夫與卡爾見面時，看到卡爾的目光中充滿了憂慮，並且不時的向窗外張望。他們來到窗前，邊欣賞窗外的景致邊開始了談話。卡爾用很慢的語速對約瑟夫說：「我們公司想買一棟屬於自己的大樓，現在的房子是我們租用的。我沒有別的條件，只希望能夠在新的大廈中看到我窗外的這些景物。」他邊說邊隨手指著窗外那靜靜的海灣，以及停泊在海上藍白相間的帆船。

此後，約瑟夫在一個星期內就聯繫了卡爾，並告訴他，自己已經物色到了一棟大樓。雖然各方面環境一般，但卻可以看到卡爾所渴望的如畫般的風景。不過很快，這棟房子的前面會出現一棟樓層高於它的大廈，這樣的話就會把那裡的風景全部擋住。

約瑟夫再次約見了卡爾，並提出了自己的意見：「朋友，我希望你能再次慎重的考慮一下是否購買新大樓。我認為最適合您的房子是您現在租用的大樓，我建議您，您可以把它買下來。」

卡爾沒有同意約瑟夫的想法。他告訴約瑟夫說，這棟大樓建築結構及房屋設計方面存在著不足，而且他還反覆提到了員工們都希望在它附近的一些新式大廈中辦公，希望他能夠購買那種新房子。約瑟夫深知這些都是小問題。而且從卡爾的目光中可以看出他對這棟老房子的留戀之情。他一定是不得已才要另購新房，但實際上還是希望別人給他找個再更有說服力的好理由留下來。

約瑟夫隨著卡爾的目光看著窗外寧靜的海面，語重心長的問道：「先生，您初來紐約時是不是就在這個辦公室？」卡爾滿懷感慨的回答說是的。約瑟夫接著又問道：「令您驕傲的鋼鐵公司是不是也在這裡成立的？」卡爾回答說：「沒錯，的確是在這裡。」

順著約瑟夫的問題，卡爾就敞開心扉說起了自己的苦衷：「這裡是我們公司的發源地，我對這裡的一切都深有感情。但公司的員工們卻極想搬出這裡。」這句話道出了卡爾的苦衷。

約瑟夫見戳到了卡爾的內心深處，接著說到：「就憑這棟房子與擁有和公司同步發展的歷史，您就有充分的理由將它買下來。」卡爾聽完後，立刻輕鬆了起來，他終於找到了把他心愛的房子買下來的充足理由。在之後的一個小時裡，他們談妥了一切事宜，便很高興的將房屋合約簽妥了。約瑟夫也因此做成了一筆可觀的生意。約瑟夫的成功取決於他善於透視顧客的心理，並且投其所好。瓦特是紐約一家知名銀行的職員。他接到一項任務，要他擬寫一份某公司的機密報告。而這份報告的一些重要資料掌握在一家大型工業公司的總經理手中。於是，瓦特決定拜訪一下這位總經理，以便更好的掌握第一手資料。瓦特被請進了那位總經理的辦公室，兩人剛要開始談話門就開了，一位女士探進身子對他說道：「先生，很抱歉，今天沒有什麼值得收藏的郵票給您。」總經理對她笑了笑，便回過頭來對瓦特解釋道：「我有一個十二歲的兒子，他喜歡收集郵票，你知道，小孩子有一兩項愛好不是什麼壞事！」

瓦特回以微笑，並說明了此次拜訪的來意。當瓦特向他提問時，總經理總是話語撲朔，彷彿有意迴避一樣，根本不想說實話。不管用什麼樣的方法，都沒有達到預期的效果。無奈，瓦特只好起身道別，匆匆結束了此次談話。

瓦特邊走邊想，突然，他彷佛想到了什麼，就是那位女士所說的郵票與孩子的愛好，這一發現讓他有所醒悟。他想起他工作的銀行的國外部正好搜集了許多郵票，他們從世界各地收到的信件中取下各國的珍貴郵票。於是，他回到銀行，將自己的困難告訴了國外部，很容易的就將那些珍貴的郵票要了過來。

第二天上午，瓦特先生又去拜訪了那位總經理，他讓祕書先傳話告訴他，他有一些珍奇的郵票想送給他的兒子。那位總經理聽後非常高興，就把瓦特請進自己的辦公室，滿臉堆笑，並認真翻看著他拿來的郵票。

他一面仔細的審閱著每一張郵票，一面不時的拿出一兩張與瓦特認真的交流著。突然，他拿出一張印有藍色蝴蝶的稀有郵票說：「喬治一定會喜歡這張郵票的，它一定價值不菲。」

在此後的一個小時裡，他們興致盎然的談論著郵票的種類及收藏技巧等問題，談到高興之處，他還把自己兒子的照片拿給瓦特看。此刻，談話的氣氛友好而真誠。後來，談話開始進入正題，總經理談到了瓦特所需要的那些資料的話題。那位總經理心情很好，便把他所知道的都說了出來，並且還叫職員把一些難懂的部分向瓦特細心加以解釋。瓦特認真的作著筆記，收穫頗豐。那天，可以說他把所需要的資料全部都找到了。

正是因為瓦特對那位總經理的兒子所表達出來的關心，才使那位總經理對他產生了好感，從而使那次談話變得更加輕鬆，瓦特如願以償的達到了自己的目的。

當你與陌生人打交道時，你不妨嘗試著談論對方感興趣的話題。這可以幫你建立良好的人際關係，為你的事業成功及幸福的生活營造良好的氛圍。一位前耶魯大學文學院的教授，他有過這樣的經歷：「在我八歲的時候，週末我都是去姑媽家度假。那一次，我的印象十分深刻，晚餐後有個中年人來訪，他和姑媽寒暄後，就把注意力轉移到我的身上。那時，我正在對帆船產生濃厚的興趣，那位客人便和我一同熱烈的討論許多關於帆船的知識。等他走後，我有些戀戀不捨對姑媽說：『那個人真好，他懂得真多。』「姑媽笑著對我說：『他是一位律師，看出你特別喜歡帆船，便和你一起討論。他其實對帆船也沒有什麼特殊的愛好的。』我不解的問：『那他為什麼還一腔熱情和我討論帆船呢？』姑媽笑了笑，很認真的對我說：『那說明他很有修養，有紳士風度呀！他看你喜歡，所以就找你感興趣的話題來和你一同討論，為的是逗你開心呀。』」

姑媽那次所說的話，讓這位教授永生難忘。他後來也成為如那位律師一樣有風度的紳士，學會了那種投其所好的交談方式，成了一名受歡迎的學者。

要想深入人心，最佳途徑就是與那個人討論他最感興趣的事情。

只要拜訪過羅斯福的人，都對他廣博的知識感到驚訝。「無論是一個牧童、狩獵者、紐約政客，還是一位外交家，羅斯福都知道與他談什麼。」那麼羅斯福做到這一點的祕訣是什麼呢？

其實很簡單。不論何時，羅斯福每接見一位來訪者，他都會在前一個晚上先詳細了解了來訪者特別感興趣的東西，從中找到令人感興趣的話題，這就讓他們的談話氣氛融洽而熱烈。羅斯福與所有領導者一樣，懂得如何與人溝通交流。

記住，與人溝通的訣竅就是：討論他人最感興趣和熟知的事情，投其所好。

給他人發言權，善於傾聽

哲學家羅謝佛德說：「如果你想要得到仇人，你就處處勝過你的朋友；可如果你要獲得友誼，那就讓你的朋友勝過你。」

每個人都特別看重自己，並且喜歡談論和自己有關的事，就算是你的好朋友或者伴侶也是如此。他們都不喜歡聽你一味的訴說自己的事，嘮嘮叨叨得沒完沒了。

很多人為了使別人同意自己的觀點，總是費盡口舌，其實這是得不償失的。因為話說多了，既浪費精力，又有可能在不經意間說錯話，傷害到別人，或者引起別人某些不滿的情緒，同時還無法從別人身上學到更多的東西。問題並不是因為別人吝嗇，而是他不給別人說話的機會，也就是不給別人發言權。盡量讓對方有多說話的機會，也許他會在某些方面比你懂得多。所以，盡可能的向對方提問吧，讓對方告訴你所不知道的東西。

當然，在某些時候，如果你不太贊同別人的看法，想打斷他，並且想急於表明自己的看法，那我勸你最好不要那樣做。當他人有好多觀點要向你闡述時，他一定是不會顧及你的想法的。所以，此時，你最好是保持沉默，聽他講完自己的故事，而且是要誠懇用心的聽下去，直到他把想要表達的東西完全表達完為止。

這種方法很有價值，我來舉個例子吧。

幾年前，美國最大的一家汽車公司在接洽採購一年中所需要的坐墊布。有三家出名的廠商都做好了樣品，並送到汽車公司去檢驗，該公司的高階主管負責檢驗完後，就給各個廠商發通知，讓他們派代表來做最後一次競爭。

其中有一家廠商的代表約翰先生來到了汽車公司，不幸的是，他最近患病了，咽喉嚴重發炎。「那天我參加高階主管的會議時，」約翰先生在我的班上講敘了他的經歷，「我的嗓子已經完全發不出聲了，無法與別人說話，我被帶到辦公室，和紡織工程師、採購經理、推銷主任和公司總經理洽談，當我想站起來說話時，卻只能發出沙啞的聲音。」「我們是圍桌而坐的，由於我不能清楚表達自己的想法，我不得不把我的情況寫在紙上解釋：『諸位，非常抱歉，我嗓子啞了，說不出話了』。」「『那好吧，我替你講吧。』」汽車公司總經理說。之後他就替我說話了，他先是把我的產品展示給大家看，並不斷的讚嘆產品的優點，在座的人都頗有興趣的討論起來，那位經理始終在為我說話，我只是做一個示意的手勢或點頭微笑而已。」「令我意外和興奮的是，我得到了那筆合約，汽車公司跟我訂了五十萬碼的坐墊布，總訂單價值為一百六十萬美元，這是我有史以來最大的一份訂貨單啊。」「要不是我嗓子啞了，我很可能簽不到那份合約，因為我對整個過程的掌握還有所欠缺。透過這次經歷，我發現，讓他人說話有時候會更有效果。」

法國哲學家羅謝佛德說：「如果你要樹敵，你就表現得勝過你的朋友；但如果你要得到朋友，那就讓你的朋友勝過你。」事實上，即使是朋友，也願意對我們談論他們自己的成就，而不願意總聽我們吹噓自己的成就。

當幾位朋友聚在一起談話時，若是只有一個人口若懸河滔滔不絕的長談，而其他人只是在那裡呆呆的聽著，這就不算談話，其實每一個人都有自己的發表欲。小學生聽到老師提出一個問題時，大家都會爭先恐後的舉起手來，希望老師能叫自己回答問題。即使他對這個問題還是一知半解，不甚了解，他還是要舉起手來躍躍欲試。成人們聽著人家講話時，雖然沒有小學生那樣積極踴躍，但他的喉頭老是癢癢的，恨不得對方快點講完，自己也來發表一下觀點。

你阻礙別人的發表欲，很容易讓別人對你產生反感，從而不會得到別人的贊同和同情。所以要給別人發言權，就要想方設法引起別人的話題，讓人家覺得你是一位讓人喜歡的朋友，這對你是有百利而無一害的。如果你甘願人家疏遠你，暗地裡遭受白眼，那你只須自己多講話，不要給別人發言權。可現實生活中你並不願意落入這種境地，你不願意別人老是遠離你或對你有反感。所以你要改變你的態度，學會沉默，讓他人有發言權。

一位著名記者說：「不受歡迎的原因之一就是不善於傾聽。一般的人，他們只注意自己應該怎樣的說，而不管別人。要知道世界上多半是歡迎專心聽別人說話的人，很少歡迎只愛談論自己的人。」這幾句是確確實實的道理。

讓我們謙虛的對待身邊的人和事吧，鼓勵別人說出自己想說的，而不要總是自己一個人說個沒完。每個人都希望被尊重、關心和重視，我們何不犧牲一下自己，讓別人得到更多的快樂呢？相信如果你那樣做了，自己也會感到十分快樂的。

所以，在與人相處時，一定要盡量給予對方說話的機會，給對方發言權，讓他充分表達自己的想法。

有一顆關懷他人的心

在生活中，人與人之間的相處，都需要真誠的關心。如果我們每個人的關注點都在自己身上，希望別人對我們發生濃厚的興趣，那你永遠不會有真正的朋友。

維也納著名的心理學家阿德勒曾在書中說過：「凡是不願關心別人的人，在他的一生中一定會遭受到巨大的困難與損失，更可悲的是，還會給別人帶來不悅和痛苦，人類所有的種種失敗、挫折都是由此而引發的。」

事實真是這樣，一個不懂得關心他人、對別人不感興趣的人，他的生活也一定了無生趣，沒有朋友，沒有快樂幸福的人生。

我要告訴你，在我的講習班裡，有個康乃狄克州的律師，他不想讓大家知道他的名字，我們就用R先生來代替。

R先生來我講習班沒有多久，有一天，他駕著汽車陪太太去長島拜訪親戚，他太太另外去看別的親戚了，留下他陪老姑媽。兩人只好隨便閒談著。R先生要把在我的課堂中的學習所得，作一次實踐，以便將來寫成報告。於是他想從這位老姑媽身上開始，所以他看了看屋子的四周，有哪些是值得他讚賞的。

他問老姑媽：「這棟房子是一八九〇年建造的？」「是的，」老姑媽回答：「正是那年造的。」

他又說：「這使我想起，我出生的那棟房子——非常美麗，建築也好。現在的人對這些都不講究了。」「沒錯，」老姑媽點頭會意，「現在的年輕人，已不講究住好看的房子，他們只需要一間小公寓和一座電冰箱，再有就是一部汽車而已。」

老姑媽懷著回憶的心情，輕柔的說：「這是一棟理想的房子，這屋子是用『愛』所建造成的。在建造之前，我和我的丈夫已夢想了很多年。我們沒有請建築師，完全是我們自己設計的。」

老姑媽領著R先生去參觀各個房間。R先生對她一生所珍愛收藏的各種珍品，像法國式床椅、一套古式的英國茶具、義大利的名畫和一幅曾經掛在法國古堡裡的絲帷，都真誠的加以讚美。

R先生接著又說，老姑媽帶他參觀完房間後，又帶他去車庫，裡面停著一輛很新的別克牌的汽車。

她輕輕說：「這部車子，是我丈夫去世前不久買的，自從他去世後，我就再也沒有坐過它，你喜歡欣賞美麗的東西，我決定把這部車子贈送給你！」

有一顆關懷他人的心

R先生聽到這話，感到十分意外，婉轉辭謝，說：「姑媽，我非常感激你的好意，但是我不能接受。我已經有了一輛新的車子。你有很多更親近的親戚，相信他們會喜歡這部車子的。」「親戚！」老姑媽大聲說，「是的，我有很多更親近的親戚，可他們希望我早點離開這個世界，他們都想得到這部車子，可他們永遠得不到。」R先生說：「姑媽，你不願意送給他們，也可以把這部車子賣掉啊。」「賣掉？」老姑媽叫了起來，「你認為我會賣掉這部車子？你想我怎麼忍心看著陌生人駕著這部車子在街上行駛？這是我丈夫特地買給我的，我做夢也不會想賣，我願意交給你，因為你懂得如何去欣賞一件美麗的東西！」

R先生婉言辭謝，不願接受她的贈予，但是他更不能拒絕，否則會傷害老姑媽的感情。

這位老太太獨自一個人，住在這棟寬敞的房子裡，對著屋子裡這些精緻、珍貴的陳設，緬懷以往的歲月。她希望有一個人，跟她有同樣的感受。她有過一段金色的年華，那時她美麗動人，為男士們所追求。她建造了這棟孕育著「愛」的房子，並且從歐洲各地，搜集了很多珍品用來陳設裝飾。

現在，這位老姑媽，風燭殘年，一個人孤零零的，她渴望著能獲得一點人間的溫暖，一點出於真心的讚美，但是，卻沒有一個人給她。於是當她發現有人給她的時候，就像在沙漠中發現了一泓泉水來，使她激動不已，甚至願意把這部別克牌的汽車相贈。

你我都清楚，當一些人用一生的時間去向別人展示自己，希望引起別人的注意時，結果往往會適得其反，根本沒有人會注意你。更多的人只是關心他們自己。

紐約的一家電話公司曾經做過一次電話調查，他們試圖研究人們在電話中慣用的字眼是什麼。也許你已經猜到了答案，那就是人稱代詞中的「我」。據他們統計，大概每五百次通話中就會出現三百九十九個「我」字。可見人們對自己的偏愛達到了何種程度。

還有，我們在拍完團體照，拿到照片後，第一眼就是要看看自己。

這一切，都證明人們總是希望自己被別人重視。但是如果我們總是一味的強調自己，那我們永遠不會有知心的朋友。

薩斯頓是一位馬戲團的魔術大師，他總是到世界各地演出。在他四十年的演出生涯中，每次表演都能夠讓他的觀眾大吃一驚，技藝堪稱一絕。大約有六萬名觀眾看過他精彩的演出，他也因此換來了兩萬美元的豐厚收入。

有一次，我有幸採訪了他，請他談談自己的成功祕訣。薩斯頓向我講述了他艱難的成長歷程。小時候，他並沒有進學校接受良好的教育，而是成為了一名小流浪者。他爬過火車，睡過橋洞，當過行乞者，最讓人為之感動的是，他是躲在貨車後面向外看路標才認識字的。

其實，薩斯頓的成功不是由於他在魔術方面有多麼超人的天賦，而是他有著別人沒有的兩樣本事。首先，他有很強的個人魅力，十分懂人情。他每一個表演動作、姿態、聲調都經過多次練習，所以上台表演時已經非常的熟練，動作敏捷，招人喜愛。其次，也可以說是他最主要的原因，就是他總是真誠的關心每一個人。薩斯頓對觀眾相當的在乎，他不像一些其他魔術師一樣，上台時心裡想著：「這群傻瓜，土包子，我一定要好好嚇嚇你們，讓你們長長見識。」而薩斯頓則完全不同，他告訴我說，每當他上台時，都是鼓勵自己說：「我要從心底裡感謝來看我表演的觀眾，因為他們的支持與信任，才使我有了今天輝煌的成就，我要盡最大的努力讓這場表演圓滿成功，讓我的觀眾滿意。」薩斯頓接著又說：「有時，上台之前我會大聲高喊，我愛我的觀眾。」聽到他的話，我並沒笑出來，但我認為這正是他成功的祕訣，他真誠的關心觀眾們的感受，在乎觀眾的心情，從而使自己的表演也進入了更高的境界。

真誠的關心他人，對人對己都有不可或缺的幫助。

艾森豪當上總統之後，他的夫人對家裡的開支仍舊保持著節儉習慣，從不亂花一分錢。但是她對她手下的工作人員卻相當慷慨，贏得很多工作人員的愛戴。很多時候，她都會主動和工作人員打招呼，並親切的和他們聊天，關心他們的家庭、生活情況等等。艾森豪夫人對他人相當的細心，如果哪天某位工作人員生病了，她會派人送去一束鮮花。有時，就算他們的家屬生病，她也會送花給他們以示關心。

在他們入住白宮的第一個耶誕節時，艾森豪夫人費盡心思挑選了許多聖誕禮物，準備發給所有的工作人員。當她把那些充滿心意的禮物堆到聖誕樹下的時候，鬆了口氣，說：「我終於實現了我的願望，給每一個為我工作過的人送一份聖誕禮物。」到了節日臨近之時，她將這些祝福全部送給了大家，工作人員感動萬分，都紛紛送給她最誠摯的祝福。

這位平易近人的總統夫人，對所有的工作人員的關心都是真誠的。她讓女管家把每位員工的生日記下來，每逢有人過生日，她都會吩咐廚師做一個大的生日蛋糕，並親自挑選生日賀卡放在上面。

有哪一位職員會拒絕這樣的老闆呢？又有誰會不喜歡這樣友善而隨和的人呢？

如果我們想要結交朋友、發展事業，就要先為別人做些事情——那就是需要花時間、精力，用真誠的心為別人做事情。

如果你要別人對你有好感，那就請記住：真誠的隨時隨地的關心他人。

切勿將自己的觀點強加給他人

你對於自己親自發現的想法，是不是比別人用金銀器盞盛著交到你手上的那些想法更有信心呢？如果是這樣，那麼，如果你要把自己的意見硬塞進別人的大腦裡，是不是太無聊了？如果你能提出意見，讓別人自己去得出結論，那樣不是更聰明嗎？

沒有人喜歡推銷或是被人強迫著做某件事情。我們大多數人都喜歡按照自己的意願做事，卻喜歡別人徵求我們的意見。

在這裡，我講一個我講習班中一位叫賽茲的學員的親身經歷。在他的公司裡，職員都十分的散漫，缺少熱忱的幹勁，於是他決定召開一次公司大會，以便激勵大家的工作熱情。在大會中，賽茲鼓勵他的下屬們說出對公司的希望與要求，然後寫在黑板上，並真誠的向大家承諾公司會盡力滿足大家的需要。緊接著，他又提出了一個問題，就是問大家知道公司對職員的最大期望是什麼。而他自己回答得既快又迅速：「忠實、誠實、進取、樂觀、團結，每天熱誠飽滿的工作八小時。」大家在這次開誠布公的研討後都精神大振，幹勁十足。甚至有一位職員還提出每天自願工作十四個小時，這次會議達到了前所未有的效果。員工們都很重視那次會議，並將幹勁用到了工作中。後來，聽賽茲說，他的公司現在盈利相當高，銷售量上升的幅度也很大。

賽茲的成功在於他能認真聽取員工們自身的想法和建議，並且沒有刻板的將自己的觀點強加給那些職員們，而是和他們巧妙的進行交換：只要他們遵守公司的法規，他們自己的利益才會得到保障。賽茲徵求他們所需要的就是重視他們的最好方法，這等於給他們吃了定心丸。

所以，在有些問題上，我們一定不要把自己的觀點強加於別人。如果你按照這個方法做了，你會發現做事輕鬆容易得多。

一位X光機器推銷商準備把他的機器賣給一家大醫院。正好那家醫院的X光科正在擴建，要把X光科室建成全美最好的。由此，那家醫院X光科的主治醫師布朗受到了X光機推銷商的包圍。這些推銷商一見布朗大夫就極力的推銷自己的設備，還誇它的性能有多麼優越。布朗整天都要躲避這些自以為是的推銷商的騷擾。

在那時，有一位聰明的推銷商給布朗先生寫了一封真誠的信，這是與別的推銷商截然不同的一種推銷手段。信的內容是這樣的：

尊敬的布朗醫師：

我們公司最近新生產了一套X光機設備。我剛接觸它們，因此並不十分了解，它們也許並不完善，但我想我們能將其改進得更完美。我深知你在X光機運用方面有很高的資質。我真誠的希望你在工作之餘，能抽空看看我們的機器，並提出寶貴意見，以便最終讓它達到最優良的性能，更好的為醫學事業服務，我會深表感激的。因為您工作繁忙，可能會對您的生活有影響，我們會在任何你需要的時候派專車接送你。再次向您表示感謝。

布朗在向我們敘述完這封信的內容後說：「我收到那封真誠的邀請信後，心中感到很欣慰，恭維使我感受到了極大的滿足和自豪。從來沒有哪位推銷商會用這種方式來面對我，這讓我感到既舒服又滿足。之前的那些經銷商從來就不會這樣虛心請教，他們只會吹噓自己的產品有多先進。那個星期儘管我每天都很忙，我還是擠出一個晚上的時間到他們公司看機器。當我認真使用了那部X光機後，感到那台機器使用起來非常的順手。於是我便接受了它，並把它們全部都購買了下來。」「在這中間，並沒有什麼人硬性說服我購買那款X光機，完全是我認為很實用而自願購買的。我覺得為醫院購買下這套X光機，完全是我自己的原因。」布朗深切而堅定的說道。

位於長島的一位汽車推銷商利用同樣的技巧，也把一輛二手汽車成功的賣給了客戶。起初，這位商人推銷得並不順利，他帶著那位客戶一次次的看了很多輛車子，但是好像沒有任何一輛能使他滿意。不是嫌價格過高，就是覺得樣式不夠新穎，於是，這位推銷商來到我的訓練班，向我們徵求意見。

在聽完他的苦惱後，我們給了他一個良好的忠告，建議他不要再用推銷的辦法了，而是引導那個人自己主動購買。盡量讓他認為那是他自己的想法。也就是說，換一種思維，讓他人變成主導。

這位推銷商聽取了我們的建議。當有一位顧客要求將自己的舊車換購一輛新車時，推銷商便採用了我們的方法。他很清楚，之前的那位挑剔的顧客很喜歡這款車子，於是便打電話給他，問他能否幫自己在這款車子上幫忙，提一點建議。

那位挑剔的顧客馬上趕來了。推銷商笑了笑，對他說：「朋友，你對這部車子比我要更加了解，你幫我看看他應該值多少，性能方面怎麼樣，我會很感激你的。」

那位客戶一臉滿足的對推銷商說：「終於有人能真正懂我了，我對這類型的車子研究頗深，我很喜歡它的外形和引擎。讓我開著它跑跑，看看是不是優等品！」說完，他就開著車子繞市區跑了一圈。回來後，他真誠的告訴那位推銷商說：「這部車子各方面都很不錯，你能花三百元買下就相當划算了。」

推銷商此時心裡有了底，並猜透他有購買的意向，於是問道：「如果我能以這個價錢賣了它的話，你是否願意買呢？」沒等他說完，那位顧客就興奮的回答：「三百元嗎？太好了，我當然願意，就這樣成交吧！」

結果，一筆不錯的生意做成了，是顧客自願買下的。所以，盡可能做到讓別人有一種辦法是他們自己想出來的感覺，那麼事情結果就會如你所願。

不管他人做什麼，盡力讓他人自己去做去想，不要老是以自我為中心，把自己的意願強壓給他人。給他人一種自重感，他就會主動和你合作。

如果你想使人信服自己，就應當做到不把自己的意願強壓給他人，盡可能的徵求別人的意見。

善於傾聽他人的見解

若是你想成為善於與人溝通的人，那麼學會傾聽他人的意見、抱怨。因為，無論是怎樣的挑剔者，面對一個有耐心和同情心的傾聽者，也會軟化降伏。

最近，我參加了紐約一位出版商舉辦的私人宴會，在那裡，我認識了一位著名的植物學家。說句實話，在此之前，我對植物一無所知，更不用說和植物學家進行談話了。但是，眼前的植物學家對我相當有誘惑性。我像著了迷似的和她在宴會一角的沙發上攀談。我靜靜的聽她跟我講有關大麻和室內花房的事，這些知識讓我感到太美了，最後，她還跟我講了有關馬鈴薯的故事。我認真聽著她講的一切，向她詢問我的一個小型花園該怎麼樣打理，她熱情的向我提了許多建議，也讓我得到了不少的啟示。

我和這位植物學家談了數小時之久，直到午夜，我該回家的時刻。臨分別時，那位植物學家在宴會主人面前對我大加讚揚，說我是「極富個人魅力」的人，還稱讚我談吐優雅風趣。我聽後暗自欣喜，其實在整晚的談話中，我根本沒有說什麼，我所做的就是靜靜的傾聽她講自己植物王國的趣聞。因為我在植物學方面了解甚微，所以傾聽是最好的談話方式。

當我靜靜的用心傾聽時，發現她所講的那些東西對我來說很有趣，而作為說話一方的她，也看出了我的好奇，於是也很有興致的繼續講了下去。她本人也一定覺得很滿足和受到尊重，因而心情也變得高興起來。

其實，靜靜的傾聽既表示你對他人的尊敬，同時還肯定了他人說話的重要性。就像一本書中所說的：「很少有人能拒絕接受專心傾聽所包含的恭維。」

靜靜的傾聽是我們恭維任何一個人的一種方法。

在美國的芝加哥，有一家經營業績不錯的百貨公司，但有一次卻差點失去一位每年都要在這裡消費上幾千美元的老顧客。

事情是這樣的，一位女士，道格拉斯夫人在他們這兒買了一件特價的羊毛大衣，回家後發現這件大衣的內襯破了。第二天，她來到該百貨公司要求退換，但店員沒有理會她的抱怨，就開口說：「我們這裡標示得很清楚，特價商品一旦售出，概不退換。再說這些貨品都是最後一批貨，有瑕疵也是正常的，您既然買的是特價商品，我們就不能給您換，您還是拿回家自己縫縫吧。」「但是這件大衣的毛病也太大了吧？根本就不能穿，整個內襯都不合適。」道格拉斯女士氣憤的說。「那也沒辦法，這本身就是特價品，你還想要多好呀？總之我們是不會給您換的。」店員沒好氣的回答。

道格拉斯夫人非常生氣，下定決心再也不來這兒買東西了。她拿著大衣正要往外走，公司經理聽到吵架聲從辦公室出來了，看到道格拉斯夫人，他熱情的挽留了她。他們相識多年，他對她很了解，她並不是那種無理取鬧的顧客，她的信用很好。

經理耐心的傾聽了道格拉斯夫人的訴苦，了解了事情的經過後，仔細查看著大衣，然後說：「特價品的確是最後一批了，我們會在每個季節的最後幾天將它們處理完，但您這件大衣的毛病的確是很大的問題，所以，您把它留在這裡吧，我們會把它縫好的，如果您實在不想要的話，我們可以把錢退還給您。」

這些話頓時消除了道格拉斯夫人心中的怒火。接著她講了自己的感受，還說，自己會繼續光顧這家百貨公司的。這位經理始終耐心的傾聽著，一直到讓道格拉斯太太滿意的離開。如果這位經理沒有傾聽顧客的煩惱，不停的說自己的不滿，他將會失去一位長期的顧客。

成功交流並沒有什麼神祕之處，只要你聚精會神的注意對方就夠了。

荷蘭籍的愛德華是美國一家知名雜誌的編輯，誰也不會想到他年幼時的經歷。他從小家境貧寒，小學讀到了六年級就退學了，那年他才十三歲。他來到西部聯合公司打工，一週僅有六點二五美元的收入。但他絲毫沒有放棄受教育的夢想，為了購買《美國名人傳記百科全書》，他每天步行回家，不吃午飯，將錢慢慢的存起來。錢存夠後，他馬上將那本書買了回來，如饑似渴的閱讀著。慢慢的，他對這些人物的成長越來越感興趣。由於那本傳記對名人童年的描述很少，於是，他便產生了給名人寫信的念頭。他寫信給一位將軍，問他童年做拉船童工的經歷，年幼的愛德華是個喜歡傾聽的孩子，當將軍給他回信後，他認真仔細的閱讀。

這位喜歡傾聽別人故事的小孩沒多久就幾乎給美國的所有名人都寫了信，包括愛默生、朗費羅、何姆

善於傾聽他人的見解

斯、林肯夫人、傑佛遜等。

他不僅和那些名人通信，傾聽他們談論各自的成長經歷，一有假期，他還去拜訪他們，成為那些名人家中最受歡迎的客人。這種不平常的人生經歷，對他以後的人生起了很好的積極作用。使他的理想與志向有了更大的激發。

愛德華的成功經驗在於，他談論那些名人感興趣的話題。他邀請他們談自己的人生經歷，然後自己靜靜的傾聽，這無形中讓他們滿足了自己的成就感。

在別人面前不要大談自己，而要讓別人談論自己，表面上看你彷彿是沒有談話的主動性，但實際上你獲得了更多的友情和信任。

在紐約，有一份很有實力的報紙，正在招聘有寫作才能和管理經驗的人才。克里斯看了徵才廣告後立即向這份報紙投了簡歷。幾天後，他得到回信，通知他到那家報社去面試。克里斯在去面試之前，沒有做什麼別的準備，只是盡可能的在各方面搜尋有關這家報紙創辦人的生平事蹟。

到了面試時，克里斯按時到達了該報社，並在面試的過程中向該報社負責人提出了自己的問題：「尊敬的先生，如果我能到這兒來工作，這將是我一生中最自豪的事了。據我了解，在報社開辦的早期，這裡是相當簡陋的，只有幾張簡單的桌椅和一個速記員，這些都是真的嗎？」

此時，這位負責人可以說在事業上成績已經很顯著了，當然，凡是成功人士都喜歡回憶早早創業的艱辛，他也不例外。於是，那位負責人就滔滔不絕的向克里斯談起了他創業的艱苦歷程。早年時，他工作相當艱苦，僅僅用四百五十美元和創業的鬥志開始了他的辦報生涯。那時，他每天工作十二至十六個小時，就連週六、週日也在工作。最後，他終於有所成就，並成了華爾街的知名人物，事業上取得了前所未有的成功。在他的敘述中，我們能看出他正在為自己事業上取得的成功而自豪。克里斯一直認真耐心的聽這位負責人講完自己的經歷。隨後這位負責人又向克里斯提了幾個問題，在對他有了初步的了解後，對他說：

「先生，您就是我們要找的人，很高興，您被錄用了。」

克里斯的成功，說明他費盡心思的傾聽和正確的處事方式，他對這家公司及上司的真切關心，使上司對他留下了極好的印象。

的確這樣，有一顆真誠開放之心去聆聽他人的講話是相當重要的。

正如《讀者文摘》中的一篇文章所講：「很多人找心理醫生，其實就是想找一個人靜靜傾聽自己的心聲。」

所以，如果你想成為受歡迎的人，你就要學會靜靜的傾聽他人講話。要想讓別人對你感興趣，你首先要關注別人，問別人關注的問題，甚至鼓勵別人談他們所取得的成功，這些都是值得我們去做的事。

那麼，讓我們記住，隨時做一個善於傾聽的人，掌握傾聽的智慧吧。

激發他人的高尚意願

福瑞遇到了一個房客，十分挑剔，他告訴福瑞要搬家。但是，他的租約還有四個月才到期，這位房客非常堅決，根本不理會合約問題。

福瑞先生十分為難，因為他是在一年中消費最多的冬季入住的，現在要是搬走的話，秋季之前就很難把房租出去了，也許他會因此損失很大。

他很想直接的對那位房客闡明自己的不滿，叫他付清所有的房租後再走，這樣既解了怒氣，又沒有太大的損失。但是他沒有順著自己的性子這樣做，讓自己痛快的發洩一番。他試探性的向那位房客問道：「先生，我相信你不會就這樣搬出去，您的處事方法是不會這樣做的。我相信您不是個出爾反爾的人，您一定是有什麼迫不得已的原因才會選擇這樣的。也許搬出去並不是您的本意。我希望你再考慮幾天，如果您還是執意要搬走，我會尊重您的選擇。但是，我相信您是個遵守諾言的人。憑我從事租賃業多年的看人經驗，你一定會住到租賃期滿。畢竟，我們是人，而不是沒有思想的動物——選擇權會在我們自己手裡。」

結果到了下個月，那位房客繳了租金並告訴福瑞，他和他太太討論後，決定留下來，住到租期滿為止。

的確，當面對一些我們不如意的事時，激發他人高尚的動機是相當不錯的方法。

超市中，琳琅滿目的食品會使顧客眼花撩亂，當顧客挑選商品品質的同時，最值得關注的還有商品的價格。

史密特經營的一家超市就是一家生意興隆的便利店。

最近，在他的超市新聘了員工後，他發現總有一些顧客在付費時對商品的價格存有疑慮，顧客不斷抱怨。於是史密特詢問了收銀員，收銀員回答說：「最近，有好多顧客都提出不滿，他們看到商品的標價與電腦所顯示的標價不相符，或許是商品標價員出了問題。」

的確如收銀員所說，經史密特核實，有許多商品的標價都是錯的。於是，他找來這位新被僱用的標價員，和她談了一次話，警告她以後不要再犯類似的差錯。

但是，事情還是沒有改變，那位標價員不知是怎麼的，總是集中不了精神，商品的標價還是出現錯誤，沒有半點的變化。史密特又一次找到她，語重心長的對她說：「你的工作的確很辛苦，我也知道你工作相當賣力。標價的錯誤率也降低了。我考慮了一下，決定讓你做全店的標價監督員，來督促標價的準確率。」受到如此的重視，年輕的標價員這次覺得自己的任務重大了，史特密懷著輕鬆的心態走出了辦公室。從此，她暗下決定：一改過去馬虎的態度，真正用心開始面對自己的工作，不再讓商品的標價出現任何錯誤。

從那天起，每當有新貨品上市時，都能看到一位年輕的標價員仔細認真的核實標價，並且她還很用心的將商品擺放到合理的位置。不讓顧客因貨物堆疊而造成拿取的不便。從此，那位標價員改變了從前漫不經心的工作態度，更加認真的對工作負責了。

在激發他人高尚動機的同時，我們也達到了自己的目的。

有一次，諾德看到一家報紙刊登了一張他不想刊登的照片，於是便給編輯寫信說：「請不要再刊登我那張照片好嗎？因為我的母親不喜歡那張照片。」多麼巧妙的一封信呀！諾德並沒有一語中的的說：「請不要刊登那張照片，我不喜歡那樣。」而是相當含蓄的用他對母親的尊重來提出這個請求，你想想，面對他這樣的話語，那個編輯能不為此感動而遵從他的意願嗎？

洛克菲勒也遇到過同樣的問題，他不希望報社的攝影記者拍攝他孩子的照片，但是他並沒有強硬的阻止，也是用一種巧妙的方法挑起對方的高貴動機。他激發了我們都不願傷害小孩子的那種心理，對記者們說：「你們家中也有這麼大的小孩子吧，我們想你們都了解小孩子，你們都肯定都清楚作為小孩子，讓他們大出風頭，對他們的成長是相當不利的，希望你們能多加理解。」

其實我們很難找到一個放諸四海而皆準的法則，任何事情都會有一些例外，經驗告訴我們，如果你希望人們接受你的要求，那麼就盡可能的激發他人的高尚動機吧！這遠比抱怨、責備帶來的結果好得多。

與他人共用自己的快樂

瑪格麗特女士因患心臟病而臥床多年，她一天中的二十四小時有二十二小時都是躺在床上度過的，每天在庭院中晒晒太陽，呼吸一下新鮮空氣對她來說是最奢侈的享受了。但如果沒有女僕的幫助，她將寸步難移。她說：「我每天過著如死人一般的生活，痛苦的幾乎產生自殺的念頭。」

在瑪格麗特臥床期間，發生了舉世聞名的日軍偷襲珍珠港事件。那次戰爭的到來，讓瑪格麗特徹底改變了自己的人生。

瑪格麗特向我們講道：「事情來得很突然，到處一片混亂。軍隊到處尋找避難場所以救助傷患，他們把軍隊家屬拉到學校避難。此時，紅十字會打電話徵求我的意見，問我能否為他們提供空房子作為避難場所，因為我這裡有一部電話，希望我能夠幫助他們，也希望把我家暫時變成消息聯絡站。我欣然同意了。我認為我應該做一些力所能及的事情來幫助他們。於是，我一邊幫助調動家屬們到避難所，另一邊告訴前線的士兵他們家屬的安危狀況。

那次戰役打得極其慘烈，有兩千多名士兵英勇犧牲，九百多名士兵失蹤。「當我得知我的丈夫在前線安然無恙後，我便鼓起力氣開始我每天必做的工作，同時還鼓勵那些和我一樣擔心著自己丈夫安危的妻子們，安慰那些因丈夫陣亡而悲傷欲絕的年輕寡婦。」「起初，因為身體原因，我是每天躺在床上開始接電話，令人驚訝的是，沒過多久，我就能坐在床上完成接電話的工作了。彷彿工作越忙，精神越好。到最後，我幾乎忘記自己是一名臥床不起的病人了。我每天都致力於我的詢問工作，心思只想著那些不幸的人們，想給予他們我最大的幫助。後來，除了每晚固定的八小時睡眠以外，我都是在我的小寫字桌前度過的。我的身體也隨著珍珠港事件的忙碌而有了很大的好轉，我再也不用臥床不起了。」

儘管珍珠港事件是一起非常慘痛的戰役，但對於瑪格麗特個人來說卻是一次生命的轉機。她得到了一種意想不到的生命力量。在這次生命的轉變過程中，瑪格麗特自己走出了自己的生活，去努力的關懷、幫助別人。她對生命積極的態度，對他人毫無保留的關心，使她自己從中獲得了生命的重生。

關心他人，不僅可以將自己從煩惱中解脫，還可以使你廣交朋友，有助於得到更多的快樂。無論是商店的售貨員、擦鞋匠、送報童還是別的什麼人，他們的心中都有一定的理想，期望別人能對他們有更多的尊重與理解。但我們是否真誠的關注過他們的情感呢？他們每天為我們盡心的服務，我們不該吝惜自己的關心與付出，對他們多表達一份真誠的關心，無疑是一件美好的事情。

如果你在理完髮後讚美理髮師的技藝高超，購物後稱讚售貨員的妝容漂亮，順便關切的問她一整天工作累不累等一些問題。你所換來的不只是購物消費的滿足，還會給你帶來無限的快樂與滿足。

普魯斯特說：「助人不是一種義務或是負擔，而是一種快樂，因為你會從中得到滿足，更能增進你的健康，給你一份快樂的心情。」富蘭克林也曾經說過：「在你關懷別人、幫助別人的同時，也就等於在幫助自己，為自己謀取快樂。」

作家克蕾兒是奧克拉荷馬城市大學一位教授的妻子，她向我們談到她婚後的幸福生活時，她說：「在我們結婚兩年後，住在我們對面的鄰居家有一對身體不好的老夫婦。妻子雙目失明且下肢癱瘓，整日坐在輪椅上，而她丈夫的身體也不是很好，還要每天在家中照料體弱多病的妻子，日子過得相當無滋無味。」克蕾兒和丈夫目睹老人的生活，他們決定讓兩位老人的生活有所改變，讓他們更快樂些。於是，在耶誕節前夕，她和丈夫商量後，決定為他們送去一顆裝飾得很漂亮的聖誕樹。他們挑選了一棵精緻的聖誕樹，將它拿回家精心的裝飾一番，又買了一些禮物，在耶誕節的前夜送到了鄰居夫婦家中。

兩位老人收到克蕾兒夫婦送去的精緻禮物後，感動得哭了起來，多年來，因為疾病的身體，他們已經好久沒有欣賞過聖誕樹了，他們很少這麼快樂了。

從那以後，克蕾兒夫婦每次拜訪，他們都會提到那棵珍貴的聖誕樹。儘管他們僅僅是做了一件很不起眼的事，但從中獲得的快樂，卻是十分充足和珍貴的。

因為他們付出了友好，所以他們獲得了一種快樂與幸福，這種快樂是一種十分濃厚又溫暖的感情，這種幸福將一直留在他們的記憶中。

二十世紀最有名的無神論者西爾弗曼曾經說過：「如果想在短暫的一生中尋找快樂，那就要以他人為中心，為他人設想，將他人的快樂作為自己的最大快樂。當周圍的人們都幸福快樂的時候，自己才能因此而感受到愉快。」

相信那樣你也會從中收穫到更多的快樂。

人性的痛點

卡內基經典說明書，一針見血點出現代人擺脫痛苦

第四章　如何讓人喜歡你

讓你處處受歡迎的方法

為什麼要透過這本書來學習怎麼樣獲得朋友？為什麼不向世界上最善於交友的動物、最得人緣的人來學習這個技巧呢？他是誰？你明天走在街上，就可以看到他。當你走近離他十呎左右時，他會搖動尾巴。如果你停住腳，輕輕拍拍他，他就會高興得跳了起來，並且對你表示，他是怎麼樣的喜歡你。而且你也知道，他在這樣親密的表示後，並沒有其他的企圖、打算，他不是想賣給你一塊地皮，更不是打算要跟你結婚。

你有沒有想過，狗是唯一不需要為自己的生活工作的動物？母雞要生蛋……母牛需要付出牠的奶水……金絲雀要唱歌。但是一隻狗不需要付出任何東西來維持牠的生活，牠所有的只是「忠誠」。

在我五歲的時候，我父親花了五毛錢，給我買了一隻黃毛小狗。牠給我的童年帶來了光亮和歡樂。每天下午四點半左右，牠坐在庭院前，用牠那對美麗的眼睛，怔怔的望著前面那條小路，一聽到我的聲音，或看到我背著書包經過那矮樹林時，就像射出的一支箭一樣快速竄上小山，高興的跳著、叫著來歡迎我。

迪貝和我做了五年的好朋友，在一個我永遠無法忘記的悲慘的晚上，迪貝在離我僅十呎遠的地方，被雷電擊死了。迪貝的死，是我童年時代的一幕悲劇！

迪貝，你從來沒有讀過心理學，你也不需要去讀。因為你的本能，懂得一個人如果真誠的去關心別人，在兩個月的時間裡所交的朋友，要比只讓別人對你發生興趣，在兩年的時間中所交的朋友還多。讓我再說一遍：如果你時刻關心別人，對別人發生興趣，用兩個月的時間裡所交的朋友，要比只想讓別人關心你，對你發生興趣，在兩年的時間裡所交的朋友還多。

可是，你我都知道，有人終身都在犯這樣的錯誤，就是只想別人來關心他，對他發生興趣。

一個對別人漠不關心，對別人不感興趣的人，他的生活必會遭受重大的阻礙、困難，同時會給別人帶來極大的損害、困擾，所有人類的失敗，都是因為這些人才發生的。

我曾在紐約大學選修短篇小說寫作的課程，這期間，有一位著名雜誌的編輯，向我們演講。他說他每天可以撿起桌上數十篇小說中的任何一篇，只要看上幾段後，就可覺察出作者是否喜歡別人——如果那作者不喜歡別人，那麼別人也不會喜歡他的作品。

這位飽經世故的編輯，他在演講過程中，曾有兩次稍微的停頓了一下，為他移開主題而道歉。他說：「現在我要告訴你們的，就像你們聽牧師講道一樣，但是，別忘記，你要是想做一個成功的小說家，必須先對別人發生興趣。」

如果寫小說的祕訣是這樣，那應用在待人處世上，你可以確信，更應該如此了。薩斯頓是位成功的魔術家，他在百老匯表演時，我去他的化粧室拜訪過他，我們傾心交談了一個晚上。四十年來薩斯頓走遍世界各地，他驚人的魔術絕技，令無數的觀眾為之驚嘆，約有六千萬以上的觀眾看過他的表演，從而讓他得到兩百萬元的收入。

我請薩斯頓先生談談他成功的祕訣，他說出的是過去片段的歷史。他的學校教育，跟他眼前的成功沒有半點的牽連，他在幼年就離家出走，成了一個飄泊流浪者，偷搭火車，睡在草堆上過夜，挨家乞討。由車窗觀看鐵路兩旁廣告，讓他認識了幾個字。

是他有高人一等的魔術知識嗎？不！這是他親自對我說的。關於魔術的書，已出版的有數百本之多。目前在魔術方面，像他這樣有造詣的，也有數十人。但是他有兩項本能，是別人所沒有的：

他有表演的人格，他懂得人情。他每一個動作、姿態，說話的聲調，都經過事前嚴格的預習，他舉止敏捷，反應靈活，分秒不差。

除此以外，薩斯頓對人有濃厚的興趣，他告訴我，許多魔術家，看著觀眾而在心中說：這些傻瓜、鄉巴佬，我要好好的哄哄、騙騙他們一下。但是薩斯頓絕對不那樣做，他告訴我，當他每次上台時，必先對自己這樣說：「我要感謝這些捧場的觀眾，是他們讓我擁有了舒服的生活，我要付出最大的力量，做好這場表演。」

他說，每逢他走向台前時，就會對自己這樣說：「我愛我的觀眾，我愛我的觀眾。」可笑嗎？不近情理嗎？你可以任意的去想，我只是把這位最著名魔術家的為人處世技巧，不加評論的提供給你，供你參考。

蘇門．亨克夫人告訴我的是同樣的事。她不顧貧困，忍住傷心。她的一生充滿了悲劇，有一次，甚至還想和她的孩子一起自殺……她雖然遭受了如此惡劣的環境，但是，她還是繼續著自己所喜愛的歌唱事業，最後成為一位轟動一時的「華格納式」的歌唱家。她自己承認，她成功的祕訣，是對「人」深切的發生了興趣。

老羅斯福總統有驚人的成就，深受人們的歡迎，這也是他成功的祕訣之一。連他的僕人們也都敬愛他。他的黑人侍從詹姆斯，曾寫了一本關於他的書，書名是《狄奧多．羅斯福，侍從心目中的英雄》。在那本書中，詹姆斯講了一段感人的故事：

有一次，我妻子問總統，鶉鳥是長什麼樣子？因為她從沒有見過鶉鳥，而羅斯福總統不厭其詳的告訴了她。過了一段日子，我家裡的電話鈴聲響了——詹姆斯和他妻子住在羅斯福總統牡蠣灣住宅內一棟小房子裡——我妻子接了電話，原來是總統親自打來的。羅斯福總統在電話裡告訴她，現在窗外正有一隻鶉鳥，如果她去看看窗外，就可以看到了。

如此關心一件小事情，正是羅斯福總統的特點之一。無論什麼時候，當他經過我們屋子外面，不管有沒有看到我們，我們總能聽到「嗨，詹姆斯！」，「嗨，安妮！」那親切的呼叫聲。

像這樣一位主人，傭人們怎麼會不喜愛？誰能不喜歡他呢？

有一天羅斯福進白宮去見塔虎脫總統，正巧塔虎脫總統和夫人出去了。老羅斯福是真誠的喜歡那些下人，他對白宮裡所有的舊役傭人，甚至做雜務的女僕，都能喊出名字問好。曾經有這樣一段記述：「他在廚房裡看到女傭人艾麗絲的時候，問她是不是還在做玉米粉麵包。艾麗絲告訴他，有時候做那種麵包，那是為了傭人們吃的，樓上他們都不吃了。

羅斯福聽了大聲說：那是他們沒有口福，我見到總統時，把這件事告訴他。

艾麗絲拿了一塊玉米粉麵包給羅斯福；他邊走邊吃到辦公室去，經過園丁、工友旁邊，與他們每一位招呼……」

羅斯福和他們每一位親切的招呼談話，就像他當總統時一樣。有個老傭人，眼裡含著淚水說：「這是我這幾年來最快樂的一天，在我們中間，就算有人拿了一百塊錢來，我也不會換的。」大學校長依利亞博士，對別人的問題，總是給予深刻的關心和興趣，所以他會受到學校裡每一個師生的愛戴。這裡是依利亞博士處世待人的一個例子：

有一天，有個大學一年級學生「克列頓」，來到校長室借用「清寒學生貸款」五十元。後來那個克列頓這樣說：「我拿到錢後，心中非常感動，正要走出辦公室時，依利亞校長把我叫住，說：『請你坐一會兒……聽說你在宿舍裡自己動手做飯吃，如果你吃得適宜、充足，我並不認為那對你有什麼不好，我過去在大學時，也這樣做過』……我對此感到很意外，他接著又說：你有沒有做過肉餅，如果把它弄得又爛又熟的話，那是一道很美味的菜，過去我就喜歡吃這個菜。他為我說出肉餅的具體做法。」

這是由我自己的經驗所發覺到的：如果我們真誠的關心別人，能夠獲得美國最忙的人的注意和合作！讓我舉出這樣一個例子來：

數年前，我曾在布魯克林藝術學院，舉辦一種小說寫作的課程，當時我們很希望在那裡已經出名的作家能來我們班上，向學生講述他們寫作的經驗。於是我們給他們每人寫一封信，說我們非常欣賞他們的作品，所以希望他們能抽出一些時間，來我們班上一次，講授一些有關他們寫作的經驗和成功的祕訣。

每封信上，有一百五十名學生的簽名。在信上我們還附上這樣的話語：我們知道他們一定很忙，抽不出時間來演講，所以我們在每封信裡，附上一張請求他們解惑的問題表，請他們填下自己寫作的方法等內容後，把這張表寄給我們。他們很喜歡這樣的一封信。所以他們都從家中老遠趕來布魯克林，幫助我們解決這個問題。

我們運用同樣的辦法，邀請到了老羅斯福總統任上的財政部長，塔虎脫總統任上的司法首長，和其他很多名人來我演講班中演講。

所有的人，無論他是屠夫，還是烤麵包的，抑或是寶座上的國王，都喜歡尊敬他的人。德國皇帝威廉二世就有這樣一個例子。第一次世界大戰結束後，全球的人都指認威廉二世是引起大戰的禍端，他逃亡荷蘭後，連德國人也不願理他。憎恨他的人，難以計數，甚至有人要把他抓來碎屍萬段。

在這股怒火燎原的公憤中，有一個小男孩，寫了一封簡潔誠懇，充滿了誠摯和欽佩的信，寄給威廉二世。威廉二世看了這封信後，深受感動，就邀請這小男孩去見他。這小男孩在母親的陪同下真的來了。後來威廉二世和孩子的母親結了婚。這小男孩不需要看怎麼樣交友和怎麼樣影響他人之類的書，他天性就已知道怎麼做了。

如果我們想交朋友，應該先想著替別人做些事——需要時間、精力、公義、體恤的事。當愛德華公爵是皇儲的時候，他有周遊南美洲的計畫。在他尚未出發之前，費了一段時間，去研究西班牙語言，希望到那裡之後可以直接和南美各國人士溝通，所以他到了南美洲後，受到那裡人們的特別歡迎。

這些年來，我在認真的打聽朋友的生日，這件事是如何進行的呢？我當然是不會相信「占星學」上那類的見解，但是我見了朋友，就問他們是否相信人的生日能關係到每個人的性格、個性？然後我請他告訴我，他的出生年月日。如果他說出生在十一月二十四日，我自己就牢固的把這日子記住。待他一轉身時，我悄悄把姓名、生日記下，回家後，再寫在一本「生日簿」上。

在每年的年初，我就把這些生日，在我的桌曆上做個標記，到了某人生日的時候，我就給他發一封賀函，或是賀電。當那人接到賀函，或是賀電時，他是多麼高興：除了他的親人以外，我是世界上唯一知道他生日的一個朋友。

如果我們要交朋友，我們要用最熱誠的態度去歡迎他們。有人打電話給你，你也應該用一種熱情的心情，加上極歡迎的口氣，再加上一句：「你好！」紐約電話公司舉辦一個訓練班，訓練接線生：當詢問者問「什麼號碼」時，回答完畢後該再加上一句「我很高興為你服務」。以後我們接到電話時，也應該記住這個。

這種哲學運用在商業上有效嗎？我可以舉出很多例子來，這是其中的一個例子。

克納夫是費城一家煤廠裡的推銷員，多年來他一直想把廠裡的煤，賣給一家連鎖百貨公司，但是那家公司怎麼樣也不買他的煤，依舊向市郊一家煤廠購買。更使他無法忍受的是——每次運送煤時，又正好經過他辦公室的門前。克納夫為了這件事，在講習班上大發牢騷，痛罵連鎖百貨公司，對國家、社會是有害的。

他嘴裡這樣講，但就是不服氣，為什麼勸不動那家公司買他的煤呢，他有些納悶。

我勸他嘗試另外一種不同的方法，情形就是這樣的，我把講習班裡的學員，分成兩組，舉辦了一次辯論會，主題是——「連鎖性的百貨公司業務發展，對國家害多益少。」

遵照我的建議，克納夫參加了反對的那一組，他同意替那家公司辯護。然後，我要他直接去見那個不買他的煤的那家公司負責人。

克納夫見到那人後，就這樣對他說：「我不是來勸說你買我的煤，有一件事我想請你幫個忙的。」他把來意講完後，接著說：「因為我找不到一項資料，除了你以外，沒有人能夠提供，眼下我很想在辯論會中獲勝，希望你能為我提供更多有關這方面的資料。」

這是克納夫自己敘述當時有關的情形：

我請求那負責人給我一分鐘談話的時間，經過這樣傳話後，他才答應見我。我說明來意後，他才請我坐下，結果我們談了一小時又四十七分鐘。他給另外一家連鎖機構高階主管打電話，那人曾經寫過一本有關連鎖性百貨公司的書。他給全國連鎖性百貨公司公會寫信，替我找來不少有關這方面的參考記錄。

他覺得他的公司，已做到服務社會的宗旨。他對自己的工作，感到相當滿意和自豪。他談話的時候，兩眼放射出熱忱的光芒。所以在我來講，我必須承認自己已眼界大開，使我看到我做夢都想像不到的事，使我改變了對他曾有的看法。

我要離開的時候，他親自送我到門口，一手搭在我肩膀上，真誠的預祝我辯論會上獲得勝利。最後，他告訴我：「到春末的時候，你再到我這兒來，我願意訂購你們廠的煤。」

這件事對我來講，真可說是一個奇蹟，我沒有提到一句賣煤的話，也沒央求他，但是他卻要買我的煤了。因為我真實的對他，就他的問題發生了興趣，在這兩個小時內所取得的進展，比這十年中所得到的還多。原因是我過去只關心我自己和我的煤，現在我是關心他和他切身的問題。

克納夫所發現的，並不是一項新的真理。遠在基督降生的前百年，一位著名的羅馬詩人，就曾經這樣說過：「要別人對我們發生興趣時，我們就先要對別人發生興趣。」

所以你要使別人喜歡你，必須遵守的規則是：

真誠的對別人發生興趣。

如果你想讓自己擁有一種能使人愉快的人格、個性，和在人與人之間的關係中，擁有一項更有效的技能，我希望你去買一本書：《歸向宗教》。

你不要因為這書名，就心生恐懼或反感，那不是一本說教的書。

這部書出自一位著名的心理學家，他曾經親自會見，並加以指導三千多人——自認內心苦悶請他解答「人格、個性」問題的人。作者告訴我，他這本書可以更名為「如何發展你的人格」，因為書中內容討論的就是這問題。我相信你會發現這是一本有趣、簡明、新穎的讀物。

如何給他人留下良好印象

我最近在紐約參加一次宴會，與依位客人相識，她是剛獲得一筆很大數目遺產的婦人。她似乎急於使人們對她留下一個愉快的印象，她花了很多錢買了貂皮外衣、鑽石和珍珠，但是她最沒注意的是自己臉上的表情。她那副臉色神情，顯得那麼刻薄、自私。那是因為她沒有弄清楚男士們所賞心悅目的，是女士們表情中的那份氣質、神態，而不是她那種雍容華貴的打扮。施瓦布曾經告訴過我，他的微笑，有一百萬元的價值。他所暗示的，或許就是這個真理。施瓦布有他今日的成就，完全歸功於他的人格、他的魅力和他那種特殊的能力。而在他的人格中，最可愛的因素，就是他令人傾心的微笑。

有一次，我花了一個下午的時間，去拜訪雪弗立，說實在的，我很失望。他寡言少語，跟我想像中完全不一樣。直到他綻開一縷微笑的剎那間，整個氣氛才緩和過來，頓時開朗了起來。如果不是他那一縷微笑，恐怕雪弗立仍然在巴黎做他的木匠，繼續他父兄的行業。

一個人的行動，與語言相比，更有具體的表現，而人們臉上的微笑，就有這樣的表示：「我喜歡你，你使我快樂，我非常高興見到你！」

人們為什麼那麼喜歡狗？我相信也是同樣的原因。你看牠們那麼的喜歡跟我們接近，當牠們看到我們時，那份很自然的興奮，所以人們也就喜歡上了牠們。

那麼，「不誠意」的微笑，又怎麼樣呢？微笑是從內心發出的，那種不誠意的微笑，是機械的、敷衍的，也就是人們所說的那種「皮笑肉不笑」的笑容，那是誰都騙不了的，也是我們所憎厭的。

紐約一家極具規模的百貨公司裡有一位人事室主任，跟我談到一件事。他說他願意僱用一個擁有可愛的微笑，只有小學畢業的女孩子，而不願意僱用一個臉孔冷若冰霜的哲學博士。

美國一家很大的橡皮公司的董事長告訴我，依他的觀察，一個人的事業成功與否，完全取決於他對這項事業是否感到興趣？而不是苦心鑽研的去開啟成功的大門。他曾這樣說：「有若干人，在開始一份事業的時候，懷著極大的希望和興趣，所以能在早期獲得部分的成就。當他們對這項工作，感到厭煩、沉悶，失去了原有的興趣時，他的事業也漸漸走向下坡，終至失敗。」

如果你希望別人用一副高興、歡愉的神情來對待你，那麼你自己先要用這樣的神情去對別人。

我曾經向上千個商界人士提議，在每天的每一個時候，遇到人就展開一個輕鬆的微笑。這樣經過一星期後，回來講習班，說出自己心得，看看有什麼樣的效果！你先看這是紐約證券交易所一位皮爾先生寫來的信，他的情況絕非特例，事實上，是能常見到的。皮爾的信上，這樣寫著：「我結婚有十八年了，這些年來，從我起床到離開家這段時間內，我很少對太太展露一絲我臉上的笑容，也很少說上幾句話。

「因為你叫我從微笑的經歷所得的效果作一次演講，我就嘗試了一個星期。第二天早晨我梳頭的時候，面對鏡子裡自己那張繃得緊緊的臉孔，我就向自己說：『皮爾，你今天必須要把你那張凝結得像石膏像的臉鬆開來，你要展露出一副笑容來，就從現在開始。』坐下吃早餐的時候，我臉上有了一副輕鬆的笑意，我向太太說：『親愛的，早安！』

「你曾告訴過我，她一定會感到很驚訝，但你低估了她的反應。當時她迷惑、愣住了。我可以想像到，那是出於她意料之外的高興。這是我太太所希望獲得的一件事。是的，兩個多月來，我們的家庭生活，已完全改變過來了。

「現在我去辦公室，會對同事們微微一笑說：『早安！』我對司機也投之一笑；去櫃檯換錢時，我對裡面的夥計微笑；我在交易所裡時，對那些素昧平生從沒有見過面的人，我的臉上也帶著一縷笑容……

「這樣沒過多久，發現每一個人見到我時，都向我投之一笑。對那些來向我吐苦水的人，我以關心的、和悅的態度聽他們訴苦。而他們所認為苦惱的事，在無形中變得容易解決了。我發現微笑替我帶來了財富，那是很多很多的財富。

「我和另外一個經紀人，合用一間辦公室。他僱用了一個職員，是個可愛的年輕人，那年輕人漸漸的對我產生了好感。我對自己所取得的成就，感到驕傲而自傲，所以我對那年輕人，自然的提到『人際關係學』，這個新的哲學。那年輕人曾這樣告訴我，他初來這間辦公室時，認為我是一個淩厲可憎、脾氣極壞的人，而最近一段時間來，他對我的觀感，已徹底的改變了。他說：『你笑的時候，很有人情味！』

「我也改掉了以前曾對於人的批評，把斥責人家的話，換成讚賞和鼓勵。我再也不會說我需要什麼，而是盡量去接受別人的觀點。眼前事實的演變，已改變了我原有的生活，現在我是一個跟過去完全不同的人了，一個比過去更快樂，更富有的人。」

請你要記住這封信是一位飽經世故、絕頂聰明的股票經紀人所寫的。他在紐約證券交易所，以買賣證券謀生，如果沒有更多的專門學識，在一百個嘗試的人中，可能會有九十九個人失敗的。

你會覺得自己笑不出來？那怎麼辦？有兩件事，不妨可以試一試！第一，強迫你自己微笑，如果你單獨一人的時候，吹吹口哨，唱唱歌，盡量讓自己高興起來，就好像你真的很快樂一樣，那就能使你快樂。哈佛大學一位已故的教授，他提出過這樣的見解：「一個人的行動該是追隨著自己的感受……但是事實上，行動和感受，是並道而馳的。所以你需要快樂時，可以強迫自己快樂起來。

「人們都想知道要如何去尋求快樂，這裡有一條途徑，或許可以把你帶入快樂的境界。那就是讓自己知道，快樂是出自自己內在的心情，不需要向外界尋求的。」

不管你擁有些什麼，你是誰，你在什麼地方，或者你在從事什麼事情，只要你想快樂，你就能快樂。眼前有這樣一個例子：有兩個人，他們有同樣的地位，做同樣的事，他們的收入也一樣，但是其中一個輕鬆愉快，另外一個卻整天愁眉苦臉。這是什麼原因？答案很簡單，他們兩個所懷的心情不一樣。

莎士比亞曾這樣說過：「好與壞無從區別，那都是緣於每個人的想法。」

林肯有一次也這樣說過：「大多數人所獲得的快樂，跟他意念所想到的相差無幾。」他說的沒錯。最近我找到了一個明確的印證：

我正向紐約長島車站的石階梯走時，看到有三、四十個行動不便的殘障孩子走在我前面，他們用拐杖很辛苦的一級一級走上石階梯，有些還需要人抱著上去。但是他們的快樂、歡笑，使我感到驚奇。後來，我找到這些孩子們的管理老師，談到這件事，他說：「是的，當一個小孩子，他得知自己要終身成為殘廢時，會感到難受而不安。但是這種難受不安過去後，他也只好聽天由命，繼續尋求自己的快樂，他們現在比一般正常的兒童還快樂。」

保持一種正確的心理狀態——勇敢、誠實和樂觀。正確的思想，能啟發創造力。所以有很多的事情，都是由理想、欲望而來的。凡你真誠的祈求，都會獲得成功的應驗。我們想要獲得什麼成就，只要把這種意念在我們心裡孕育，我們就會有這樣的收穫！放鬆你凝重的臉色，抬起頭，我們就是明天的主宰。

古代的中國人充滿著各種智慧，但他們有一句格言，值得你寫下來，貼在帽子裡。那句格言是：「人們臉上沒有如果帶著笑容，千萬別開店」——「不笑莫開店」。

剛才我們談到開店，一家百貨公司所做的廣告中，有這樣幾句話，很有發人省思的哲理。

耶誕節一笑的價值：

它不需要耗費些什麼，但是卻會得到很多的收穫。

它使獲得者蒙益，施予者也毫無損失。

它發生於剎那間，但是給人的回憶卻是永恆存在。

任何有錢的人，不能缺少它；而貧窮的人，卻因它而變得富有。

它在家庭中能產生快樂的氣氛，在生意買賣上能製造好感，在朋友間更是善意的招呼。它使疲憊者有了休息。使失望者獲得光明。使悲哀者迎向陽光。又使大自然解除了困擾。

它無處可買，無處可求，無法去借，更不能去偷——當你尚未得到它前，對誰都是毫無用處。

如果在耶誕節的最後一分鐘的忙碌中，我們的店員或許太疲倦了，以致沒有給你一個微笑，能不能留下你的微笑？

因為沒有給人微笑的人，更需要別人給他微笑。

所以，如果你希望人們都喜歡你，請記住這個規則：微笑！

儀表是你給人的第一印象

我們的身體是最重要的自我表現方式。身體的外表被認為是內在的反映。如果一個人的外表醜陋、可憎，我們有充足的理由認為他的思想也是這樣的。通常，這種結論也是成立的。高尚的理想、活潑健康的生活和工作本身與個人衛生的不整潔都是勢不兩立的。一個忽視洗澡的年輕人也會忽視他的心靈，他會很快全面墮落。一個忽視儀表的年輕女人很快就無法取悅於人，她會一步步墮落成一個不思進取的邋遢女人。

難怪《塔木德》把清潔放在僅次於神性的位置上。而我會把清潔的位置擺放得更高些，因為我相信絕對的清潔就是神性。靈與肉的清潔或純潔能把人昇華到最高境界。一個不潔淨的人只是一頭野獸而已。

要保持整潔的儀表，最重要的一點就是要經常洗澡。每天洗一個澡能保證皮膚的清潔與健康，否則身體將會有所不適。對頭髮、手和牙齒的護理也極其重要，一定要細膩周到，不能馬虎草率。

修剪指甲的用具很便宜，人人都買得到，如果你買不起一整套用具，你可以單買一把指甲刀，把指甲修剪得乾淨光滑。

護理牙齒是件簡單的事，然而人們在保持牙齒衛生上，犯的錯誤可能要比在其他方面犯的錯誤更多。我認識一些年輕人，他們衣著考究，對自己的儀表非常得意，但他們卻忽視了自己的牙齒。他們沒有意識到，人的儀表中糟糕的缺陷就是髒牙、蛀牙，或是缺了一兩顆門牙了。呼吸當中的惡臭更令人無法忍受，如果知道有這樣後果，就沒有人會忽視他的牙齒了。沒有哪個老闆會要一個缺了一兩顆門牙的職員或速記員，許多應徵者就因為牙齒不好而被拒絕。

對於那些在社會上謀生的人來說，關於穿著的最佳建議可以概括為一句話：「讓你的衣著得體，但不需要昂貴。」樸素衣著更具有魅力，現在市面上有大量物美價廉的衣物可供選擇，大部分人能買到好衣服穿。但是如果條件不是很豐裕，不能買到更好的衣物，也不必為一套寒酸的衣服害羞。穿一件花錢買的舊外套比穿一件不花錢的新外套更能贏得別人的尊敬。

不可避免的寒酸不會讓人產生反感，但是邋遢卻讓人一見就頓生厭惡。只要你量入為出的打扮自己，不管多窮，你都可以穿得很得體。應該有意識的盡量拿出最好的儀表，注意乾淨整潔，竭力保持自尊和真誠，這樣才能幫助你度過重重難關，帶給你尊嚴、力量和魅力，讓你獲取別人的尊敬和欽佩。

赫伯特．烏里蘭很快就從長島鐵路一個普通的路段工人升職為紐約市鐵路局的董事。在一次關於怎麼樣獲取成功的演說中，他說：「衣服不能造就一個人，但好衣服能使人擁有一份好工作。如果你有二十五美元，又需要一份工作的話，最好花二十元買一套衣服，花四元買雙鞋，把剩餘的錢買一個刮鬍刀、一個髮剪、一個乾淨的領圈，然後去找工作。千萬不要帶著錢，穿著一身破舊西裝去應徵。」

多數大公司都規定不僱用衣衫不整、邋裡邋遢，或是面試時衣冠不整的人。芝加哥最大一家零售商店的人事主管說：「徵才的原則必須嚴格遵守，對於一個求職者來說，經受住考驗的最重要條件就是他的儀表。」

儀表是你給人的第一印象

一個求職者具備多少優點和能力都不是很重要的，但他必須重視自己的儀表。璞玉渾金的價值不知要比拋光的玻璃高出多少倍，但是有時候就是明珠投暗。有些求職者就是由於良好的儀表獲得了一份工作，雖然很多被拒之門外的人，經歷要比他們豐富得多。他們的能力可能還不及那些被拒之門外的人的一半，但是既然有了工作，他們就會設法保住這個飯碗。

這項全美通行的徵才原則在英國同樣適用，《倫敦布商》雜誌就可以作證，它這樣說道：「越是注意個人清潔衛生和衣著整潔的人，就越能仔細的對待工作。個人生活邋遢的工人在工作時也會馬馬虎虎。而關注儀表的人也同樣的注意工作的效果。

櫃檯後面的樣子，就能體現工廠裡的模樣。時髦的售貨小姐一定很講究穿著，她會厭惡骯髒的衣領、磨破的袖口和皺巴巴的領帶，難道不是這樣嗎？事實上，關注個人習慣和整體儀表，就會對邋遢散漫的習慣產生警覺。」

（一）三點一線：一個衣冠楚楚的男人，他的襯衫領口、皮帶扣和褲子前開口外側應該在一條直線上。

（二）說到皮帶扣，如果你繫領帶的話，領帶尖一定不能觸到皮帶扣上。

（三）除非你是在解領帶，否則任何時候都不能鬆開領帶結，因為這是很不禮貌的。

（四）一身漂亮的西服和領帶會讓一個男人顯得非常時髦，而一套好西裝卻不繫領帶，會使他看起來更時髦。

（五）如果你穿西裝，但不繫領帶，就可以穿那種休閒鞋。如果你繫了領帶，就絕對不可以了。

（六）新買的襯衫，如果你能在脖子和領子之間放進兩個手指，就說明這件襯衫洗過之後還會很適合。

（七）透過男人的襯衫若能隱隱約約看到穿在裡面的T恤，就有如女人穿著能透出裡面內褲的褲子一樣尷尬。

（八）如果不是專業的手洗，一件三百多元的襯衫馬上就會變成二十五元的價值。

（九）有精神的髮型、一雙好鞋，勝過一套昂貴的西裝。

（十）穿一雙九十元的鞋的時間，應該是一百八十元一雙鞋的一半，而一千元一雙的鞋將伴你一生。

（十一）如果你穿的是三粒扣西裝，可以只繫第一顆紐扣或上面兩顆紐扣，就是不能只繫最下面一顆，而敞開兩顆扣子。

（十二）穿雙排扣西裝的，一個扣子也不能不扣，特別是領口的扣子。

（十三）如果你去某個場合想不出穿什麼服裝，那麼隆重一點遠比隨便穿要強得多，人們會認為你隨後還要去一個更重要的場合呢！

（十四）一件便宜的羊毛衫實際上遠沒有一件好一點的羊毛衫更柔軟、舒服。

（十五）你除非是橄欖球運動員，否則就不要把任何與名字有關的字母或號碼穿在身上。

（十六）四十五歲以下的你請不要過早的叼上菸斗，也不要戴那種淺圓的小帽。

（十七）穿沒蓋過踝骨的格子襪子比穿沒蓋過踝骨的襪子更糟糕。

（十八）配正式服裝一定不要穿白色的襪子。

（十九）不管怎麼說，你不必有太多卡其布休閒裝、白色的純棉T恤或厚棉布網球鞋，畢竟一週只有一個星期六。

（二十）穿衣服的第一常規就是打破一切常規──包括我們上面所說的一切。

我強調衣著的重要性，但並不是要你像英國花花公子博．布魯梅爾那樣，僅做衣服一年就花四千美元，打一個領結也要花上幾個小時。過分的注重甚至比完全忽視還要糟糕。那些像博．布魯梅爾那樣的人太講究穿著了，他們把全部心思都花在對衣著的研究上，而忽略了內心修養和神聖的責任。在我看來，穿衣應該量入為出，與身分相稱，這既是一種責任，也是最實際的節儉。

許多年輕人誤以為「穿著得體」就是指一定要穿貴重的衣服。這種觀點與完全忽視穿著同樣是錯誤的。他們把本該花在頭腦和心靈修養上的時間浪費在了梳妝打扮上。他們老是在盤算該怎樣用微薄的收入來買昂貴的帽子、領帶或大衣。如果他們買不起渴望得到的東西，就會買便宜的次級品來代替，結果他們的穿著更會不倫不類。這類年輕人戴廉價戒指、打猩紅色領帶、穿大格紋衣服，他們肯定是職位低下者。卡萊爾這樣形容這類他們——「一個花裡胡哨的人——他的職業和生活就是穿衣——他的精神、靈魂和錢包都無畏的獻給了這一目的。」他們就為了穿衣而活著，沒有時間學習文化，沒有時間努力工作。

莎士比亞說：「衣裝是人的門面」，這一說法得到了全世界的認同。許多人經常因為他們的穿著不得體而備受指責。初看起來，僅憑衣著去判斷一個人似乎膚淺輕率了些，但經驗一再證明：衣著的確是衡量穿衣人的品味和自尊感的一個標準。渴望成功的有志者應該像選擇伴侶一樣謹慎的選擇衣裝。古諺云：「我看到你的伴侶就能判斷你是什麼樣的人。」某個哲學家也說過一句精妙的話：「讓我看看一個婦女一生所穿的全部衣服，我就能寫出一部關於她的傳記。」

西德尼．史密斯說：「教育一個女孩不在乎漂亮與否，告訴她衣裝一無是處，這真是荒謬透頂！漂亮非常重要。她一生中所有的希望和幸福或許就維繫在一件新裙子或是一頂合適的女帽上。如果她稍有點常識，她就會明白這點。應該教她知道衣裝價值重要性。」人的確不是由衣裝造就的，但衣裝給我們的生活帶來的影響遠遠出乎我們的意料。普林提斯．馬爾福德說，衣裝能影響人類的精神面貌。這並非不符實際，只要想想衣裝對你自己的影響程度有多大就明白了。

假設讓一個女人穿著一件破舊骯髒的睡衣，那麼它就會影響到她，使她對自己的頭髮是骯髒還是扭結都很漠然。她的臉和手是否乾淨，穿的鞋子有多破爛，都無關緊要，因為在她看來，「穿著這件舊睡衣沒有什麼不好」。她的步態、風度、情感傾向，都將潛移默化的受到這件舊睡衣的影響。如果她能改變一下——

換上一件漂亮的棉裙，那麼她的模樣和舉止將會變得多麼不同啊！她的頭髮一定會梳理平整，會與她的穿著相得益彰。她的臉龐、手和指甲一定會乾乾淨淨。破舊骯髒的鞋也會換成了合腳的休閒鞋。她的思想也會煥然一新。她會對衣冠整潔的人士充滿敬言，會遠離穿著邋遢的人。「你想改變你的意識嗎？那麼就改變你的穿著吧。你馬上就會感覺到效果。」盡量讓你以最好的儀表展現在人們面前，你會更受歡迎的。

避免麻煩發生的方法

卡內基被人稱作「鋼鐵大王」，但是他對鋼鐵卻知之甚少。而上千個替他工作的人，他們對鋼鐵的製造都比「安德魯．卡內基」內行。「安德魯．卡內基」懂得怎麼樣處理人：這是他致富的原因，在早年他已顯出有卓越的組織本領和領導天才。當他十歲的時候，已發現了人們對自己的姓名非常重視。他有了這個發現，就加以去利用。

當他經營各項事業，也都運用了很多的技巧，使他獲得數百萬元的收入。例如：他要將鋼軌售給賓夕法尼亞鐵路局，湯姆生是這家鐵路局局長。「安德魯．卡內基」就在匹茲堡建造一座大鋼鐵廠，命名為「湯姆生鋼鐵廠。」

你猜猜看……賓夕法尼亞鐵路局採購鋼軌時，湯姆生會向哪一家買？

有一次，當卡內基和布林姆競爭小型汽車、小客車業務的權利。「安德魯．卡內基」負責的中央運輸公司，和布林姆所經營的公司共同爭取太平洋鐵路的小型汽車、小客車業務，此刻兩家相互排擠，接連削價，那份殘酷幾乎到了他們無法獲利的程度。卡內基和布林姆都去紐約見太平洋鐵路局的董事會。那天晚上，卡內基在「聖尼古拉大飯店」遇到了布林姆，他就這樣說：「晚安，布林姆先生，我們兩個人是不是

避免麻煩發生的方法

都在愚弄我們自己？」

布林姆問：「您這是什麼意思？」

於是卡內基就用了嚴正磊落的講辭，說明了他的見解：希望雙方的業務合併起來，因為雙方合作不競爭，可以獲得更大、更多的利益。

布林姆雖然注意聽著，並沒有完全首肯下來，而最後他問：「這家新公司，你準備取什麼名稱做招牌？」卡內基馬上就回答：「那當然是用『布林姆皇宮小型汽車、小客車公司』了。」

布林姆那張緊緊綳著的臉，頓時放鬆了下來，他說：「卡內基先生，請到我房裡來，讓我們詳細談談！」就是那一次的談話，寫下企業界一頁新的歷史。「安德魯．卡內基」有高度的記憶力，並有尊重他人姓名的作法，那該是他成為一位領袖人物的祕訣。他能叫出很多業務人員的名字，這是他引以為豪的。他常得意的說，他親自處理公司業務的時候，他的公司從沒有發生過罷工的情形。

彼特華斯基也有同樣的情形，為了讓在專車侍候他的黑人廚師，感覺到自己的重要，而永遠稱黑人廚師為「考伯先生」。

人們都重視自己的名字，盡量設法讓自己的名字留傳下去，甚至願意付出一切的代價。巴納姆先生雖然已是一位飽經世故的老人，因為沒有兒子延續他的名字而感到遺憾，所以他情願給他孫子「西雷」二點五萬元的代價，讓他稱自己為「巴納姆．西雷」。

那是兩百多年前的事，有錢的人常給那些作家們錢，要作家以他的名字出書。

圖書館、博物館有豐富的收藏，那些陳列品上都刻著捐贈者的姓名。原因是那些人希望自己的姓名永遠延續下去。

一般人大概不會比羅斯福更忙，但是他甚至會把一個技工的名字，牢牢的記住。

經過是這樣的：克萊斯勒汽車公司替羅斯福先生製造了一輛特殊的汽車。張伯倫和一位技工，將這部車子送到了白宮。張伯倫給了我一封信，說出當時的情形，他說：「我教羅斯福總統怎麼樣駕駛這輛有許多特別裝置的汽車，而他卻教給了我許多處世待人的技巧。」

張伯倫先生的信是這樣寫的：「我到白宮的時候，總統顯得非常愉快，他直呼我的名字，使我感到十分欣慰。讓我印象更為深刻的是，當我說出與這部車子有關的每一個細節時，他都聽得特別認真。」

「這部車子經過特殊設計，能完全用手駕駛。羅斯福總統在那一群圍觀的人面前，說：這部車子本身就是一項奇蹟，你只要按下按鈕，它就能自己開動，可以讓人很不費力的去駕駛這車子，它奇妙的設計，實在太好了……我不清楚其中的原理，真希望有時間拆開看看，那是怎麼樣製造成的。」

「當羅斯福的朋友們，和白宮的官員們讚美這部車子時，他又說：『張伯倫先生，我真感謝你，要你費去很多時間、精力，才設計完成這部車子，這是一項無可批評、極其完美的工程。』他讚賞音響，特別反光鏡，照明燈，椅墊的式樣，駕駛座的位置，衣箱裡的特殊衣櫃，和衣櫃上的標記。也就是說，羅斯福總統對車子裡每一個細微的設計都欣賞到了。」

「他知道我在這上面已下了不少苦心，他特別把這些設備指給羅斯福夫人，勞工部長，和他的女祕書波金斯看。他還向旁邊的黑人侍從說：『你要好好照顧這些經過特殊設計的收納箱。』」

「我把有關駕駛方面的情形講過後，總統對我說：『好了，張伯倫先生，我已經使中央儲備董事會等三十分鐘了，我應該回去工作了。』」

「我帶了一位技工去白宮，並把他介紹給羅斯福總統。他沒有和總統談話。羅斯福總統只有一次聽到他的名字。這技工是個怕羞的人，避居在後面，當我們要離去時，總統找到這個技工，跟他握手，叫他的名字，感謝他來華盛頓。總統對這個技工的致謝，不是什麼虛情假意，而是真誠用心的，這個我可以覺察得到。」

「我回到紐約後不久，接到總統親筆簽名的相片和一封謝函。我很驚訝，他怎麼能抽出時間來做這件事。」

羅斯福總統知道一種最簡單、最明顯而又是最重要的如何獲得好感的方法，就是記住對方的姓名，使別人感到自己很重要。但是，在我們之間，又有多少人能這樣做？

當別人介紹一個陌生人跟我們相識，雖只有幾分鐘的談話，轉身時已把對方的姓名忘得一乾二淨。

一個政治學家的第一課，就是：「記住選民的姓名」。

如何在最短的時間內贏取別人的歡心著名小說家約翰，是個鐵匠的兒子，他一生所受的教育還不到八年，但是在去世的時候，卻是世界上一位最富有的文人。

經過是這樣的——約翰喜歡詩詞，所以他讀盡了「羅賽迪」的詩。甚至還寫了一篇演講稿，歌頌羅賽迪藝術上的成就，並且還送了一份給羅賽迪。羅賽迪很高興，他做這樣的表示：「一個年輕人，對我的才學有這樣高超的見解，他一定很聰明。」

羅賽迪就請這個鐵匠的兒子來倫敦，當他的私人祕書。約翰一生的轉捩點，就在這時候開始。他在這個新的職位上，見到了許多當代的大文豪。受到他們的指導和鼓勵，順利的展開他寫作的生涯，才使他享名於世。

他的故鄉現在已是旅遊的聖地。他有二百五十萬元遺產，但是誰會知道，如果他沒有寫那篇讚賞名詩人的演講稿，可能仍會是一名無名小卒，貧困而去世。

這就是真誠，一股出自內心的讚賞的力量。

羅賽迪認為他自己重要，那並不稀奇，幾乎每個人都認為自己是最重要的，一個國家也是如此。

你是否感覺到，你比日本人優越？但是事實上，日本人卻認為他們自己，比你還優越。如果一個守舊的日本人，當他看到一個白種人，跟一個日本女人跳舞時，他會感到非常氣憤。

你以為你比印度人優越？你有權可以這樣想，但是從他們的角度來看，就跟你完全相反。

你以為你比愛斯基摩人優越？你當然可以這樣想，但是你是不是想知道，愛斯基摩人對你又是什麼看法呢？在他們的社會裡，如果有個好吃懶做，不務正業的人，愛斯基摩人把那人叫「白人」，那是他們輕視人最刻薄的話。

每一個國家都覺得自己是最優越的，這樣就產生了愛國主義和戰爭。

有一項最明顯的真理，就是你所遇到的任何人，幾乎每個人，都覺得自己某方面比你優秀。但是有一個方法，可以深入他的心底——就是讓他覺得你承認他在自己的小天地裡是高貴重要的，要真誠的承認。

愛達森是上午十點十五分進伊士曼辦公室的，當時那位建築師曾勸告他，最多只給他五分鐘，但是，一小時，兩小時都過去了，他們仍然在談著。

最後，伊士曼向愛達森說：「上次我去日本，買了幾張椅子回來，我把它們放在陽台上，後來陽光把椅子上的漆晒掉了，我就買了些油漆回來自己把它們漆好了，你要不要看看我自己漆椅子的成果怎麼樣？對了，你來我家，我們一起吃午飯，我讓你看看。」

午飯後，伊士曼把他漆的椅子拿給愛達森看——那些椅子，每張不會超過一塊五毛錢，而事業上盈利億元的伊士曼，他感到很自豪，只因為那是他自己做的。「凱本劇場」座椅這筆訂貨的總額是九萬元。你猜，是誰得到了訂貨合約？除了愛達森外，還會有其他人嗎？

就從那時候開始，直到伊士曼去世，他們一直保持著極密切的友誼。

你我該從什麼地方開始，實施這種奇妙的試金石？為什麼不由你自己的家庭開始呢？我不知道還有什麼其他地方更為需要或是更該忽略的。我相信你太太一定有她的長處，至少曾經有過，不然你不會娶她做妻子的。但是，你已經有多久沒有讚賞她的美麗了？多久了？有多久了？

有一次，我在新布藍茲維省的米拉米契河釣魚，我一人居住在加拿大森林的一個帳篷裡。在那裡每天只能讀到鎮上出版的一份報紙。或許是空閒的時間太多了，我把這份報紙刊登的每一個字，都讀得很仔細。有一天，我從報上「狄克絲婚姻指導」一欄裡，看到她的文章，寫得非常好，我把它剪下保存起來。她那篇文章上這樣指出，她說她已經不想再聽人們對新娘所講的那些，她認為應把新郎拉到一邊，給新郎這些賢明的建議。

她的建議是：「不會甜言蜜語的不要結婚，結婚前讚美女人，似乎已是必然的事；但是在結婚以後給她讚美，那也是一種必須具備的職責，婚姻不是只講誠實，還需要有外交的手腕。」

如果你想每天過著快樂、美滿的生活，一定不能責備你太太治家有所不妥，或者拿她和你的母親作比較，這毫無意義。

其實，你應該讚美她治家有方。而且還要應該有這樣的表示，認為自己很幸運，才得到了一位賢內助。如果她把飯菜做壞了，幾乎使你難以下嚥，也不要抱怨，不妨作這樣的暗示，今天的飯菜，沒有過去那樣好吃。你太太有你這樣的暗示，她一定不顧辛勞，直到使你滿意為止。

需要注意的是，你不要突然就開始這樣做，那會使你太太起疑心的。

不妨今晚，或是明天晚上，替她買一束鮮花，或是一盒糖果——不要只停留在嘴上的語言：「是的，我應該這樣做的。」還需要有實際的行動——給她一個溫柔的微笑，加上幾句甜蜜的話。如果做丈夫的，跟做太太的都能這樣做，我敢保證每六對的夫婦中，絕對不會有一對要鬧離婚。

你想知道，怎麼樣使一個女人愛上你？沒錯，這當中就有一個祕訣，一定有效。這不是我想出來的，這是我從狄克絲女士那裡借來的。

有一次，這位狄克絲女士，去訪問一位已成為新聞人物的「重婚者」。這人曾經讓二十三個女人動了芳心並付出了她們銀行裡的存款（這裡須附帶說明的是，狄克絲女士是在監獄訪問他的）。當狄克絲女士問，他獲得女人愛情的方法是什麼——他說並沒有什麼詭計，你只要對女人談論她自己就行了。

這個方法用在男人身上，同樣有效。英國一位最聰明的首相迪斯雷利說：「對一個男人談論他自己的事，他會靜靜的聽數小時之久。」

第五章　做一個最好的自己

讓自己成為獨一無二的人

每個人都有屬於自己的獨一無二的個性特徵，這是一個人典型的不可分割的象徵和符號，同時它和人生的成功緊緊相連，起著決定性的作用。

人性是一種非凡的品質，有些人擁有與眾不同的個性。比如林肯，發表演說時只要一提到林肯的名字，聽眾們便會無比熱烈的鼓掌歡呼。

我們都有自己的個性和與生俱來的特質，這能夠發揮某些影響力。別人透過我們的行為觀察我們的個性。個性是一個人的精神、肉體特質和習慣的綜合，個性使這個人相異於別人，並且決定著他是否為人所喜愛或厭惡。

在這個世界上，你是獨一無二的。以前沒有出現過和你一樣的人，以後也不會有。你的父母縱然孕育了你，那也僅僅有三百萬億分之一的機會才有一個跟你完全一模一樣的人。

所以，盡可能的展現自己的個性，善用你的天賦，保持自我是你人生中最重要的事。

成熟的人不會在晚間消磨時間一味的去想自己與別人有何不同，他可能有時會對自己做簡短的自我批評，但他們對自己奮鬥的目標是不會有所懷疑的，與自嘆自憐相比，他們更喜歡改正自身的缺點。

詹姆士．戈爾醫生曾經說過：「一個人最糟的是不能做回他自己，並且在身體和思想中保持自我的本色。」

我自己就曾在這方面犯過錯誤，而且可以說是一次慘痛的不堪回首的人生經歷。當我初到紐約時，我的志向是報考美國戲劇學院，因為我渴望成為一名電視明星。在報考前，我尋找到一條成功的捷徑，於是我便不辭辛苦的觀看當紅的電影電視明星的表演。模仿幾個著名的表演風格，吸取他們的優點，讓自己能表演得和他們一樣，但是這種做法卻沒有任何效果，經過很長時間的學習、模仿，我仍然是我自己，也根本不可能成為別人，因為我就是我。這次模仿把自己搞得如傻瓜一樣，讓我荒廢了許多寶貴的時間，這成為我終身難忘的教訓。

著名的喜劇大師卓別林以幽默的表演征服了全世界的影迷。年輕的卓別林因為家境的緣故，八歲就開始了首次表演，十二歲就在舞台劇中出演角色。他在馬戲團演過小幽默劇，在劇團演過滑稽劇，後來，他的表演日臻成熟。在他十九歲時，已經是小有名氣的喜劇演員了。

在他二十一歲時，他為尋求更廣闊的發展空間而離開倫敦來到了美國紐約。在紐約演戲時，導演要求他模仿當時德國一位很有名氣的喜劇演員的表演，被卓別林斷然拒絕了。他討厭模仿別人表演，希望能真正的展現自己的演藝才華。於是，他不斷的探索電影表演藝術，形成了自己獨特的表演風格。他在電影表演中充分顯示了自己獨有的幽默表演的才華，一舉成為最偉大的幽默表演藝術大師。

卓別林獨特的表演風格使他獲得了巨大的成功。這與他保持自我的個性是分不開的。

但丁曾說過：「走自己的路，讓別人說去吧！」人的一生是極其短暫的，要想集合所有的優點於一身是件多麼荒唐可笑的事呀！

索性，我們放手做回自己，保持自己獨一無二的個性，珍惜上天給我們的一切，唱自己的歌，做自己的事，不模仿別人的想法和做法。

如果你要活得更成熟，那一定記住尋找自我，保持本色，做獨一無二的自己。

學會鍥而不捨，不要輕言放棄

夢想是美好的，但是它不可能馬上就實現。通常，為了實現自己的願望，我們努力多年甚至一生。所以，有些急於求成的人總是充滿期待，當事情的發展沒有他們所期待的那樣快時，他們夢想的框架就會迅速縮小，甚至有時會完全放棄。

約翰是一位職業馴狗師。我曾經問過他，鬥牛犬為什麼會如此的兇猛。他回答我說，其實鬥牛犬是一種非常溫和友善的動物，牠只有在受到威脅或猛烈攻擊時才會變得異常兇猛。

在很久以前，鬥牛犬主要在競技場中與其他狗搏鬥，儘管牠體格小，但被其他狗激怒時，牠的兇狠是其他狗所不能比的。約翰說：「這種狗有一種不鬥死不認輸的精神。另外，牠很聰明，牠非常善於尋找對手的弱點，從而獲得最終的勝利。」

在我們走下坡路時，如果你放棄了，就沒法往坡上走了。無論在個人生活或工作中，我們所經歷的道路總是陡峭而危險的，如果不堅持就很難達到最終的夢想。我們應該學習鬥牛犬那種不畏困難、韌性極強的精神，並且努力將這種動力堅持下去，直到實現夢想為止。

著名的發明家愛迪生，一生發明了我們眾所周知的許多東西，他有兩句至理名言：「當事情變得不順利時，那不順利的事一定還會出現的」，「天才是百分之一的靈感加上百分之九十九的努力」。愛迪生在發明了電燈後，不僅被視為天才，也向世人證明了作為真正的天才，是靠自身鍥而不捨、努力堅持才取得成功的，而不是僅憑過人的智商就能成功。

愛迪生成功的祕訣在於，他從不因一時的挫敗而灰心沮喪，反而會使他重新精神振奮，向著自己的目標努力進取，不斷的堅持，最終使他走向了成功。他讓我們從此在光明之中獲益。

當意志和欲望相結合的時候，它們就會形成一種不可抗拒的力量。很多人只要碰到一點挫折與困難，就變得知難而退，放棄原來的目標。只有少數人才能夠克服阻力繼續向前，直到將自己的夢想實現為止。

真正有理想有抱負的人，認為失敗只是暫時的，他們會用自己的力量努力使失敗轉化為成功的動力。如果一個人沒有堅持的精神，那他不會取得任何的成功。

芬妮．赫爾斯的經歷充分證明了鍥而不捨的努力堅持的重要性。芬妮一生都在不懈的奮鬥中度過。芬妮隻身一人來到紐約，希望能依靠寫作來實現自身的價值。但是，理想不是那麼輕而易舉就能實現的。在成為作家的漫長日子中，整整歷經了四年的時間。在這四年裡，芬妮要賺錢養活自己，她白天在餐廳打工，夜晚開始自己的文學創作。每當她渺茫無助的時候，她總是對自己說：「紐約，我一定會戰勝你的，我不會向你低頭認輸的。」

芬妮在她發表第一篇稿子之前，總共被退回三十六次。一般人很少有這樣的毅力而再繼續堅持投稿。芬妮從沒有放棄過她的寫作夢想，即使歷經了四年也毫不氣餒。芬妮最後終於獲得了寫作上的成功，她戰勝了困難與時間的考驗。自此以後，芬妮名聲大振，許多出版商都指定要她的書。從此，她的寫作事業從此輝煌起來。

在生命中的任何時候，都應該保持一種鍥而不捨的態度來面對生活，戰勝現實中的困難，只有這樣，你才能獲得成功。

隨時隨地接受新思想，以彌補你的欠缺

世界發展迅猛，時代變化日新月異。身處新時期的我們要認真的學習，接受新思想和事物，來彌補自身的落後。在時間一點一點流逝的同時，我們會變得衰老，身體也會每況愈下，就連最好的朋友也會離我們而去。如果我們對身邊的新事物永遠產生興趣，用新鮮事物填補我們陳舊的內心，那我們永遠也不會覺得落伍和失落。

心態和性格都成熟的人，明白「活到老，學到老」的道理。有危機感的人們可以深刻的體會到不斷的

探求新知識、尋找進步給心靈帶來的極大愉悅。

我們現在所提到的教育，不單包括所說的中小學及大學的正式學習，它還指所有一切連自學在內的學習過程。誰都可以有享受自我教育的權利，教育本身就是一種擴充心靈、成長和進步的過程，這是我們讓自己的內心成長和學習的過程。

《紐約時報》曾經發表過一篇轟動一時的文章。文章的主角雷普利是一家公司的推銷員，因為他白天上班，所以他利用晚上的時間在一所高中補習。經過四年的不懈努力，換來了他夢寐以求的一張高中畢業證書。但他沒有就此滿足，隨後又報名參加布魯克林大學的夜間補習班，攻讀大學課程。他主修的是自己喜歡的法學，雷普利利用晚間努力學習大學課程，儘管遇到了許多困難，但他沒有絲毫的退縮，反而越學越有動力。一次英文課上，老師讓同學以《你快樂的標準》為題寫出自己的感受，雷普利是這樣寫的：「在以前，我最大的快樂就是能擁有高中畢業證書，但現在，我考上了大學，我希望將來能夠為律師事業貢獻自己而努力奮鬥。」

看到這裡，我們肯定會覺得他是一位擁有遠大抱負的年輕小夥子。但實際上，這位註冊大學課程不久的雷普利先生，剛剛度過了自己的六十歲生日。

這則報導聽起來讓人有些不可思議，但這的確是件真實的事情。雷普利自學的精神讓我深感敬佩。學習是一生的事，它不會因年齡的阻礙而有所不同，無論在人生的哪一個階段都有促進教育的權利。

不斷學習是我們尋求進步的最高境界，但我們如果總是把自己沉浸在生活中，不去開拓更廣闊的視野，那我們永遠也不會有所進步。

印第安納州的一位女士曾經向我尋求幫助。她的丈夫是一家公司的主管，文化修養很高，興趣寬廣，與丈夫相比，她好似一無是處，她的丈夫也彷彿對她失去了興趣，而她也覺得自己沒有任何修養與內涵。她對我說，她因為家境不好而沒上大學，自己的內在素養也沒能夠培養起來。她結婚後就更沒有機會接受

隨時隨地接受新思想，以彌補你的欠缺

任何教育。她對丈夫所喜愛的關於文學、音樂等一些文化層次很高的東西幾乎一無所知，她並沒有因此去學習，培養這方面的興趣，拉近和丈夫之間的距離，而她更喜歡和一群文化層次較低的朋友聊家常。

我問她平時喜歡做什麼來度過每一天的生活，她回答說她平時除了帶帶孩子，就是和朋友們打打橋牌，看看電視劇。偶爾也會看看書，但幾乎都是些言情小說。

這位婦女並沒有利用閒暇時間來培養自己更廣闊的興趣。她沒有讓自己努力進步，而是原地踏步，所以她與丈夫之間的距離就會越來越大。

我們當中的許多人都像這位婦女一樣，不願接受更新的挑戰，常常把自己放在自己的小圈子中，根本不願再學習進步，充實自己。他們以為自己已經到了學習的盡頭，人生的終點站了，但是她們卻沒有意識到人生中最重要的就是對知識的渴望與探索，這就需要我們不斷的努力學習，尋求人生的一次次進步。住在德州某小鎮的這位老婦人與上面提到的那位婦女有著截然不同的人生信仰。

她是一位小鎮牧師的夫人，辛苦的將五個孩子養大成人，並讓他們都受到了良好的大學教育。孩子們長大成人後，在事業和生活上都相當成功。在孩子們都事業有成後，這位已做了祖母的老夫人準備重新報名，完成自己夢想的大學課程，她報考了德州大學，並以優異的成績畢業。

現在那位夫人已將近七十歲，她仍在不斷的學習，因為她聰明好學，在社區老年俱樂部中很受大家喜愛。人們喜歡和她結交，她那好學、樂觀的個性總是吸引許多朋友。她的家人們也都以她為驕傲。家庭生活非常幸福，兒女們都爭著要她到自己家小住。

這位老婦人正是由於能繼續接受新的思想，學習新知識，努力面對挑戰，才迎得了大家的認同和尊敬。

一個積極的成功者，他最大特徵是隨時隨地的追求進步，總是自強不息的爭取不斷前進。但有時，一個人在事業上自以為滿足而不再追求時，那往往是他事業下坡的開始。

一個想有所作為的人，必須常與他的競爭者接觸，並且總是及時的吸納新的思想，改正自己的工作方

法。只有不斷學習，才能有所發展，獲得更大的成功。

當然，只有明智的人才會領悟到求新求變的真正價值所在，才會用客觀的態度去發現他人的優點，反省自身的不足，以求改進。那些總是圍困在自己小圈子中的人，永遠不會成功，必定要進入失敗的迷宮。他們通常沉浸在自我滿足之中，對自己的不足總是視而不見。很多人的通病就是沒有隨時隨地上進的觀念。

我們的心靈是身體中最重要的部位，如果我們經常滋養撫慰它，它便會努力健康的生長下去。但是如果我們總是忽略而淡忘它，那麼它就會逐漸枯萎。所以我們要經常使我們的心靈受到新思想的填補，只有這樣，才會健康成長。

我們為了開創更為有利的局面和更智慧的頭腦，就一定要扔掉那些陳舊的思想與觀念。如果你沒有受到很好的教育，那也不甚要緊，我們還可以透過很多管道來學習，以擁有自己所需的更多知識。只要你有希望，有信心，獲得知識的機會處處都是。

所以，在現代社會中，我們要永無止境的學習新的知識，保持新思想，讓自身各方面都得到益加廣闊的進步。

別讓人覺得你無聊

世界上沒有任何一個人，在精神正常的情況下，會去做一些令人討厭的事。

也許我們每個人都有很多煩惱的事情，但我們都會認同「乏味」是最令人頭痛的事情。可到現在為止，我們似乎都沒有什麼辦法來驅除它，大多數的時候總是在逃避。世上更不會有什麼地方能把這些乏味的人或事隔絕起來，它們總是纏著我們。

別讓人覺得你無聊

言語乏味的人不但無法理解自己，不願認識自己，並且也不怎麼喜歡自己。因為他不知道該怎麼樣才能更好的表現自己，所以在與別人交談時，很難理解和滿足他人的需要。當然，為了彌補自己內心的空虛，他們的注意力總是集中在一些細小的事情上，所以溝通起來，他們的言語會與他們自身的精神層次一樣的乏味。

言語的乏味僅僅是人格病態的一種症狀，甚至是人格停止成長的一種可怕表現。

這個問題既然不可逃避，那麼就讓我們做好準備預防乏味吧。現在我們來分析一下，究竟是什麼原因讓人或事如此乏味吧。

以下是令人乏味的幾種常見的狀況：一、說話漫無邊際，找不到中心

我讀過了馬克．吐溫的一篇關於如何漫無邊際的描述一件事的文章，卻沒有看到什麼重點，下面是這篇文章精彩的一段：「我跟你講過去參觀哈比印第安村的事吧？我們可能是週三上的路，不，又好像是週四，因為我和你說過週三去看醫生的。我的牙齒出了點問題，如果不看牙醫會發炎的。那個牙醫在給我看牙嘮嘮叨叨個沒完沒了。有一次和上司提起過他，一說起我的上司，我就來氣，他做事從來就不上心，做什麼都要依靠我的幫助，大小事都靠我。我對我妻子發了幾次牢騷，說我再也不想這樣了，而我的妻子說如果我要辭職，就回家去找她母親，這聽起來真是太孩子氣了。」

到最後，我們對哈比印第安村還是一無所知，可見說話沒有重點是多麼令人哭笑不得。二、內容局限，一味的談論孩子或寵物「你家中的孩子怎麼樣？」見面時，我們往往會不經意的問候，但是這往往會引起一大堆令人心煩的長篇大論。通常，這些長篇大論都沒有什麼實用價值，但只要一開口，便會一發不可收拾，讓滔滔不絕的話語將你埋蓋起來。通常人們總是這樣說：「這幾天我的寶貝孩子哈利——就是那個最小最頑皮的孩子，一直都不好好吃飯。他昨天把麥片打翻，一口都不想吃下去。我帶他去看兒科，醫生問我都用了什麼辦法來讓他吃飯。我說我想盡了所有辦法，但他還是把麥片打翻，弄得滿地都是。醫生建

議我給他的麥片加些香蕉，但是你知道哈利根本就不喜歡吃香蕉，當我把香蕉放入他的麥片時，他用小手揮著說我不要吃香蕉。呵呵，聽起來怪可愛的。說起可愛，我的小哈利既可愛又聰明，他是我們這個街區最聰明的孩子了……」

聽起來讓人頭都大了，這種沒完沒了的孩子話題，真是快要煩死人了。

更讓人受不了的是，通常這種人總能將各種話題轉移到她們所要說的話題上來，就算是隔著十萬八千里，她們總能很有興趣的將話題轉移到她們的孩子身上。

再進一步講，其實這些人都是些心靈尚未成熟的人，因為他們根本不懂得怎麼樣為別人著想。

還有一些情況，比如，當你盡情欣賞最新的電影大片時，坐在你身邊的朋友往往會不厭其煩的把他們剛看過的電影情節，一絲不漏的向你從頭講到尾，這會讓你氣得用水瓶打他的頭。

讓你生厭的話題有好多，不僅僅包括孩子、電影等。對丈夫們或某個好朋友的工作，重新整修家具，甚至有可能包括家裡的寵物狗。

我記得印象最深的一次是我在紐約的街頭遇到了一位老朋友，他居然用了將近四十分鐘的時間向我描述他家的那隻小金絲雀。三、過於低調的態度

通常這種人總是對世界充滿懷疑、悲觀的態度。他們對什麼都沒有興趣，覺得每個人都一無是處。倘若你要遇到這類人，和他有機會聊天的話，我敢保證，不出幾分鐘，你就會感覺分外壓抑，這種低調會讓你沉悶，甚至窒息。

我就認識這樣一個人，每次見她都會感到不快，她總會講一些自己的不幸，好像她天生就是在遭遇不幸一樣。

她一開始會這樣說：「我剛才逛街，想買件喜歡的衣服，但沒有一個店員主動過來幫助我，她們甚至忽視我的存在。我在那裡等了好幾分鐘，就是不見有人過來。她們不是沒看見我，可能覺得我不像是有錢

人吧，我真是生氣極了。而且我最近身體也不好，還有這倒楣的天氣，雨一直下個不停。我儘管這麼痛苦，但我的家人卻一點也不關心我，我有時覺得生活真是太無聊了……」

這只是舉一個小例子而已。他們所做的常常出乎你的意外，簡直是無窮無盡。

無論是喜歡談論自己孩子的母親，還是喜歡向別人訴苦的人，只要他們一開口，整個談話氣氛就被破壞了，他們總是把自己作為主角，而我們所做的唯有期盼這場長篇大論能儘早結束，得到心靈的解脫。

我們在長篇大論時，對方有時會出現不自然的微笑或是眼神。當我們滔滔不絕時，對方也許已經坐立不安，心神不定。此時，我們就要打住自己，或者立即轉移話題，讓對方有機會講話。

還有一個跡象就是，對方不斷的看手錶。如果你不立即轉移話題，那對方也許已經有些不耐煩了。公開演講時，人們最要注意這種所謂的「看錶徵候」。

講到這裡，你也許心存疑惑，這些究竟和我們更加成熟有什麼關係呢？我們完全可以這樣理解：言語的乏味能體現出講話人缺乏想像力和理智性，其次是對人的敏感性，這對一個人能否完善自身成熟有著很大的阻礙。

一個人如果想變得更加成熟，讓心智繼續成長，就要在與人談話時不讓人有無聊的感覺。這樣的談論才會變得更有意義，與一個成熟而具有朝氣的人談話，應該說是件很幸福又有意思的事情。

所以，盡可能的讓自己的說話變得有意義吧，我們一定要不斷努力掌握好說話技巧，否則終有一天會變成一個令人乏味的人。

學會勇敢的承擔責任

一個人邁向成熟的第一步就是正視自己，然後勇於承擔責任。我們在世上走一遭，就要為生命中的許多事情負起你應承擔的責任。

記得一次，我的小女兒漢娜剛學會走路，想把小椅子搬到廚房去找東西。我看到後很緊張的趕到了，但在我趕過去之前，小漢娜就已經從那把椅子上摔了下來。我趕快把她扶起來，問她有沒有摔痛。只見我的小女兒怒氣沖沖的向那把椅子狠狠踢了一腳，嘴裡面還不停的嘀咕著：「誰叫你害我摔下來，都怪你，摔得我好痛呀！」

其實，你如果常和兒童接觸，就會看到他們時常有類似的舉動。對於年幼的兒童來講，這種做法沒有什麼不對的。他們年幼的思想中認為責怪那些東西或者毫不相干的人，傷痛彷彿就可以減輕一樣，兒童有這種舉動也實屬正常的。

但是，如果你到了成年以後，還有這種行為發生，那就實在不應當了。

作為一個成熟的成年人，我們首先要做的就是應該有承擔責任的勇氣。在面對大大小小應該由我們承擔的責任面前，我們應盡力去承擔，而不要像小孩子拿椅子出氣那樣不負責任。

在現實生活中，有時成年人也會有推卸責任的事發生。其實想想原因很簡單，因為責怪別人比自己承擔責任要容易得多。我們當中的一些人總是在抱怨別人，責怪父母、同學、朋友、兒女、配偶甚至整個社會。也許，那些心智不成熟的人，永遠都有為自己開脫的理由，他們總是想著找各式各樣的理由去說服自己推卸責任，而不考慮怎樣去承認錯誤，面對困難，並最終去解決困難。

舉例來說，我認識一個女孩，她總是抱怨母親怎麼樣干涉她的生活。事情是這樣的，在女孩很小的時候，她的父親就離她們而去了，剩下母女倆相依為命，家庭生活的重擔就落在了她母親一個人身上，於是她的母親一方面要在外面辛苦的工作，一方面又要教育年幼的女兒。她母親是那種非常要強的人。經過自己的艱苦奮鬥，在事業上開拓了自己的一片天地，成了名副其實的女強人。在生活上，她非常細心的呵護著自己的女兒，為她遮擋所有的風雨，讓她受最好的教育，念最好的大學。但是女兒卻厭煩這種被照顧的方式，反而把她的母親看作是自己成長的最大障礙，心裡總是抱怨她母親。

這個女孩很悲觀的認為，自己的行動被母親的專制控制著，她總有一種時刻與母親比高低的感覺。她的母親很委屈的說：「我一點也不明白她究竟怎麼想的，我想盡一切辦法給她優越的生活，來疼愛她，我這樣辛苦的工作完全是想給她創造更好的機會，可為什麼卻讓她越來越有壓力呢？」

這種情況很常見，現在的父母想盡辦法讓子女過得更好，但是他們反過來要遭受兒女的指責與抱怨。這都體現出少年兒童的心智不成熟和心理的叛逆。她們把責任推給父母是很不應該的。

但是，有些情況卻不同。比如偉大的喬治．華盛頓，他的出身並不富裕，父母也只是普通人，但是他卻能憑著自身驚人的力量推動歷史，成為美國乃至全世有名的歷史人物。林肯也是一樣，在他的一次演說中，我們可以看到他勇於承擔責任的偉大氣概：「我對全美國人民、基督教、人類歷史及上帝——都負有責任。」

哈利．艾默生．福斯迪克在他那本《洞察一切》的書中說：「斯堪地那維亞半島人有一句俗話，我們都可以拿來鼓勵自己：北風造就維京人。我們覺得，有一個安全感極強又很舒服的生活，沒有任何困難，舒適而清閒，這些就能夠使人變得很快樂，正相反，那些可憐自己的人會繼續可憐他們自己，就算舒舒服服躺在一個大墊子上的時候也無法避免。但是在歷史上，一個人的性格和他的幸福，來自各種不同的環境，好的、壞的。只有他們自己才能肩負起他們個人的責任。所以我們再說一遍：北風造就維京人。」

我的訓練班中有一名女學員，一次在下課後，她來到我的辦公室找我。那時，我們正在講怎麼樣更好的記住姓名，她正是因此而苦惱：「先生，我實在是不能記住那麼多的名字，也別指望我能記住，這是我的一個大弱點。」

我疑惑的問她：「為什麼？別人都可以盡量做到呀！」

她很自然的回答說：「這是我家的遺傳，我們整個家庭的成員記憶力都很差，所以別指望我在這方面能夠有所突破，我做不來的。」「小姐，請原諒我的直言，我認為你的問題好像不在遺傳，也許是你自己的惰性在發作吧？你以為責怪你的遺傳因素比自己用心去記憶來得容易，所以你懶得去面對你的困難，不願意突破自己。我想你應該努力去記憶，也許我可以幫你。」

於是，我認真的幫她作了幾個簡單的記憶訓練，她聽從了我的勸告，積極與我配合，十分專心的和我一起改進，效果果然明顯。不過，要想讓她完全改變原來的習慣，還是需要一段時間的，但是至少我讓她在觀念上有了轉變。她運用我所教她的一些技巧，記憶力方面終於有所長進。

可見，一切習慣都不是天生的，都不是因為別的條件而形成的。所以，只要承認缺點，承擔起責任去努力的克服它，沒有什麼不可改變的。

當今，還有一種逃避責任的方法，就是去向心理醫生求助，然後花上很長時間，向心理醫生講出自己面臨的一切困難與問題，把自己的困難完全放在心理醫生的面前，然後從醫生口中尋求自己該怎樣做。儘管這種方式相當的昂貴，但還是有許多人樂此不疲。

當然，我並不反對心理治療這種方式。一位醫生在《乳兒精神病學》中有這樣的闡述：「目前日益增多的心理醫生把大家寵壞了。」他指出，喜歡求助於心理醫生的人，總是為自己的弱點找個心理學上的託辭，他們以此來尋找精神上的安慰，這樣他們就不用費力的去面對任何需要面對的責任。

很久以前，英國的都鐸王朝有一項習俗，就是每位有皇家貴族血統的小孩都會記著一位所謂「挨鞭子的男孩」。身為皇家貴族，需要遵守的規矩有很多，所以作為皇室的小孩，一旦有任何冒犯行為，都會受到懲罰。為了讓陛下遵守不冒犯皇室的規定，他們往往請一個「替罪羊」來承受皇室小孩的責罰。儘管是受罰，但很多人卻希望接受這份責罰，甚至有些人搶著去做，這不僅因為有薪水可得，而且還可以為他們日後能到皇家工作做個鋪墊。

儘管現在這種行業已經沒有了，但這種找「替罪羊」的行為還體現在一些心智不成熟的人身上。這些人總是把許多東西當做責怪的對象，就是自己不敢勇於承擔的責任。在這些被視為造成人們諸多困難的外在因素中，許多人還將責任歸罪於迷信的占星學或是命理學。比如有些人說：「我的生辰八字就決定了我一生命運坎坷」，或者「我的星座就決定了我這種軟弱的性格」等等。這些都可以成為人們對許多困難與不幸的最普遍的解釋。

但莎士比亞卻曾在《凱撒大帝》中有過這樣一段精彩的話語：「親愛的布魯斯諾，這樣的錯誤，並不應歸結於我們所屬的星座，而是我們長期養成的聽命的習慣。」

所以，對於那些希望自己的心靈不斷成熟的人，他們最應該做的事情是：要勇於對自己的行為負責，而不是找藉口推卸責任。

把你的煩惱放置一邊

生活當中，總是有很多煩惱在無形中困擾著我們，使我們鬱鬱寡歡，疲憊不堪，甚至心力交瘁。而這些對我們的成長自然不利，怎樣才能克服這討厭的心情呢？讓我來告訴你吧，那就是不要理會你的煩惱，如果可以，你應該試著心平氣和的對待它，解決它。

偉大的心理學家阿德勒說，人類最奇妙的特性之一就是「把負變為正的力量」。二十世紀，哈利．艾默生．福斯迪克把這句話又重說了一遍：「快樂大部分並不是享受，而是勝利。」這種勝利源於一種成就感，一種得意，也源於我們能把酸檸檬汁做成甜檸檬汁。尼采對超人的定義是：「不但要在必要情況下忍受一切，而且還要喜愛這種情況。」

那些事業有成的人之所以成功，有相當一部分人是因為他們開始的時候雖然有些煩惱和困難，有些甚至有阻礙他們發展的缺陷，但他們卻因此加倍努力，並因此收穫更多的報償。正如威廉．詹姆斯所說的：「我們的缺陷對我們有意外的幫助。」是啊，煩惱、困難、缺陷其實也算不了什麼，要的是你能以此為動力，化害為利。也許，很可能米爾頓就是因為失去了光明，才能寫出更好的詩篇來，而貝多芬是因為沒有了聽力，才能作出更好的曲子。海倫．凱勒之所以能有光輝的成就，可能也就因為她的瞎和聾的不幸所激勵。假如柴可夫斯基不是那麼的痛苦——而且他那個悲劇性的婚姻幾乎使他瀕臨自殺的邊緣，假如他自己的生活不是那麼悲慘，他也許永遠寫不出那首不朽的《悲愴交響曲》。如果杜斯妥也夫斯基和托爾斯泰的生活不是那樣的布滿折磨和荊棘，他們可能永遠寫不出那些不朽的小說。「如果我不是殘疾到這樣，我也許不會做到我所完成的這麼多工作。」達爾文坦白承認他的殘疾給了他意想不到的幫助。達爾文出生在英國的那一天，另外一個孩子在美國肯塔基州森林裡的一個小木屋裡，他的名字就是亞伯拉罕．林肯。如果他出生在一個貴族家庭，在哈佛大學法學院獲得學位，而婚姻生活又幸福美滿的話，他也許絕不可能在心底深處寫出那些在蓋茲堡發表的不朽演說，也不會有在他第二次政治演說中那句如詩般的名言——這是美國的統治者所說過的最高貴也最美的話：「不要對任何人懷有惡意，而要對每一個人懷有喜愛……」

假設我們因煩惱而極度灰心，覺得根本不可能把酸檸檬做成甜檸檬汁，那麼，下面是我們為什麼應該試一試的兩點理由——這兩點理由告訴我們，為什麼我們只會賺而沒有賠。第一個理由，我們可能成功。第二個理由，即使我們沒有成功，只有試著企圖化負為正，才能使我們向前看而不會向後看。所以，用肯定的思想來替代否定的思想，能激發你的創造力，能激勵我們抽不出任何時間和興趣去憂慮那些已經過去和已經完成的事情。如果我們能夠做到，我們會把威廉．波里索的這句話刻在銅板上，掛在每一所學校裡：

「生命中最重要的一件事，就是不要把你的收入拿來算作資本，只有傻子才會這樣做。但真正重要的事是要從你的損失裡獲利，這就需要才智，而這一點也正是一個聰明人和一個傻子之間的區別。」

我的另外一個朋友——露絲麗．布萊克，在學會怎樣滿足於自己所擁有的而不為她所缺少的而憂慮之前，幾乎瀕臨悲劇的邊緣。下面是布萊克的經歷：「我的生活一直非常忙亂，在亞利桑那大學學風琴，在城裡開了一間語言學校，還在我所住的沙漠柳牧場上教授音樂欣賞的課程。我參加了許多宴會、舞會，還在星光下騎馬。有一天早上，我再也支撐不住了，我的心臟病發作。『你得躺在床上完全靜養一年。』醫生對我說。他居然沒有給我信心，沒有讓我相信自己還能夠完全康復。「在床上躺一年，做一個廢人，也許還會死掉，我直接嚇傻了。我做錯了什麼？為什麼我會碰到這樣的事情呢？我又哭又叫，心裡全是怨恨和反抗，還有絕望。但是我還是聽從醫生的話躺在床上，我的一個鄰居魯道夫先生是個藝術家，他對我說：『你現在要覺得在床上躺一年是一大悲劇，但事實上不會的。你可以有時間思考，能夠真正的認識你自己。在以後的幾個月裡，你在思想上的成長，會比你這大半輩子以來多得多。』我平靜了下來，開始給自己充實新的價值觀念。「我看了很多能啟發人思考的書。有一天，我聽到一個電台新聞評論員說：『你只能談你知道的事情。』這一類話以前我不知道聽過多少次，但是現在才真正深入到我的心裡。我決心只想那些我所維繫生活的——快樂而健康的思想。每天早上一起來，我就強迫自己想一些我應該感激的事情：我沒有痛苦，有一個很可愛的女兒，我的眼睛沒有失去視力，耳朵沒有失去聽力，收音機裡播放著優美的音樂，有時間看書，吃得很好，有很好的朋友，而且來看我的人很多，我非常高興。從那時候開始到現在已經有九年了，現在我過著很生動又豐富的生活。我非常感激躺在床上度過的那一年，那是我在亞利桑那州所度過的最有價值、也最快樂的一年。我現在還保持著當年養成的那種——習慣每天早上算算自己有多少得意事，這是我最珍貴的財產。我覺得很慚愧，因為一直到我擔心自己會死去之前，才真正學會怎樣生活。」

羅根．皮爾薩爾．史密斯用很簡單的幾句話，說出了一番大道理。他說：「生活中應該有兩個目標。第一，要得到你想要得到的；然後，在得到之後要能夠享受它。只有最聰明的人才能做到第二步。」你想不想知道如何才把在廚房水槽洗碗也當做一次難得的經驗呢？如果你想那樣做的話，就去看一本談論令人難以置信又很富啟發性的書。作者是波紀兒．戴爾，書名叫做《我希望能看見》。這本書的作者是一個幾乎五十年沒完全見過光明的女人，「我只有一隻眼睛」，她寫道，「並且眼睛上還滿是疤痕，只能透過眼睛左邊的一個小洞去看東西。看書的時候必須把書本使勁貼著臉部，而且不得不把我那一隻眼睛盡量往左邊斜過去。」但是她拒絕接受別人的憐憫，不願意別人把她看作「非正常人」。小時候，她想和其他的小孩子一起玩跳房子，但是她看不見地上所畫的線，所以在其他的孩子都回家以後，她就趴在地上，把眼睛貼在線上瞄來瞄去。她把她朋友所玩的那塊地方的每一點都牢記在心，所以很快就成為玩遊戲的好手了。

她在家裡看書，把印著大字的書靠近她的臉，近到眼睫毛和書本相互靠在了一起。她得到兩個學位：先在明尼蘇達州立大學得到學士學位，又在哥倫比亞大學得到碩士學位。她開始教書的時候，是在明尼蘇達州橡谷的一個小村裡，然後逐步爬升到南達科塔州奧古斯塔那學院的新聞學和文學教授。她在那裡教了十三年，還在很多婦女俱樂部發表演說，在電台主持談書本和作者的節目。「在我的腦海深處」，她寫道，「總是害怕自己的眼睛會完全看不見了，為了克服這種擔憂，我對生活採取了一種很快活又近乎戲謔的態度。」

在一九四三年，也就是她五十二歲的時候，發生了一個奇蹟。她在著名的梅約診所施行一次手術，使她的視力比以前提高了四十倍。一個全新的、令人興奮的、可愛的世界展現在她的眼前。她現在感覺，就算是在廚房水槽前洗碟子，也讓她覺得非常開心。「我開始玩著洗碗盆裡的肥皂泡沫，」她寫道，「我把手伸進去，抓起一大把肥皂泡沫，我把它們迎著光舉起來。在每一個肥皂泡沫裡，我都能看見一道小小彩虹閃出來的明亮色彩。」

你和我應該感到慚愧，這麼多年來，我們每天生活在一個美麗的童話王國裡，而我們卻在浪費著光，看不見生活的美麗，吃得太飽，卻不會享受。

要想快樂，請記住這項規則：「算算你的得意事——而不要理會你的煩惱。」那你就超越了自我，甚至超越了生命。

第六章　擁有幸福快樂的家庭生活

不要在家人面前嘮嘮叨叨

拿破崙三世是前法國皇帝拿破崙的侄子，與當時美麗至極的歐珍妮．德．蒙提荷女伯爵相愛成婚。他的謀士認為，她是一位社會地位一般的西班牙伯爵的女兒。但拿破崙辯解答說：「那又怎麼樣？」她的優雅，她的青春，她的性感，她的美貌，使他有關仙女似的美麗。「我已經喜歡了一位我所敬愛的女人，」他說道，「她不是一位我不了解的女人。」

拿破崙和他的新婚妻子擁有健康、財富、勢力、名譽、美貌、愛情與信仰——一切幸福的條件，但是，他們婚姻的聖火從未發出過更加光亮的火花。而且沒過多久，那愛情的聖火就熄滅了，直至化為灰燼。拿破崙完全可以使歐珍妮成為皇后，他可以獻出美麗的法國的所有財富，或獻出他愛情的全部力量，甚至他皇位的勢力，但他無法做到一點：無法使她停止喋喋不休。

出於嫉妒和多疑，歐珍妮非常輕慢他，甚至不許他有祕密的行動。正當他從事國政的時候，她闖入他的辦公室，阻撓他最重要的討論。她拒絕他獨處，永遠怕他與別的女人交往。她常常到她姐姐家抱怨她的丈夫。抱怨、哭泣、喋喋不休，甚至恫嚇，並強行進入他的書房，向他謾罵、喋喋不休。拿破崙，這個法國的皇帝，縱然有無數富麗堂皇的宮殿，甚至不能找到一個小櫥，以讓自己在那裡靜一下自己的心。歐珍妮這樣做會有什麼樣的後果？我們透過萊因哈德費盡心思著作的《拿破崙與歐珍妮：一個帝國悲喜劇》中的描述就可以看出：「之後拿破崙常在深夜，從一側門偷偷的溜出去，戴一軟帽，將眼遮起，由一親信隨從，真的直奔等待他的美女那裡去，或像以前一般的遨遊於這大城中，見些見不到的東西，吸些可能吸的空氣。」

而這一切都是歐珍妮的喋喋不休所造成的。她坐在法國的皇后位上又是世界上最美麗的婦人；但在喋喋不休的氣氛之中，皇位與美貌都不能保持愛情的存在。這是她自作自受，可憐的婦人，她的嫉妒及嘮叨

不要在家人面前嘮嘮叨叨

帶來了厄運。

在所有一切烈火中，地獄魔鬼所發明的萬惡的毀滅愛情的計畫喋喋不休是最致命的。它像毒蛇的毒汁一樣，永遠侵蝕著人們的愛情。

托爾斯泰伯爵夫人也發現了這一點——只可惜她知道得太遲了。在她去世以前，她對她的女兒們承認：「你們父親的去世，是因為我的緣故。」她的女兒們都痛哭了起來。她們知道母親說出了內心話，知道她用不斷的抱怨、永久的批評、不休的嘮叨將父親害死了。

但托爾斯泰伯爵及其夫人理應享受幸福快樂的生活。托爾斯泰名著《戰爭與和平》和《安娜．卡列尼娜》在世界文學史上永遠閃爍著光芒。他德高望重，崇拜者甚至終日跟隨他，將他所說的每句話都速記下來。甚至連「我想睡覺」這樣的話也一字不漏的記下。除名譽外，托爾斯泰與他的夫人還有財產，有地位，有孩子，沒有別的婚姻比這更美滿了。起初，他們飽嘗生活的幸福與甜蜜，以致他們一同跪下，祈禱萬能的上帝繼續賜予他們所有的快樂。

後來，一件出其不意的事情發生了，托爾斯泰漸漸的變成了一個完全不同的人。他對他所著的偉大著作覺得羞辱、自卑。從那時起，他專心著作小冊子，宣傳和平；反對戰爭與消滅貧窮。這位曾承認在年輕時犯過各種不可想像的罪惡——甚至謀殺——的人，要真實遵從耶穌的教訓。他將自己的所有資產給了別人，過著貧苦的生活。自己種田、砍木、堆草、自己做鞋，自己掃屋，用木碗吃飯，並盡力與敵為友。

托爾斯泰的人生是一大悲劇，而悲劇的原因，是他的婚姻。他的妻子喜歡奢侈，但他追求簡樸；她渴求名譽與社會稱讚，但這對他正好相反；她企求金錢與財產，但他視財富及財產是一種罪惡。之後很長的時間裡，她常常責怪叫罵，因為托爾斯泰堅持要放棄他的書籍出版權，不收任何版稅；而她要那些書能產生金錢。遭到反對時，她就發狂的躺在地上打滾，並拿一瓶鴉片放在嘴邊，叫喊自殺，還恫嚇要跳井。

在他們的人生中，有一件事是歷史上最悲慘的一幕。在他們最初結婚的日子裡，他們非常快樂；但四十八年以後，他不能忍受與她見面。有時晚上這位年邁傷心的妻子，基於求情，跪在他的膝前，求他朗讀幾十年前他在日記中所寫的關於她豔美的愛情篇章。當讀到那些他們已永遠失去的美麗快樂的時光時，他倆都痛哭了。生活的現實與他們好久以前一併所做的愛情之夢是何等相異。

最後，八十二歲的托爾斯泰再也不能忍受他家庭對他的折磨，他在一九一〇年十月的一個雪夜中，從他妻子那裡逃了出去——在寒冷黑暗中漫無目標的走著。十一天後，他患肺病死在一個車站上，他臨死的請求卻是不想見妻子一面。

這大概是托爾斯泰夫人因嘮叨抱怨所付出的因果報應。

也許我們會想；或許她確實有許多可以嘀咕。我們可以這樣去想，也可以承認這一點，但問題是，嘮叨對她有沒有幫助？「我想我真是神經失常。」那是托爾斯泰伯爵夫人後來對自己的評價。湯姆森在紐約家事法庭任職了十一年，曾查閱過數千宗離婚案件，他說男人離家的一個非常重要的原因就是因為他們的妻子們喋喋不休。或像《波士頓郵報》所說的：「許多做妻子的，不斷的一點一點的挖掘，造就她們自己婚姻的墳墓。」

所以，要保持你的家庭生活快樂的首要原則是：

不要在家人面前喋喋不休！

別試圖改變對方

英國偉大的政治家迪斯雷利說過：「我一生可能會犯很多錯誤，但我卻永遠在打算為愛情而結婚。」他在三十五歲以前一直都過著單身。後來，他向一位有錢的、頭髮蒼白，年齡比他大十五歲的寡婦——瑪莉求婚。也許我們都會問，他們之間存在愛情嗎？她明白他不愛她，也明白他為她的金錢而娶她！所以她只要求一件事：請他等一年，給她一個研究他品格的機會。一年快到了，她還是與他結了婚。

這故事聽起來有些好笑，也充滿矛盾，迪斯雷利的婚姻，是在所有破壞了的、玷汙了的婚姻史中一個最充溢生氣的婚姻。他所選擇的有錢寡婦既不年輕，也不漂亮，更談不上聰敏。說話時常發生文字或歷史的錯誤，總是令人發笑。例如，她「永遠不知道希臘人和羅馬人哪一個在先」。她對服裝的品味古怪，她對房屋裝飾的品味奇異，但她是一個天才，一個確實的天才，在婚姻中最重要的事情──對待男人的藝術上。

她沒有利用智力與迪斯雷利對抗。當他與機智的公爵夫人們勾心鬥角的談了整整一個下午，精疲力竭的回家時，瑪莉的輕鬆閒談使他日增愉快，讓他獲得心神安寧，並沐浴於瑪莉的敬愛的溫存中。這些與他的年長夫人在家所過的時間，是他一生最快樂的時間，她是他的伴侶，他的親信，他的顧問。每天晚上他由眾議院匆匆趕回家，告訴她白天所發生的趣聞。而──最為重要的──無論他從事什麼，瑪莉都堅信他不會失敗的。

三十年來，迪斯雷利成為瑪莉的生活中心，她尊重自己的財產，因為那能使他的生活更加安逸。反過來她又是他的女英雄，在她死後他才成為伯爵；但在他還是一個平民時，他就勸說維多利亞女王提升瑪莉為貴族。所以，在一八六八年，她被封為畢根菲爾特女爵。

無論她在公眾場所顯示出什麼樣的意識，抑或沒有思想，他也永不批評她，他從未說出一句責備的話；而且，如果有人敢譏笑她，他即刻起來激烈忠誠的衛護她。瑪莉不是完美的，但三十年來，她從未厭倦談論自己的丈夫，始終稱讚他。結果呢？「我們已經結婚三十年了，」迪斯雷利說，「她從來沒有讓我有一絲的厭倦。」「謝謝他的恩愛，」瑪莉習以為常的告訴他們的朋友們，「我的一生簡直是一幕很長的快樂。」

在他倆之間有一句笑話。「你知道的，」迪斯雷利會說，「無論怎樣，我都是因為你的錢才和你結婚。」瑪莉笑著回答說：「是的，但如果讓你重新選擇一次，你就會為愛情而與我結婚了，是不是？」而他承認那是對的。

正如詹姆斯所說的：「與人交往，第一件應學的事情就是不要干涉他們自己快樂的特殊方法，如果那些方法與我們沒有激烈衝突的話。」所以，如果你要你的家庭生活快樂，第二項原則是：

不要試圖改造你的配偶。

千萬不要批評你的伴侶

迪斯雷利在公眾生活中最激烈的對手是格萊斯頓，這兩人在大英帝國的每次辯論中都是敵對方，但他們有一件共同的事，就是他們的私人生活都無上快樂。

格萊斯頓的家庭也是幸福的，他們夫婦共同生活了五十九年，這一點上我們可以肯定。我喜歡想到的人就是格萊斯頓這位英國最尊貴的首相，想到他握著他妻子的手，圍著爐前的地毯跳舞，唱著他們心中的歌。格萊斯頓在公眾面前是顯得非常可畏，而在家中從不批評家人。當他早晨下樓用餐時，看見家人還沒起床，就用一種溫柔的方式表示責備。他提高嗓門使屋中充滿了神祕的聲音，提醒別人，英國最忙的人獨自在樓下等候他的早餐。他既體貼人，又有外交手段，竭力避免家庭中的批評。

凱薩琳大帝也常這樣做。凱薩琳曾是世界上一個最大的帝國的統治者，她對於數百萬的國民操有生殺之權。在政治上，她常是一個殘忍的暴君，發動毫無正義的戰爭，將她的數十個仇人判了死刑，並用射擊隊殺戮。但如果廚役將肉烤焦，她則閉口不語，微笑著吃下去。

迪克斯是研究婚姻不幸問題的專家，他認為，在所有婚姻中，有五〇%以上是失敗的；他知道使許多羅曼美夢撞擊離婚礁石的一個原因，就是因為批評——無用的、令人心碎的批評。

千萬不要批評你的伴侶

所以，如果你要讓家庭生活保持快樂，請記住第三項原則：

不要批評你的伴侶。

學會欣賞和讚美對方「很多男子尋求自己的伴侶時，」洛杉磯家庭關係研究所主任鮑本諾說，「他們不是在尋找高階主管，而是尋找一個對自己具有誘惑並甘心奉承他們的虛榮心，讓他們感到優越的人。」如果一位辦公室女主任應邀吃一次午餐，但她總是將大學時代的那些哲學思潮作為談話的內容，甚至堅持自付餐費，那最後的結果只能是，自此以後無人邀她共吃午餐了。「反過來說，若是一個未進過大學的打字員，應邀吃午餐的時候，她能溫情的注視著她的男伴，仰慕的說『再跟我多講些有關你的事』，最後的結果可能是，他會告訴別人：『她不是十分美麗，但她是我所見過的善解人意的人。』」

男性對於女性追求美觀及裝束得體的努力應表示欣賞。所有的男人都忘了，如果他們曾進行過觀察的話，將知道女性是多麼注重自己的衣著。例如，如果一男子和一女子在街上遇見另一男子和一女子時，這女子很少看那男子，她會不時的留意看另一女子穿的衣服怎麼樣。

數年前，我的祖母在九十八歲時去世。她去世前不久，我們給她看一張她自己在三十多年前所攝的照片。她的老花眼已看不清楚相片內容，但她問的唯一問題是：「那時我穿著什麼衣服？」試想一想！一位走在她生命最後路程的老太太，雖然年齡已高，臥床不起，記憶力衰弱得幾乎認不出自己的女兒了，還注重自己三十多年前穿的什麼衣服！她這樣問時，我正在她床邊，這事在我腦中留下了一個永不磨滅的印象。

對很多男人來講，他們也許早忘記了自己五年前穿的什麼衣服，什麼襯衫，他們也絲毫沒有心思去記住它們，但女人則不同。法國上等社會的男子都要接受訓練，對女人的衣帽表示讚賞，而且一晚不只一次。千千萬萬的法國人不會出錯的！

莫斯科與聖彼得堡的那些養尊處優的貴族曾有很好的禮貌。上層階級的人有一風俗，當他們享受完豐美的佳餚時，絕對會把廚師召入餐廳，接受他們的恭賀。

為什麼不同樣體恤一下你的妻子？下次她燒雞燒得很嫩，你就這樣告訴她，使她知道你欣賞她的手藝——你不是光吃草。或像格恩常說的：「好好的捧一捧這位小婦人。」因為她們都喜歡這樣。

當你正要作出這樣的表示時，不要怕她知道，她對你的快樂是如何的重要。迪斯雷利這位英國偉大的政治家，正如我們所知，他就不羞於讓世界都知道他對他的「小婦人沾光多少」。有一天，當我瀏覽一冊雜誌時，看見這麼一段話，那是從一篇訪問中得來的：「我沾我夫人的光多於世上任何其他人。我在兒童時，她是我最好的朋友，她幫助我勇往直前。在我們結婚以後，她節省每一鎊錢，然後進行再投資，她為我儲存了一個家當。我們有五個可愛的孩子。她一直為我建造一個美麗的家庭，如果我有成就應歸功於她。」

在好萊塢，婚姻似乎是一件冒險的事，甚至倫敦勞埃德保險社也不願打賭，巴克斯德就是少數快樂婚姻中的一個。巴克斯德夫人以前叫勃萊遜，她放棄燦爛的舞台事業而結婚了，但她事業上的犧牲並沒有讓他們失去快樂。「她失掉了來自舞台上成功的鼓掌喝彩，」巴克斯德說，「但我已盡力使她完全感覺到了我的鼓掌稱讚。如果一個女子完全要在她丈夫那裡求得快樂，那她必須在丈夫的欣賞與真誠中得到。如果那欣賞與真誠是實際的，那他的快樂也就得到了答案。」

現在你很清楚了，如果你要保持家庭生活快樂和幸福和諧，第四項重要的原則是：

給予對方真誠的欣賞。

注重那些看似不起眼的事情

自古以來，鮮花被看作是愛情的表達，它們不費你許多錢——特別是在鮮花盛開的季節。但想想，很

注重那些看似不起眼的事情

少有丈夫帶一束水仙花回家，你或許以為它們都是貴如蘭花，稀如鼠菊，盛開於阿爾卑斯山雲霄的絕壁之上。為什麼等到你夫人進了醫院才送她幾朵花？為什麼不明晚就給她帶回幾朵玫瑰花？你不妨試一試，看看結果怎麼樣。

百老匯的忙人高恩總是習慣性的給他母親每天打兩次電話，直到她去世。你以為他每次都有一些新奇的新聞講給她聽嗎？不，其實沒有。這種小小關注只是給人傳遞一種訊息：你想念她，你要使她歡喜；她的快樂及幸福，對你而言非常寶貴並且關係非常密切。

女人對生日及紀念日都很重視——究竟為什麼？這永遠是一種女性的神祕。很多男人可以糊塗一生，不記得許多日期，但有幾個不可忘記：妻子的生日、結婚的年份及日子。如果有些記不起來，切不可忘掉最後一個！

其實，在很多婚姻破裂的事件中，並非所有的家庭都是因為一些重大的事件而難以持續，相反，大多數的起因是緣於一些瑣碎的事情。芝加哥一位法官塞巴斯曾接觸過四萬宗婚姻案子，並調解過兩千對夫婦，他說：「細瑣的事情是多數婚姻不幸的根源。一件簡單的事，如在早晨丈夫去工作的時候，妻子向丈夫揮手說再會，就能避免離婚的發生。」

白朗寧與夫人的生活恐怕是記載中最可歌可嘆的了，他從未忙得忘了對夫人用小小的恭維及注意來保持愛情的活力。他對生病的妻子極為體貼，她有一次給她的妹妹寫信說：「現在我自然而然的開始好奇，究竟我是不是成為一個現實生活中的天使了。」

許多的男人輕視這些細小的、天天要注意的小事的價值。如麥道克斯在一篇文章中說：「美國的家庭真需要些新的習慣。例如，在床上吃早餐是一種溫和的放蕩行為，許多女人想恣意的在床上吃早餐，正像私人俱樂部對男人的誘惑一樣。」

終究，婚姻就是一串瑣事。忽視這一事實，就會給家庭生活帶來災難。在倫諾，法庭每星期有六天要審理批准離婚的案件，幾乎每十分鐘一宗。你以為那些婚姻有多少是被真正悲劇的礁石所擊破的？極少，我可擔保。如果你能終日坐在那裡聽那些不快樂的夫妻們的陳述，就知道愛情是「毀於小小的事」。

現在，用你的剪刀剪下下面這段話，貼在你的帽子裡或鏡子上，以使你每天早晨刮鬍修面時都可以看見：

我從這裡只經過一次，所以，我所能做的任何好事，或我能對任何人表示的所有仁慈，讓我現在就開始吧。讓我不要拖延，不要忽略，因為我將不會再從這裡經過了。

所以，如果你要保持家庭生活的快樂，第五項原則是：

注重那些看似不起眼的事情。

家庭之中也應有禮有讓

丹姆羅希與勃雷的女兒結婚了，勃雷是美國一位有名的演說家，曾一度成為總統候選人。多年前，他們在蘇格蘭卡內基的家裡認識，結婚後丹姆羅希夫婦就一直過著令人羨慕的快樂生活。那麼他們幸福快樂的祕訣是什麼？「除了慎重選擇自己的伴侶外，」丹姆羅希夫人說，「我以為結婚後的禮貌是最重要的。年輕的妻子們對自己的丈夫應該像對剛見面的人一樣有禮！無論哪一個男人都不願接近一個潑婦的口舌。」

無禮，是蠶蝕愛情的禍水。也許我們每個人都知道這一點，而且我們又都會意識到這一點，我們對陌生人比對自家人或親屬要更加客氣有禮。我們絕對不會想到要阻止陌生人說：「哎喲，你又要講那舊故事了嗎？」我們絕不會未經許可而拆朋友的信，或窺探他人的私密。而只有家中的人，我們最親近的人，我們才會毫無顧忌的因為他們的小錯而侮辱他們。

讓我們看看迪克斯所說的一句話：「那是一件驚人的事，但唯一真實的對我們說出刻薄、侮辱、傷感情的話的人，都是我們自家的人。」

在荷蘭，當你進入屋子以前，一定將鞋脫在門口。在這裡我們可從荷蘭人身上學習到一個啟示——將我們每天工作中的煩悶在回家以前清除掉，不要帶回家。

詹姆斯有一次曾寫過一篇文章——《人類的某種盲目》。「本文所要討論的人類的盲目，」他如此寫道，「是我們人人都患有的關於與我們不同的動物及人的感情的盲目。」「人人都患有的盲目」，例如許多男性並不會想著對顧客，或對他們工作中的夥伴說出鋒利難聽之言，卻會對他們的妻子不假思索的狂吼。而從他們的個人快樂角度來看，婚姻比他們的工作更加重要，關係更加密切才是。

婚姻幸福的普通人，比幽居的天才快樂很多。俄國著名小說家屠格涅夫受到世界各國的敬仰。但他說：「如果在什麼地方有個女人關心讓我回家吃飯，我情願放棄我所有的天才及所有的書籍。」

婚姻幸福的機會究竟怎麼樣？我們已經說過，迪克斯認為一半以上是失敗的，但鮑本諾博士卻是另一種觀點。他說：

一個男人在婚姻上成功的機會，比在其他任何事業上都多。所有進入雜貨業的男人，七〇%失敗，進入婚姻的男女，七〇%成功。

與婚姻相比，出生只是一生的一幕，死亡就是一件微薄的意外……女人永遠不能明白，男人為什麼不用同樣的努力，使他的家庭成為一個發達的公司，如同他使他的經營或職業成功一樣——雖然有一個妻子，一個和平快樂的家庭，對一個男人比一百萬元更有意義——女人永遠不明白，她的丈夫為什麼不用一點外交手段來對待她。為什麼不多用一點溫柔手段，而不是高壓手段，這是對他有益的。

只要是男人都知道，他可先讓妻子快樂然後使她做任何事，並且不須任何報酬。他知道如果他給她幾句簡單的恭維，說她如何會管家，又怎麼樣幫他的忙，她就會節省每一分錢了。每個男人都知道，如果他告訴他的妻子，她穿著去年的衣服也非常美麗、可愛，她就不會再買更時髦、更昂貴的巴黎進口新品了。每個男人都知道，他可把妻子的眼睛吻得閉起來，直到她像蝙蝠一樣什麼都看不到；他只要在她唇上熱烈的一吻，就可使她啞如牡蠣。

而且每個妻子都知道，她的丈夫都知道自己在他那兒的需求是什麼，因為她已經完全對他表白過，她又永遠不知道是應對他發怒，還是討厭他，因為他情願與她爭吵，情願浪費他的錢為她買新衣、汽車、珠寶，而不願為一點小事去恭維，按她所迫切要求的來對待她。

所以，如果你要保持家庭生活的幸福快樂，第六項原則是：

對你的妻子（丈夫）要有禮貌。

學會與你的伴侶相處

婚姻是人們一生的財富，伴侶和孩子比任何珍寶和金錢都重要。英國著名的哲學家和思想家法蘭西斯·培根曾寫道：「妻子和兒女是隨時可以喪失的財富。」單身漢的時候，我們可以不用承擔責任，一個人享受和承擔一切。當我變成已婚的人後，就要面對另外一個人，一個家庭生活和無數瑣碎細微的事情。這個時候，我們要學會與你的妻子或者丈夫如何相處了。結了婚的男子至少具有傑西·詹姆斯的勇氣和賭徒般的豪情。他把自己的生命、未來及所有財富作為賭注，以贏取一名女子的歡心，並願意使她幸福快樂。

因此，我們要向做丈夫的歡呼致意，並希望每個家庭都不能少了他。我們不能對一家之主的男人持過於批評的態度，既然他已有結婚的勇氣，相信也一定會願意接受某些提示，讓自己的婚姻更加幸福。

康乃爾大學文理學院院長雷納·克瑞爾曾提到有關美滿婚姻的構想。他說道：「現在的婚姻是否美滿，要看雙方的心理是否成熟。也就是說，他們是否了解自己、了解自己與對方的關係，並且雙方都願意分擔責任，以增加對方的快樂與福利。」克瑞爾院長又進一步提到家庭關係的維持，是「憑藉內在價值的滿足，如感情、友誼、價值觀等，而且不能用強求的方式取得。」

這些內在價值雖不能強求，卻可以培養、助長或加強。以下有七點建議，我們不妨稱之為「妻子的真相」，或說是如何在結婚之後與妻子融洽相處的技巧。

一、感謝她、讚美她

如果你有時候必須節衣縮食，減少開支，千萬別短缺了太太的部分，如此，她會心甘情願為你奉獻。在你失去工作、頭髮或腰圍的時候，她會很樂意與你同甘苦、共患難，甚至不會怨天尤人的天天穿著那件僅有的舊外套——只要你不忘記時時稱讚她、感謝她。有許多聰明的男士就是體會不到這一點對女性的重要，真是令人費解。他們總以為，光是娶她為妻這個理由，就足以說明自己是熱愛她，足夠讓她受用一輩子了。但是，太太們卻偏不如此。她們是有點痴狂，喜歡有人不時對她們的行為給予讚賞。通常，男士們比較容易知道自己的定位。如果他們工作表現不好，上司很快就會提拔他們；如果他們做成了一筆大生意，也很快會得到晉升、加薪或在同事中得到表揚。

但女士們便不同了。她們待在家裡整日忙碌，卻一點也不知道自己的成績怎麼樣，除非她生命中的另一半告訴她、肯定她。因此，丈夫的感謝和讚美是她得到的唯一獎勵。注意你周遭那些快樂的丈夫——他們的家庭和諧、有情愛、有樂趣、食物可口——這都是因為有個能幹而且賢慧的太太；這些幸運的男士也會意識到，要想贏得女人的心，並讓其願意永遠不辭辛勞的取悅自己，最好、最有用、最奏效的方法，便是時時真誠的感謝她、讚美她。

我有一位好朋友羅伯．普洛先生，他是紐約的一位專欄作家，他還出過書。因為他娶了一位美麗聰慧的太太，他成為許多人欣羨的目標。珍妮可說是許多男人心目中的賢妻，但珍妮卻認為羅伯才是世界上最好的丈夫。羅伯知道如何給予珍妮這種感覺。每當他有什麼新書要出版，總是在首頁上寫上「獻給珍妮——我的妻子、我生命的全部」諸如此類感人的言辭。這些題字的作用比起支票上的數字要大得多，這表示她平日的工作是怎麼樣成功、怎麼樣受到讚賞。

二、要慷慨、關心

在許多男士眼中：所謂慷慨，指的就是大方的付清所有帳單，償清信用卡欠款，不發一句牢騷，甚至給她額外的零用錢等等。這裡，我要告訴男士們一個好消息：許多女人所需要的慷慨，其實是不花一分錢的。諸如，你可以說些「啊，當然，你可以請媽媽過來住一段時間，我們一定好好招待」這一類關心體貼的話。如果你能在別人面前注重滿足她的需要，時時表示你對她的關心，這才是真正受到感謝的慷慨。

你有沒有在飯店裡玩過這樣的遊戲呢？就是猜一下飯店裡的伴侶，有哪些是已婚夫婦？你可以看到有些伴侶不言不語——男的專心一意享受眼前的牛排，女的則無聊的玩弄面前的食物——好像這一對的結合是抽獎配對促成的。另外有些伴侶的氣氛截然相反——男的百般殷勤，對女方照料得盡心盡意，好像她是易碎的玻璃做成的。你對他們的感覺是：要麼是熱戀中的男女，要麼女方是來頭不小的人物。

記得有次我參加一個招待會，男主人是個相當有名的傑出人物，對每個人都極為殷勤有禮——唯獨自己的太太除外。無論是他的眼神或舉止，似乎都沒有去關注一下太太的存在。他的太太在陌生人群當中顯得很不自然，而她親愛的丈夫則如魚得水，在人群表現得意氣風發，十分得意。其實，在這種公共場合當中，分一點關注給自己的太太，並不會影響他的公共關係，反而美化他的形象，更可加強他與太太之間的關係。後來，聽說他們的婚姻果然惡化，瀕於離婚的邊緣，這聽起來也是在大家的意料之中。關懷、慈善和一切好的行為，都是由家庭開始做起的。

三、不要過分的不修邊幅

一般人都認為，注重儀表或保持吸引力是女人的事情。因此，我們常常被警告不得帶著髮捲或臉上塗滿冷霜上床。我們也常常被告誡身上不能有體臭，或上床之前必須洗腳等等，並且要注意體形過胖或邋遢。有許多婦女想方設法要保持年輕苗條，主要的原因大都是害怕自己的青春氣息不再永駐，丈夫也會離她而去。

但是，男士們又怎麼樣呢？他們每天早上八點鐘出門，直到晚上才回家吃飯。也許，他們上班時西裝筆挺，但在家裡的德性卻像尚未整理過的床鋪一樣，一團糟。週末是難得的輕鬆時刻，他們就身著舊T恤，蹺著二郎腿，目中無人的只顧著看報紙。或者，他們會穿著破拖鞋到處走來走去，不拘小節，不洗臉，不刮鬍子，並且還自我感覺非常瀟灑，太太能跟他結婚真是運氣。

這種邋遢的男子大概從沒想到，太太們也是希望自己的另一半清爽整齊。當然，無論你是穿著粗布工作衣，或體面的晚禮服，太太都一樣愛你。但是，她最希望的是你能洗臉刮鬍子，有一個乾淨整潔的外表。一個真正的男子當然不僅靠外貌，但外表卻是他人見到你時對你的第一印象，下面是些簡要的注意事項，可以讓你更能得到女性的好感，包括太太在內。

(一) 時時修剪頭髮，讓你顯得整齊清爽。

(二) 在白天的時候，一定要刮鬍子。除非你打算長時間和其他的男性到森林打獵或釣魚。

(三) 永遠保持看起來、聞起來的的確確是乾淨清潔。別以為香皂只是專給女性用的。

(四) 長褲的褶痕要鮮明筆挺。男士們開始頹靡的第一個徵兆，便是長褲的褶痕消失不見。

(五) 皮鞋要擦亮，襪子要拉平整，並時時保持愉快的面容。

四、知曉她的工作

現今，許多婦女都已有獨立自主的觀念，因此，許多人在婚前或結婚之後，都有工作的經驗，也或多或少的知道工作要求和環境壓力。

但另有許多婦女在結婚之後，因種種緣故而成為家庭主婦，這時，男士們就應該要去了解伴侶的工作環境。家庭主婦的工作環境範圍較狹窄，最常去的地方大概就是市場或乾洗店，但她的工作分量和忙碌的情形，並不比在外工作的丈夫遜色。此外，她的工作相當繁雜，包括照顧家人、修理家庭用品、清潔居家環境等等。

丈夫們也應該要知道這些家務事的內容。每日的家務通常十分枯燥，並且一再重複。如煮飯、洗衣、清掃、購物等等。此外，還要照顧小孩子、負責接送及看顧病人、娛樂家人……家庭主婦的工作負荷一點也不輕鬆，而唯一的代價和酬勞，便是家人的肯定和讚賞。

家庭主婦也不能斷絕與外界的接觸，以免因單調的工作而變得乏味或不思進取；她也應該有機會了解丈夫的工作環境和性質，以便兩人的生活不至於脫節。但這要靠丈夫的支持，因為他們平常的工作較具挑戰性，需要安靜、從容的休閒生活，因此下班後通常不願再陪伴妻子參加較活躍的社交活動。這對於家庭主婦當然不太公平，男士們應該想辦法稍作妥協，使妻子也能有機會參加社交活動，以便鼓舞自己。

五、讓她知道，你是她可靠的後盾

有個朋友告訴我，她最近碰到了一件危機的事情。她有位很好的姑媽第一次來她家拜訪。剛到不久，朋友的孩子忽然得了氣管炎，使得所有招待姑媽遊玩的計畫都難以實現了。「我實在不知該怎麼辦才好。」朋友說道，「幸好湯姆安排好一切。他要我留在家裡照顧小孩，然後他負責招待姑媽。他每隔一天，傍晚都會帶姑媽外出，讓她玩得非常盡興。到了週末，又帶著姑媽到處觀光，使姑媽玩得很愉快，也解除了我心理上的負擔。雖然平時湯姆也有不盡如人意的地方，但一碰到緊急時刻，我知道他還是很可靠的。」

當遇到麻煩事的時候，丈夫應該讓太太知道，他這個救難人員比起所有小說上的英雄都要真實可靠。而且丈夫也要時時做太太的後盾，不能碰到大事才偶爾為之，就連日常生活中的小事也該一樣。

還有，教導孩子的時候也是如此。

她需要知道你永遠與她站在一起——不論是碰到小危機或大變故，不論是發生了什麼事。

六、分享她的興趣和愛好

美滿的婚姻生活，主要依據雙方所具有的「分享」和「合作」的能力而定。在處理任何家庭事件的時候，「你」和「我」的心態必須改成「我們」。如：我們到哪裡度假？我們的客廳需不需要買新的椅墊套？我們需不需要買新電視機？如果夫妻雙方能彼此了解對方在生活中所扮演的角色，那麼，在決定這些事項的時候，分工更加合理、態度會更加友善。

有些男性可能認為對女人家的事務表示興趣，會傷及大男人的臉面。如穿著、烹飪、料理家務等。但是，如果他想讓整個家庭充滿情感和歡愉的氣氛，最好能在研究股市行情之外，另外分出一些時間來跟家人在一起。想想看，當你告訴太太公司的一些趣事時，她的神情表現得多麼高興。因此，為什麼不在太太對你訴說一些家務事的時候，也表現出一點興趣呢？

安德烈是個洞悉人情世故的作家。他建議男性怎麼樣與女性相處時這樣說道：「要在她們認為重要的事項上表示興趣——她們的裝扮、她們料理家務的辛勞、她們某些特殊的感覺等等。如果你有時間，可以陪太太逛個街、買些東西，在某些事件上提供一點意見，在某些小事上表示興趣——如：與小孩相處的情形、參加朋友的聚會等等。如果她喜歡音樂、繪畫或文學，要試著去了解她的嗜好，相信不用多久，你也會發現：原來自己對這些東西也很有興趣。」

七、一定要熱愛你的妻子

「被愛的女性，永遠不會失敗。」一位作家曾這樣說過：「被愛是女性成功的重要因素，因此，丈夫在此所扮演的角色十分重要。結婚，並不是僅把一枚戒指套在她的手指上，而是在以後的每一天裡都讓她知道：你是多麼高興與她在一起生活。」另一位作家曾這麼說過：「男人喜歡感到被愛，女人則喜歡你對她表白。」

但是，許多丈夫卻對張嘴說「我愛你」，覺得十分難為情，尤其是過了蜜月之後。關於這一點，男士們大可以放心。你不用像歐美國家的情人那麼會談情說愛，太太們並不遲鈍，她們會從各種無言的暗示中體會到你的心意的。如在人群中與她的眼光相接觸、看電影的時候輕握住她的手、出乎意料之外的擁抱、溫柔體貼的舉手之勞等等。

有許多太太都有這種感覺：婚前那麼熱情浪漫的丈夫，婚後卻判若兩人，不再有什麼情愛的表示。有位名叫派翠克的年輕人，不久前曾給我寫了一封信，坦承他在這方面所犯的錯誤。

住在加拿大安大略的派翠克先生，說他如何用心選擇一名理想中的妻子——聰明美麗，可說是完美女性的化身。但是，結了婚之後，派翠克先生便開始把全部心思全放在事業上，而把維持婚姻的責任完全丟給太太。

這顯然是行不通的。因此，前五年的婚姻生活過得很不舒服。有一天，他又和太太發生爭執，兩人大吵了一頓。之後，才四歲大的兒子問父親：「爸爸，你難道不喜歡媽媽嗎？我覺得她很好啊！」霎時間，派翠克覺得自己好像成了兒子眼中的大壞蛋。「我忽然體會到這個『媽媽』的分量，而我一直也是愛她的。」派翠克先生說道，「因為她一直默默為我們做很多事——像四歲的兒子是一個健康活潑的男孩，這都是她努力的結果，而不是我。我一直沒有盡到做父親和丈夫的責任，如果因此而失去這個家，真是罪有應得。於是，我決定要彌補自己的錯誤，便請求太太幫忙，幫我成為一個『賢夫良父』。她的確這麼做了，十分感謝她。現在，我們的婚姻關係有了很大的改善，不但彼此的感情比較成熟，也彼此相互敬重。我們又添了一個女兒，還有千金難買的快樂生活。我想，不會再有小孩問我喜不喜歡媽媽了！」

愛上一位女子並不只是感情橫溢的情緒問題，這同時還包含一個人的所有品質。如：感性、知性、禮節及對人是否敬重。許多男性把自己在這方面的許多弱點，歸罪於「女性是難以理解的動物」這種老掉牙的說法。這些人寧可相信：「男性用的是直流電，女性用的是交流電。」因此雙方不能達成協調一致的地步。他們寧願相信這種說法，是因為如此可以省去許多麻煩，免除運用各種解決方法。在此，我要告訴這些男士們：現代的女性並不是什麼從太空來的怪物，難以讓人理解。雖然我們性別不同，但仍然是人，並不是什麼神祕怪物，讓男性無法了解。還是有許多男性了解女性，也了解他們的妻子。

但是，如果你打算去了解自己的妻子，最好由愛她開始做起，並讓她知曉。否則，婚姻對雙方都不是什麼有趣的事。

法國著名小說家巴爾札克曾說過：「有許多丈夫總讓我聯想起拉小提琴的大猩猩。」如果，我們把婚姻關係不僅當成是女性的工作，同時也是男性的工作，那麼丈夫們大概就不會那麼像大猩猩，而比較像克萊斯勒（著名小提琴家）了。

自人類誕生之始，家庭便成為最基本的團體制度。它不但提供人類目前的實際需要，也是將來時代發展的希望。它負起保護、養育及教導的功能，是人類最神聖的要塞。

像這麼重要的制度，豈可單由女性來負責這維護工作？女性實際上花在家庭的時間要比男性多，但這並不意味男性就要脫離家庭。

家庭並不僅是一個提供吃喝、睡覺或餵養小孩的地方，還提供許多其他的東西，因而使得家庭更重要、更具有價值。這些東西包括：溫情、相互關愛、喜怒哀樂的分享。一個女性很難孤單一人提供這些全部東西，這必須由男女雙方來共同負責。

希望男性多想一下自己所扮演的父親和丈夫的角色。能夠把放在事業上的心神，分出等量的部分給家庭。「婚姻是我們是否成熟的最好試金石。」德魯大學的人際關係教授曾如此寫道：「你若不想關心別人，最好是別結婚。但你若想與另一個人極親密的在一起生活，便必須具有關愛別人的能力……這才是成熟的表現。婚姻大概有兩種結果：一是使我們變得成熟；一是使我們嘗到不成熟的苦果。」

所以，如果你想使家庭變得幸福快樂，第七項原則是：

學會與她相處。

如何與男性相處

對女性或者妻子來說，你也應當對你的另外一半——丈夫的相關情況有所了解。那麼，男性最希望女性在他們面前表現出什麼品質？在他們的這份清單中，排在最前面的是「舒適」。

在第二次世界大戰結束之後，有人對軍中將士進行過一次調查：「你希望從婚姻中得到什麼？」這些身穿制服、肌肉發達的年輕小夥子，幾乎不假思索的立刻寫出了答案。答案不是魅力，不是興奮，而是普通的、老式的「舒適」！這也許與許多女孩在化妝品或香水廣告的暗示中所看到的差距很大，但是，如果這「舒適」正是大家想要的，為什麼不提供給他們呢？很明顯，一盎司的「舒適」抵得上一磅的「魅力」。只是，男人心目中的「舒適」是什麼呢？是令你的眼睛、耳朵及神經都覺得舒服的人？難道是像惠斯勒（美國畫家及雕刻家）的母親那樣？

一、要脾氣溫柔、能夠善解人意

著名專欄作家桃樂絲曾寫過，男性在尋找另一半的時候，最關注的是對方是否具有好的脾氣。女性與男性相處，無論對方是丈夫、上司、鉛管工人還是年齡三個月大的兒子，一定要注意自己的脾氣，這比你套裙的款式還要重要。男人寧願在歡愉的氣氛中吃罐頭食品，也不願和一個嘮叨、煩躁、滿腹牢騷的女性一道吃牛排。

有一位單身漢就曾經坦言道，如果要他在兩種女人之中選擇其一當做太太——一位是活潑、好脾氣、明朗卻不忠實的女人；另一位則是貞潔的悍婦——他會毅然決然的選擇前者！

好幾年前，我僱用了一名速記員。作為一名打字員來講，她的工作能力實在差勁——常常拼錯字、速度慢、記錄又不準確。但是，她一直工作直到結了婚，因為她具有一種歡愉的氣質，可以忍受住各種怨氣、抱怨和批評。她像陽光一樣照亮整個房間——光是這一點，便值得付她報酬。我不知道她的烹飪技術是否比速記要強一些，但有時我碰到她夫妻倆在一起，從她丈夫的神情來看，便知道他一點也不會在意的。每次他望著她的時候，臉上都煥發出閃亮的光彩來。

二、做個好伴侶

美國高爾夫公開賽的冠軍得主傑克，曾寫過一篇文章，內容講的是他怎麼樣在愛荷華州的達文波特接收兩個高爾夫球場的承讓權。那時，他要同時照顧這兩個球場，還要準備自己的高爾夫球賽，工作量很辛苦。後來，他與芝加哥來的珍妮佛結了婚，情況便好多了。珍妮佛讓傑克一心準備高爾夫球的冠軍比賽，自己則全心擔起照顧球場事業的工作。

一九五二年，珍妮佛、傑克和他們十三個月大的兒子格雷一道上路去參加比賽。在傑克忙著揮棒打球的時候，珍妮佛則在家中照顧他們的兒子。因為傑克曾說：「我不願讓珍妮佛在球場上跟著我。你們見過郵差太太在郵差送信的時候跟著他嗎？」

珍妮佛從未實際參與傑克的各種比賽活動。但她總是在一旁為他加油、打氣。她是傑克的好伴侶。有個女學員也曾經告訴我，她怎樣學習做一個丈夫的好伴侶，以協助丈夫實現他的美夢。

佛羅倫絲．梅娜太太住在紐約州的一個小鎮，是個尋常的家庭主婦。在他們婚姻生活的前十六年，梅娜太太專職是照顧家務，但總是覺得生活裡少了一些說不出的東西。後來，她終於發現他們缺少的是什麼——是一份如朋友般的情誼。梅娜太太看到自己和先生沒有什麼共同的嗜好，於是她決定採取某些行動以改善自己的狀況。「我先生對曲棍球職業賽極感興趣。因此，我決定先從這方面開始。」梅娜太太說道，「在我還沒搞明白這麼做對不對之前，我自己也對曲棍球賽著了迷。我跟先生一樣，每次都急迫的等著看球賽，而且現在是我先忙著找電視節目表，以便不錯過精彩的球賽。如今，我不僅有了自己的運動嗜好，更與丈夫有了共同的興趣。「除了曲棍球，我繼續了解先生的其他興趣。在結婚十六年之後，我終於能和先生一起共享他的樂趣了。」

三、當個好的聽眾

許多男性都認為女性嘮叨不休，認為她們講話過多。他們真正的意思是：希望能找到可讓自己也發表一些長篇大論的機會。許多女性在這方面做得不好，是因為不懂得聽的藝術。總以為傾聽是指坐著紋絲不動，必須耐心的保持安靜，而讓對方講得口沫橫飛，盡興為止。聆聽的品質十分重要，可以鼓舞講話的人表達出完整的意思。因此聆聽並不是指必須一言不發，你大可以從旁加進幾句鼓舞的話，這才是善於聆聽的人。

要想當一名好聽眾，首先要注意聽講。眼睛不要四處張望，或顯出煩躁不安的樣子。心裡也不要掛念明天的購物清單，或你一直想買的那件新衣服。如果你能專心聽講，當可從對方的談話中學到或知道某些新東西。在你聽講的時候，要放鬆心情，保持自然的狀態，以免讓講話的人覺得好像碰到僵屍一樣，不敢再多發表意見。據說，最令舞台劇導演頭痛的問題，是訓練演員在劇中聆聽另一位演員講話。如果你想讓共處的男性高興，不妨就用這種方式來自我訓練。

一個好的聽眾既要表現得專心，還要懂得合作。以前似乎有這麼一個理論，你若是想讓男性表現自己的能力和尊嚴，那麼就在他大吹大擂的時候，很敬佩的望著他，口中時時念道：「哦，你真棒，簡直就是天才，這真的太出乎意外了！」但是現在，這樣的台詞顯然要略微更改一下。因為許多女性都在奉行這樣的理論，因此這個招數似乎變得不太靈驗了。聰明的男性開始分辨出真正聽他講話的女性，或什麼樣的女性只是敷衍了事，只是想討他歡心。所以，現在你如果想要獲取某位男士的心，或希望對他產生某種影響力，千萬別再採用那種糖衣式的老套，而要真正成為一名有頭腦的聆聽者。

在他講話的時候，時而提幾個問題，如此可顯示出你是在傾聽，並且希望能進一步了解得更多。有時也不妨提供一些相異的看法，以刺激或鼓舞對方持續講下去。如果你對他所講的內容的確存有疑義，則要在他講到告一段落的時候再插話進去，並且要越簡明越好，以便盡快把發言權還給他。

要這樣聽講，才不會讓談話變成一人的獨角戲，而是兩人經驗交流的真正溝通。

有很多人不能成為一個好的聽眾，因為他們還沒有足夠的練習機會以熟悉聽講的規則。只要勤加練習，一定能夠增進。懂得技巧的聽眾通常也會變成優秀的談話者，因為聽與講是相互關聯的，一方面的技巧會加強另一方面的表現。

聽講的藝術不單單是幫助女性如何與男性相處，對所有其他人也都一樣。它還可以幫助我們走向成熟——這正是我們不斷學習的最佳途徑。

四、要善於應對各種狀況

「我們今晚邀請吉姆和梅珀過來坐坐好嗎？」男主人說道，「我們好久沒與吉姆見面了。」「好啊！」他親愛的妻子回答道，「我想，最好也打電話邀請海倫和湯姆，因為他們最近邀請過我們兩次——啊，對了，海倫的妹妹不是正來拜訪他們嗎？我得為她請個男伴。你下午最好到店裡多買些啤酒，還有那種脆脆的乳酪。我先去打電話，然後再去化妝換衣服——啊，還得再去買些東西。對了，你可不可以趁我換衣服的空檔，清理一下地毯呢？」這時，男主人一定十分後悔自己多嘴生事。他最初的意思只不過是想要和老朋友好好的聊個天，沒想到結果卻變成了大型的正式晚宴了。

也許基於某些理由，婦女很難接受突發的興致，除非是她們自己想買一頂帽子。男士們卻對此了解頗深。他們不能想像為什麼只不過是到劇場去看場戲，女性都要在好幾個星期之前就開始預備。或者，有時他臨時建議週末到鄉下走走，而妻子卻一味抱怨沒有衣服可穿。她最後會要求把郊遊延到下個星期，好讓她有空餘時間通知送牛奶的人。

其實，對這些偶發的男性興致，女性的心靈雖然比較重秩序，但與其說「好的，但是……」還不如乾脆的說「好啊，讓我們……」如此偶爾為之，又有何損失呢？我就認識一位快樂的妻子，她的丈夫很喜歡兩三天的短假期，常常在見到一些旅遊小冊子的介紹之後，就突發興致說道：「親愛的，收拾行李，明天早上我們到百慕達去！」他的妻子早已精於此道，立刻把泳裝丟進行李箱，把家裡的長尾鸚鵡暫交給鄰居照顧，打電話取消所有約會，然後便等待著第二天早上搭船出發了。她認為這做起來非常輕鬆，任何太太只要稍加練習，便可做得和她一樣好。

在我年輕的時候，曾聽說若是女孩在最後一刻接受男孩的邀請，那是非常沒有面子的事。因為，那等於承認自己在最後一刻也沒有人邀約。但是，為了維護這種體面，女孩就會喪失很多樂趣。反過來說，男孩是什麼原因到最後一刻才來約你呢？是不是在此之前曾約過其他的女孩呢？這正好給你一個機會證實：他的第二個選擇才是最好的。這就是適應性。你若能順應男性的心情，便能收服他的心。

五、要能幹，但不要過於顯示自己的能幹

一個女學員有一次告訴大家，她曾經因為過分的能幹而失去了一位意中人。白天這個女孩在某家公司

上班，負責整個辦公室的計畫和運作，職位與經理級相當。她工作十分認真，常常因公忘私。「我時常在約會半途中趕去工作。」她坦承，「我也常常管太多，要求他做這做那。比如說，在晚餐的時候要求他吃醃肉或肝，以治療貧血。他基本上沒有機會向我獻點小殷勤，像幫我脫外衣或弄好椅子等等，因為我一直在忙碌之中，早就養成自己做這些事的習慣了。我不只是能幹，而且能幹得過了頭！這使他完全沒有插手的餘地，因此他就離開了我。」

可憐的女性上班族！因為她們過分忙於工作，使事業成功，以致有合適的男性進入她生命中的時候，她卻因忙碌和過於獨立而忘了自己也是一個女人。

不要讓他與你在一起感到有壓力。把你的能幹放在工作上，只讓上司知道你勤勞奮發，但下班之後，最好讓你的男伴覺得他是與一個女人約會，而不是一個女強人。

六、保持自己的本色

對男人來說，當他看到一位六十多歲的女性穿著俏皮的少女裝，腳上踩著三吋高的皮鞋，頭上又戴了一頂很明顯的假髮，這大概是天下最滑稽可笑的事了。這一類打扮過火的婦女，她們在拒絕成熟，深信女性的迷人之處就是年輕貌美，因此不顧一切的想盡辦法讓自己時時保持在二十九歲。看見這些女性頻頻向男人送秋波的種種媚態，你一定會反胃好久。

因為這些都違反了成熟的重要原則——保持自己的本來面目。有時候，一個安靜內向的女孩，因為認為豪放的笑聲能增加吸引力，便利用酒精或其他古怪的動作來達到這個樣貌。事實上，女性的這些奇思怪想實在過於一廂情願。男人並沒有傻到分不清什麼是鷹鳥，什麼是手鋸。

認為「改變個性」可以抓住男人的心，或是改變妝扮——穿件漂亮的新衣或梳個迷人的髮型——這都是不成熟的想法。男人絕不會因此而進入糊塗狀態，完全忘記原來的真面目。

沒有人能夠改變自己的個性。何況，上帝原先所賦予我們的，又有什麼錯誤呢？相反的，我們應該把一些假面具除去，好讓原來的本質發出亮光來。我們可以強調自己好的部分，然後把壞的部分揚棄掉，如此才能顯現出最好的自己來。這是每個人都能做到的，無論他是男是女。

七、要樂於做好女人的職責

不知是誰創造了「兩性戰爭」這個名詞，想來必定碰到過極大的麻煩。我一直搞不懂為什麼兩性之間必須時常「戰鬥」，難道就只是因為性別不同嗎？其實，這世間還有許多其他的事才真正值得我們去戰鬥呢！

有些女性把男性看為敵人，認為他們利用先天上的有利條件占女性的便宜。這些女性當然不會想主動迎合男性。事實上，她們也不會在乎這一點，因為她們根本就不喜歡男性。

為了與男性建立起較合理、較和諧的關係，女性首先一定要喜歡自己。她必須接受先天的稟賦，在人類生存過程中扮演特定的角色，並尊重女性所承擔的基本功能。拒絕擔負起女性功能的女人，並不是指一般人所稱的「老處女」。根據我自己的親身經驗，有許多未婚的中年女性，不僅心理十分健康正常，而且處世態度成熟，十分具有魅力。反倒是有很多已婚的女人，經常抱怨自己「因身為女人而成為次等公民」；或是「大自然在創造兩性的時候，的確有點偏心」等這類易造成兩性戰爭的觀念。

一個人能否愉快的接受自己的性別，與他是否結過婚並沒有什麼關聯，而是與其個人的心理態度和情緒狀況有關。一個人如果不能接受自己的性別角色，那就很難達成兩性之間的幸福，反而會把一生當中最重要的時刻，用在不斷的爭鬥上。

怎麼樣與男性相處，有許多種方法，實在很難只用一個簡單正確的公式來讓人遵循。這必須因每人見識的深淺、個性的明朗與否而有所不同。但是，本文所提到的一些原則，指出至少應如何彼此相互了解。男女兩性不應是對立的仇敵。為了建立一個更美好、更和諧的世界，男女雙方應彼此攜手，以愛和友誼來共同到達這樣的理想境界。

因此，如果你想使自己的家庭幸福快樂，第八項原則是：

學會與他和諧相處。

了解婚姻的癥結所在戴維斯博士有一次曾引導一千位已婚的婦女真實的回答了一系列有切身感受的問題。結果十分驚人——一般的美國成年人在性生活方面都不太快樂。看過她收到的這一千位已婚婦女的答案以後，戴維斯博士毫不猶豫的發表他的意見：美國國內離婚的一個主要的因素，就是生理的不適合。羅傑斯博士的調查證實了他的發現。羅傑斯博士用了四年時間，研究了一百名男子及一百名女子的婚姻。他個別的向這些男女提出了約四百個關於他們婚姻生活的問題，並透徹的分析研討他們的問題——非常的透徹，以致整個的調查費時四年，這項工作被社會公認為極重要，所以由許多著名慈善家資助。

那麼，婚姻的癥結是什麼呢？羅傑斯博士說：「可以說多數婚姻的衝突，不是因為性生活的不和諧。無論怎麼樣，因為別的困難所引起的衝突，如果性的關係本身是滿意的，許多時候可以化解。」

洛杉磯家庭關係研究所的主任鮑本諾博士，他是美國關於家庭生活的一位最著名的專家，考察過數千例婚姻。按照鮑本諾博士的說法，婚姻的失敗，常由四種原因所致：

（一）兩性生活的不和諧

（二）關於休閒的意見不統一

（三）經濟問題的困擾

（四）其他心理的，身體的，或情緒的反常現象

注意，性生活位居第一；而且很奇怪的，經濟困難只位居第三。所有婚姻的專家，都同意性的配合是絕對的必需。一位家庭關係法庭的法官稱：「離婚者中的九〇％是由於性生活的因素。」「性」方面著名的心理學家華生說：「眾所周知的是生活中最重要的問題。無疑的，那是造成男女快樂破裂的東西。」我聽過許多行醫的醫生在我的班中演講，說的話差不多是一樣的。那麼，在二十世紀，有眾多的書及教育，卻

因對這種重要天然本能的無知，卻導致婚姻破裂，生活毀滅，豈不可憐？一位牧師做了監理會牧師十八年以後，不再做他的傳教事業，開始擔任紐約市家庭輔導服務處主任，他大概是為年輕人們舉行過最多婚禮的一位，他說：「根據我早年做牧師的經驗，我發覺，雖然有戀愛及善意，許多到結婚台前來的男女對婚姻都是個『文盲』。」

婚姻的文盲！

他接著說：「當你們想到我們將婚姻調適的艱難大部分交付給機會時，我們的離婚率會降低到一六%，這是一件驚人的事。而處在這個驚人數目中的夫婦實際上並沒有真正的結婚，僅僅是沒有離婚而已：他們幾乎是過著地獄生活。」「快樂的婚姻，」牧師說，「很少是機會的產物，它們如同建築物似的，必須有理智的，用誠心去設計過的。」去幫助這種設計，許多年來，牧師堅持凡由他證婚的男女，必須坦白的與他們討論他們未來的計畫。就是由這些討論所得的結果，他總結為：許多急於結合的人，是「婚姻的文盲」。「性，」牧師說，「只是在結婚生活中的多種滿足的一種，但除非這種關係適當，沒有別的事會適當的。」但怎麼樣使之適當呢？「礙於情面的不言語」——我仍在引證牧師的話——「必須代之以客觀言論的能力，並有結婚生活的超然態度及實施。得到這種能力，沒有比去從一本認知合理、情趣良好的書籍得到這方面的知識更好的方法了。」

所以，保持家庭生活更快樂的第九項原則就是：了解一些必備的性知識。

第七章　有效改善你的講話技巧

通往速成技巧的捷徑

人際交往免不了說話和溝通交流的。當你應邀站起來講話時，你是否感到很不自在，心裡緊張極了？思維也亂成一鍋粥，無法清晰的思考，不能集中注意力？你是否記不清自己說了些什麼，也不知道下一句該如何說？

家庭主婦南茜告訴我：「我不敢邀請鄰居到家裡來，害怕自己無法使賓主談笑盡興。」推銷員傑克遜也說：「當我面對可能的顧客時，我經常張口結舌，有一個凶悍的買主朝我發火，我嚇得抱頭而逃。」店員泰森告訴我說：「我很怕顧客，我給他們一種印象：我總是戰戰兢兢的，我無法說服顧客買東西，即使他們買，他們也不找我買。因為沒有業績，這是我的第三個職業了。」

一九一二年，我開始開班講授如何當眾說話的課程，直到一九二六年，已經有五十多萬學員從這一訓練班中畢業了，同時，他們的生活和事業發生了極大的改變。

我把一生幾乎大部分的精力都投入致力幫助人們消除恐懼，增強勇氣，培養信心的工作中。我希望人們從這一訓練中獲得自信，能夠在任何場合下泰然處之，能站在眾人面前隨心所欲的思考，能在別人面前或是談生意的時候，清楚的表達自己的意見，並成功說服他人。透過我自己的經歷和花費我多年精力訓練成人有效說話所取得的經驗和成果，形成了一些如何說話的技巧和方法，這不僅教給你一些關於怎麼樣發聲、發音的生理學知識，也告訴你，讓你按照你自己的本來面目，順其自然，實現自我的價值。但不忘記自己的主要工作：那就是你的合作——按照書中的所有要求，在每一次說話場合中盡量運用，只要你堅持不懈，自然就能達到你期望的目標。如果你想盡快進入狀態，以下四條捷徑對你有極大的幫助：

一、要有獲得成功的強烈欲望

在一個廣播節目上，我曾這樣說過：「我所累積總結出的最大經驗是，我們的思想是最重要的。如果我能了解你的想法，就能了解你這個人，因為你的思想造就了你這個人。透過改變自己的思想，我們就能改變自己的一生。」

如果現在你已把自己的目標定在增加自信心和進行有效交談之上了，從現在起，你一定要積極的想，你的這番努力一定會成功。在眾人面前說話時，你一定要對自己的努力保持輕鬆樂觀的看法。你一定要把自己的欲望體現出來，並全力培養這種能力。

任何人若想迎接說話的挑戰，達到言簡意賅的效果，就必須具備斷然的決心。有這樣一個故事，我講述的這個人，他已位於事業的最高峰，成為商界傳奇人物，但是在大學時代，他初次起立講話時，卻因言辭不足而失敗。老師指定的五分鐘演講，時間剛過一半，他便眼含熱淚，臉色發白，匆匆逃下講台。

這位年輕學生雖有過如此經歷，但他絕不善罷甘休。於是，他下定決心要做個優秀的演說家，並且立刻付諸行動，最後他終於成為美國政府的經濟顧問，他的故事也聞名遐邇。

在一本叫《自由的信念》的書中，寫到一個人的當眾演講：「我的演講每天都排得滿滿的，有出席廠商協會的晚宴，扶輪社、基金籌募會、商務部、校友會以及其他場合。我曾經在密西根州的文斯肯那發表慷慨激昂的愛國演說，投入了第一次世界大戰中；我曾與多位名人一起進行慈善演講，與哈佛大學校長詹姆斯．布萊恩特．科南特和芝加哥大學校長羅伯特．哈欽斯到各地宣傳教育；我甚至曾以極蹩腳的法語做過一場餐後即席演說。」

還有一點，這個人與我有同感：「知道聽眾想聽些什麼，以及希望演講者如何表達。對於那些以事業為重的人來講，這其中的竅門是：只要他願意去學，沒有什麼學不會的。」

一個人要有獲得成功的欲望，這是成為演講家成敗的關鍵所在。

假若我能看透你的心思，確知你的思想的明朗或灰暗，你的意志力大小，我便能準確的預測你在改進溝通技巧上速度有多快。

所以，要想成功，必須具備的條件就是，用你的毅力登向高山，提升自己的熱忱，同時還要有自信心。

當凱撒大帝從高盧而來、船行海峽之上，最後和他的軍團到達現在的英格蘭時，他是怎麼樣確保自己軍隊成功的呢？他充滿智慧：他把軍隊停駐在多佛海峽的白色懸崖之上，向下望兩百英尺之下的海浪。他的軍隊看到：赤紅的火舌正吞噬著他們渡過來的船隻。置身敵國，最後的退路已經失去，最後的撤退工具也已焚毀。他們唯一的選擇是：前進！征服！這便是不朽的「凱撒精神」！

在你出發去征服你面對聽眾的恐懼時，何不將這種精神變成你的動力呢？在通往躊躇的每一道關口上都緊緊關上「鋼」門，把每一份消極思想都扔進熊熊大火中。

二、借鑑他人的經驗，增強自己的自信心

世界上沒有哪一個人是天生的大眾演說家。歷史上曾把演講視為一門精緻藝術，人們說話時必須講究語法，注意修辭，並注重一種優雅的講話方式。

現在，我們把演說看成是一種更廣泛的交談，過去那種過於誇張的方式已被人們拋棄。當與他人共進晚餐，觀看電視，聽收音機或在教堂做禮拜時，我們都喜歡聽到他人率直的表白，並且喜歡那些能夠引發思考和討論的話題，而不是演講者一味的說教。

其實，當眾演說並不是一門多麼高深的藝術，並不像有些人所說的那樣：必須經過多年的訓練，讓自己的聲音和語調和諧悅耳，語法修辭知識廣博，這才能成功。

事實絕非如此，當眾說話其實一點也不難。我剛開始給成人訓練班的學員們授課時，我與那些初期的學員們一樣具有相同的感覺——學會有效表達自己非常困難。我採用的講授方法，與我上大學時受教育的方式一樣。但我很快就發現，這個辦法根本不行。我還發現韋伯斯特、布魯克皮特及歐康內爾等著名演說家

的理論根本派不上用場，如果讓學員們一味模仿，對他們毫無幫助。這些付費專門來參加訓練的學員們，他們想得到的是敢於讓自己站起來表達自己的勇氣，以便能夠在下次的商務會議或家庭聚會中，清晰而有條理的與人對話，或推銷出自己的產品。於是，我把那些教科書全拋掉了，僅靠一些簡單概念與那些「難兄難弟」們共同討論、練習，直到他們的講話能夠辭盡意達、深入人心為止。

事實證明，我的方法是行之有效的，因為要求訓練的人數在增加，他們都希望得到更多的有效訓練。

我真希望你有機會看看我家裡或辦公室，看看那些來自世界各地的學員們的感謝信和錦旗。不管是誰，無論你是州長、國會議員、大學校長、演藝圈的名人，或是家庭主婦、牧師、公司主管、推銷人員、技術人員、工會會員、大學生、職業婦女、教師和普通年輕男女們……所有這些人都需要自信，需要在公開場合有效的表達自己。

有很多學員透過我的訓練和個人的努力，很快就實現了自己的願望。

我親眼看到那些學員因為得到訓練而完全改變了自己的生活和事業，其中有好多人獲得了自己夢寐以求的升遷，有些人在事業和社會上取得了顯赫地位。

有時候，一番得體講話就足以使人名揚海外。讓我們來看看羅德里格斯的故事吧。

幾年前，我收到一封來自古巴的電報，意想不到的是，電報上說：「除非你拍電報反對，否則，我馬上趕到紐約接受您的演講訓練。」署名者是「羅德里格斯。」他是什麼人？我猜不出來，也從未聽說過。羅德里格斯先生到紐約後解釋說：「哈瓦那鄉村俱樂部要為創始人慶祝五十歲的生日，我要贈送一個銀盃給他，而且我還要擔任當晚的主持人。我雖是一名律師，卻很少公開演講過。想到這場演說，我真是害怕極了。如果表現不好，會使我和太太在社交場合很難堪。再說，那樣也會降低我的身價。因此，我特意從古巴趕過來向您求教。我只能停留三週。」

在那三週裡，我讓羅德里格斯從這個班轉到那個班，每晚要練習演講三、四次。三個星期之後，他參加了哈瓦那鄉村俱樂部的盛大聚會並發表了演說。他的演講精彩絕倫，《時代》雜誌居然在「國外新聞」專欄裡做了特別的報導，讚譽他為「銀舌雄辯家」。他獲得了極大的成功。

這個故事聽起來有點像是「奇蹟」，對吧？但它確是「奇蹟」——二十世紀克服恐懼的奇蹟。

紐約市共和黨競選委員會的一名委員，在聽過羅德里格斯的一次演說之後，立即邀請他到全市各地為共和黨競選發表演說。如果有人對這位政治家說，就是在一年以前，這位令他欣賞的演講家曾經因為張口結舌、說不出話來，而且害怕面對觀眾，只好在羞愧與困惑的窘境下轉身離開宴會，他一定大吃一驚。

想要讓自己獲得自信、勇氣和能力，能當著一群人發表談話時冷靜而清晰的思考。這並不困難，它就像打高爾夫球一樣，任何人都可以激發出他內在的潛能，只要你有這樣去做的欲望。

三、時時憧憬著你的美好未來

羅德里格斯先生提到，他學到的演講技巧，給了他莫大的快樂，這也正是他獲得成功的原因，我相信，這遠比其他任何因素更為重要。他確實是接受了我們的指導，並遵循我們的建議，不折不扣的完成了我們的功課。

不過，他之所以能夠做到這些，主要還是因為他自己想做，因為他預想自己一定成為成功演說者。他將自己融入美好的未來的形象中，然後努力做每一件事。

哈佛大學著名的心理學教授威廉·詹姆斯曾說過這樣五句話：

如果你對事情滿懷熱忱，你就一定成功。如果你對某項結果足夠關注，你自然一定會達到。如果你希望做好，你就會做好。如果你期望致富，你就會致富。如果你想學識遠博，你就會博學。

這是每個想擁有演講技巧的人必須切實做到的。只有那樣，你才會真正的期盼這些事情，專心致志，而不會費心勞神再去胡思亂想許多不相干的雜事。

保持自信、集中全力與口角生風的說話能力對你是非常重要的。想想這種能力對你在社交上的重要

第七章　有效改善你的講話技巧

通往速成技巧的捷徑

性，想想這種能力對你的事業的巨大幫助，想想因此而大大增強了的社交能力……

有一位畢業學員魯道夫，是美國一家公司的總裁。他深有感觸的說：「與他人進行有效的交談，並且贏得他們的好感，進而合作，這是那些往上爬的人們應該努力培養的一種能力。」

想一想，當你信心十足、與聽眾分享自己的想法和感覺時，那是一種多麼令人滿足和舒暢。我曾多次環球旅行，但是憑藉語言的力量征服全場聽眾的那種快樂和愉悅，是其他事情無法比擬的。在那種場合下，你會有一種強大的成就感和力量感。一位證券公司的總裁在《演說季刊》中寫了一篇文章，題為《演說與領導在事業上的關係》。他說：「在商業歷史中，不少人是憑藉講台上的傑出表現而被重用。許多年前，有位年輕人，當時是堪薩斯州一個小分行的主管，一場精彩無比的演講，使他成為我們的副總裁了，負責業務的拓展。」

能夠站在眾人面前、從容不迫的娓娓而談，這將對你的前途大有幫助。

有個畢業的學員說：「開始說話的前兩分鐘，就算挨鞭子，還是開不了口，但是說到臨結束前兩分鐘時，我又寧可吃下槍彈也不願停下來。」

現在就開始想像自己面對很多聽眾。想像你自己正滿懷信心、邁步向前，面對你開講後那種全場鴉雀無聲；感受你離開講台時那熱烈掌聲的溫馨；感覺一下在你一語中的之際時聽眾的全神貫注；並聽聽聚會結束後朋友對你的大加讚賞。

其實，不管任何課程，只要你對它滿懷熱忱，就一定能學好。

學會有效的表達自己，可以進行正式的公開演講。事實上，就算你終生都不能進行正式的公開演說，但對你仍有很大幫助。比如說，當眾演說的訓練，是一條通往自信的大道。如果你一旦發現自己能夠當眾站立起身，頭頭是道、伶牙俐齒的對著人群說話，在你與他人交談時，必然就更具信心和勇氣。許多職業男女都來參加我的「有效說話」課程，其中最主要的原因就是他們在社交場合之中感到不安。當他們發現自己能夠站著和同事講話也不是什麼大不了的事時，他們便會覺得原來的那種不自在是多麼可笑。他們透過訓練培養出來的處之泰然的風度，令朋友、家人、生意夥伴和顧客刮目相看。當然，我們的許多學員，像古德里奇先生，就是因為周圍的人參加訓練後個性發生了很大的改變，他才抱著試試看的心理來上課的。可以說，這種訓練，會在各方面影響到一個人的個性，當然並非立竿見影。我曾問大西洋城的外科醫師兼美國醫藥學會的前任會長，從心理和生理健康的角度來看，當眾演說訓練的好處在哪裡？他微笑著回答說，關於這個問題，他最好是開個處方，這個處方「在藥房裡抓不到藥，需要自己配藥，他以為自己不行，他就錯了。每個人要自信，讓別人能夠『進入』你的腦海和心靈。學會在人群當中、在他人面前、在大眾面前清晰的把自己的思想和觀點表達給他人。當你這樣努力去做並取得不斷進步時，你便會發覺：你——真正的你，正在人們心目中塑造一種前所未有的良好形象，產生前所未有的震撼。」

從博士的這份處方中，你可以得到雙重好處。當你學會對別人講話時，你的自信心也會隨之增強，而你整個人的性格也會發生很大的改變。這樣你的心理也會進入一種很好的狀態，你的身體當然也就漸入佳境了。在現代社會裡，不論男女老少，人們都得與他人交往。我並不清楚它在工商業中究竟會帶來什麼利益，但是，我確實知道它在健康方面的益處。只要有機會，你應該對幾個人或許多人說說話，這樣你會越說越好。同時你還會感到神清氣爽，體驗到一種完整而圓滿的感覺。這是一種輕鬆而和諧的感覺，沒有任何藥物能帶給你如此感受。

所以說，學會說話的成功祕訣其中一項便是，牢記威廉·詹姆斯的話：「如果你對某項結果足夠關心，你自然會得到。」想像自己成功的做著目前自己所害怕去做的、全心全意的想著自己能夠當眾說話，並被人接納時會有什麼好處。

四、練習！練習！堅持練習！

自從我開設培訓班以來，每年都吸收新觀念，那些舊的思想則被淘汰。第一次世界大戰以前，我在第

通往速成技巧的捷徑

一二五街青年基督協會所教授的課程已經改變，我不再講授當年的內容了。但是，無論引入多少新觀念，淘汰多少舊的思維，有一點是一成不變的。這個特點就是各班的學員至少必須起立一次在同學面前演講。

為什麼要進行這種訓練呢？因為不能學會當眾發表演講的話，就好比一個人不下水，就學不會游泳一樣。你可以讀遍那些有關當眾演講的文章，包括本書，有可能還是開不了口。書本只是一些詳盡的指引，你必須將書中的建議付諸行動才行。

當有人問蕭伯納，他是怎麼樣學得先聲奪人的當眾演說時，他答道：「我用自己學會溜冰的方法來做練習的——我固執的一個勁的讓自己出醜，直到我習以為常。」

在蕭伯納年輕的時候，他是倫敦非常膽怯的人之一。在拜訪他人的路途中，他常常在堤防上走上二十分鐘或更多的時間，最後才壯起膽子去敲別人的門。他說：「很少有人像我這樣因為單純的膽小而痛苦或極度的為它感到羞恥的。」

後來，他決心把自己的弱點變成最豐厚的資產。他無意間用了最快、最好、最有把握的方法來克服自己的膽小、羞怯和恐懼——他加入了一個辯論學會。倫敦每有公眾討論的聚會，他都會參加。蕭伯納全身心投入社會主義運動，並四處為該運動進行演講。結果，他成了二十世紀上中期最出色、最具信心的演說家之一。

對於我們來講，說話的機會垂手即得。開會時，千萬別敬陪末座，要盡量多說話！在公眾聚會裡站起身，使自己出個「風頭」，即使只是附議也好。讓自己有機會踴躍的參加各種聚會。只要你往你的周圍看看就會發現，沒有哪種社交、政治、商業、事業，甚至社區裡的活動能夠離得開向前邁步、開口說話的。除非你說話，不停的說，否則你永遠也不知道自己到底會有多大的進步。

一個年輕的商務主管曾對我說過：「這些道理我全都懂，但是我總是遲疑著沒有膽量面對學習的艱難考驗。」

我回答說：「什麼艱難考驗！快從心裡除去那種思想。你從來就沒有用正確的、征服性的精神來想過學習。」

他問我：「那是什麼精神？」

我告訴他：「冒險精神啊！」然後，我又讓他得知，當眾說話可以讓一個人的性格由此變得開朗起來，同時對於讓我們走上成功之路也有幫助。

最後他說：「我要試試，我要去進行這項冒險。」

當然，在你進行冒險時，你會發現，你的自我引導的力量與敏銳的觀察力會支持你。你會發現，這項冒險會改變你！

讓自己練就一流的口才

有這樣一個聰明的女士，儘管她平時說得很少，但卻享有盛名，被公認為是一個優秀的交談者。她在交談時的態度非常熱誠且善解人意。即便是最羞怯最怕事的人，在她面前也會被其鼓勵而談論自己身上最美的亮點，並感到自己能輕鬆自如的和她談話。她解除和驅除了別人的擔憂和疑慮，使得他們能夠暢所欲言，向她訴說難以向其他人訴說的東西。人們認為她是一個有趣的、成功的談話者，因為她能夠挖掘別人身上最出色的內涵。

如果你想使自己成為一個令人愉悅的人，你就一定要想辦法了解與你對話者的生活，並且用他們最感興趣的內容來感化他們。不管你對一個話題是了解得多麼透徹，如果它不能讓你的談話對象產生興趣，那麼你的一切努力大半都是徒勞的。

高明的談話者總是機智恰當——他在逗趣的同時，不會冒犯和得罪他人。如果你想令他人感到詼諧有趣味，你就不能戳傷他們的痛處，或者是對他們的家庭瑣事說個沒完。一些人有那種特殊的品質，他們能夠準確的挖掘我們身上最美的亮點。

林肯就是這樣一位出色的藝術大師，他讓自己在任何人面前都表現得詼諧風趣。他用有趣生動的故事和玩笑，使人們徹底放鬆緊張的心情，所以，很多人在他面前都感到非常輕鬆自如，以至於願意敞開心扉向林肯傾訴心底的祕密。陌生人總是樂於和他談話，因為他的熱誠和風趣，和他談話時猶如沐浴春風，並且受益良多。

像林肯所擁有的這種幽默感，當然是增強談話感染力的重要因素，但是，並非每個人都能如此幽默風趣。如果你缺少幽默的細胞，而又企圖強硬的製造幽默時，結果往往是適得其反，令你自己顯得可笑滑稽。然而，一個高明的談話者一定不能太過嚴肅或不苟言笑。他不過多的列舉一些枯燥的事實，不管這些事實的重要性有多大。因為枯燥的事實和單調乏味的統計資料只能給人一種沉悶和厭煩。生動活潑是高明的談話者所不可缺少的。沉重的談話惹人厭煩，而過於輕浮的談話同樣令人反感。

因此，要想成為一個優秀的談話者，你必須是自然而不造作，活潑而不輕浮，富於同情心而不扭捏，你必須從你的心底表達出一種善良的意願。你必須真正感覺到那種樂於幫助他人的熱誠，並且全身心的投入到那些令他人感興趣的事物之中去。你必須吸引人們的注意力，並且透過打動他們的內心來緊緊凝聚他們的注意力，而這只有借助於一種令人感到溫暖的同情和共鳴，一種真正友善的同情和共鳴——才能做到。如果你是冷漠的、缺乏同情心的、拒人於千里之外的，你根本不能抓住他們的注意力。

你必須心胸開闊，寬容他人。一個胸襟狹小、吝嗇小氣的人永遠都不會成為高明的談話者。如果某人總是對你的個人愛好、你的判斷力、你的鑑賞力橫加指責，那麼你永遠都不會對他感興趣。如果你緊緊的封閉了任何一條可以靠近你的心靈途徑，所有溝通和交流的管道都對別人關閉了，那麼你的魅力和熱誠就由此被切斷了，你們之間的談話只能是漫不經心的、馬馬虎虎的和毫無生氣的，不會帶有任何活力或感情。

你必須開放你的心靈，必須使你的聽眾靠近你，並以一種最自然的狀態去擁抱對方。你必須先作出回應，然後他人才會全部的向你展示自己，使得你自由的進入他內心的最深處。如果一個人在任何地方都是成功者，那麼其奧祕就來自於他的個性，在於他擁有一種能夠有效的表達自己思想的能力，用強而有力的、生動有趣的語言表達。他沒有必要透過羅列財富清單的形式向人展示自己有多成功，事實上，只要他一開口說話，財富就會源源而來，他的表達能力就是他最大的財富。

將活力和熱誠帶給聽眾

擁有旺盛精力的人總是特別吸引人，人們總喜歡聚集在精力旺盛的演說者身旁，就如同大雁總喜歡聚集在秋天的麥田裡一樣。而要保持旺盛的精力，必須擁有旺盛的體力才行。

我在聘用演說班的演說者及指導老師時，首先就要看看他們是否擁有健康的體魄，是否擁有活力、熱誠這些品質。

第一次世界大戰結束後不久，我曾在倫敦待了一段時間，一個星期天，我到海德公園閒逛。在這裡，帶著各種主義、人種、政治、宗教信仰的演說者皆可對自己的主張高談闊論，不受法律的限制。我第一個聽到的是來自一位天主教徒解釋的《教皇謬論》，接著我又走到另一群人身旁，聽其中的一位社會主義者對卡爾·馬克思的建議，然後我又來到了第三個演說者那裡，他正闡述著一個男人應有三妻四妾的合理性！

在這三群人中，聽眾最少的，大家可能都會猜到是鼓吹一夫多妻制的傢伙，事實的確如此，這個傢伙只有稀稀落落的幾個聽眾。出現這種情況，難道是題目不同的關係？但是，我想不是。經過觀察，我發

將活力和熱誠帶給聽眾

現，問題出在三位演講者身上。那位大談有三四個老婆多麼美好的傢伙，自己卻不像有討三四個太太的人。但是另外兩個演說者，則從幾乎絕對對立的觀點來說理論道，他們完全忘我的融入自己的演講中。他們用自己的性命和靈魂在論道，舞動手臂做著激昂的手勢，他們的聲音高亢而充滿信念。在他們身上，人們看到了一股令人振奮的活力與熱情。

一直以來，我都認為生命力、活力、熱誠是演講者最應具備的品質。

下面我提出的這三個方法，有助於你把活力和熱誠注入演講中，從而進行富有生動的演講，以凝聚聽眾的注意力。

一、選擇自己興趣濃厚的話題

在前面，我們曾一再強調，對自己要演講的題目要有深切的感受，這一點是至關重要的。在演講中，除非對自己所選擇的題目擁有特別偏愛的感情，否則就不要期望聽眾會相信你那一套。

這句話的道理很簡單，如果你對你選擇的題目有深切的接觸與經驗，對它充滿熱誠——像某種嗜好或消遣等，或者你因對題目曾作過深思或關切，因而全身心投入，那麼就不必擔心演講時沒有激情了。《銷售的五大金科玉律》的作者波西．懷汀告訴推銷員，萬萬不可對自己所售賣的東西一無所知。懷汀先生說：「對一項優良產品知道得越多，便會對它越熱心。」

此種情形用於演講題目是同樣道理——對它們懂得越多，你對它們也就越熱誠、越熱衷。

曾經，在紐約的我的某個班裡，舉行了一場演講會。這位演講者的熱誠產生的說服力鮮明的展現在我的眼前，至今我都沒遇到能超越他的人。我聽過很多令人心服口服的演講，但是這個被我稱之為「蘭草對山胡桃木灰」的案例卻獨樹一幟，最能證明「真誠戰勝常識」這一觀點。

在紐約一家名氣非常大的銷售公司裡，有一名一流推銷員提出過一個反常論調，說他能夠使「蘭草」在無種子、無草根的條件下生長。他說，他將山胡桃木的灰燼撒在新犁過的土地裡，然後在眨眼間，蘭草就生長出來了！他堅信山胡桃木灰有一種神奇的力量，而且使蘭草生長出來的唯一誘因只有山胡桃木灰。

在評論他的這一說法時，我溫和的告訴他，他這種非凡的「發現」如果是真的，將使他一夜之間暴富，因為蘭草種子每公斤幾百元。我還告訴他，這項發現會使他成為人類史上一位傑出科學家。我告訴他，沒有一個人發現這個奇蹟，也就是說，還不曾有人用無生命的物質來培育出新的生命。

我語氣平靜向他講述了這些，因為我覺得他的觀點極其錯誤，極其荒謬，無須極力駁斥。班上的學生也都認為他的論述非常謬誤，唯獨他自己沉迷於此，連一秒鐘的醒悟也沒有。他非常熱衷於自己的觀點，其程度簡直已不可救藥。他即刻起立告訴我，他的觀點沒錯。他抗議說，他並不是在引證某種理論，只是在陳述自己的經驗而已。

接著，他又繼續講下去，擴大了他的論述範圍，並提出更為詳細的資料，舉出更多證據，從他的演講聲中，我感受到了他的真誠與誠實。

但我再度告訴他：他所論述的觀點，正確率是非常微薄的。

沒想到他又立刻站起來，提議跟我打賭，讓美國農業部來解決這場紛爭。

你或許不能想像後來發生的事。班上有好幾個學生都被他爭取到了自己的立場上。許多人開始半信半疑。若是對此表決，我相信班上一半以上的精明人都會站在他那邊。我問他們，讓他們改變立場的因素是什麼？他們非常積極的回答說是演講者的熱誠和篤信。

看到班上的學員們如此輕信，並懷疑自己的常識，我只得寫信給農業部。我告訴他們，問這麼一個無比荒謬的問題，真覺得不好意思。果然，他們答覆說，在山胡桃木灰裡，要使蘭草或其他有生命的東西生長出來是不可能的。此外他們還告訴我說，他們也收到一封來自紐約的信，問的是同樣的問題。原來，那位推銷員對自己的主張太有把握了，便忙著寫了封信給農業部。

這件事在我心中留下了深刻的烙印，同時告訴了我一個非常有益的啟示：

演講者若是熱切強烈的相信某件事，並強烈熱切的發表自己的觀點，便能獲得人們對他的信仰和擁護，即使他宣稱自己能從塵土和灰燼中培植出蘭草也無妨。

既然如此，我們歸納、整理出來的信念，擁有常識和真理，加上真誠，就會使自己的演講產生更大的說服力。

二、表達自己的真實感情

在演講時，如果你要告訴聽眾關於一個警察的故事，由於你開車超速而受到了阻攔。你可以以一個旁觀者冷靜、漠然的態度來告訴聽眾這件事，然而這件事發生在你身上，你會有某種切身的感受，這種感受會使你用十分明確的語言真實表達出來，用第三人稱的論述方式卻不能收到很好的效果。他們會喜歡知道，那個警察開罰單給你時，你的心理感受。所以你越是能讓自己描述當時的情景，或是重造當初感受的情緒，你便越能生動逼真的表達自己，從而使自己的論述更具說服力。

我們去看話劇、電影的原因之一，就是想見到、聽到真實感情的表露。

我們很害怕會當眾吐露自己的情感，因此去看話劇，來滿足這種感情流露的需要。

因此，在眾人面前演講時，你便會按照自己傾注談話中的熱心程度而顯露出自己的熱誠與興趣。不要抑制自己真誠的情感，也不要在自己真實感人的熱情上頭加個「閉氣閥」。讓聽眾看看，你對談論自己的題目所擁有的熱誠，這樣你就可以完全掌控他們的注意力。

三、具備活潑的表現

當你面對眾人發表演講時，應是充滿期盼的神態，而不要表現得如臨刑場。或許大部分的輕快雀躍的腳步是裝出來的，但是卻會為你製造奇蹟，並令聽眾覺得你自己有非常熱切想要表達的想法。

在演講之前，做一下深呼吸，不要靠著講桌或其他東西。頭抬高，下顎抬起。你就要告訴聽眾一些有價值的事情，因此你全身每一部分都應該準確無誤的把資訊清楚傳達給他們。

在演講中，權力都掌握在你的手中。若能設法將聲音傳至大廳的後方，這樣的音效會讓你更有把握。一旦加上手勢的力量，會讓你的神經變得更加興奮。

羅斯福總統曾說過：「表現活潑，這樣讓自己所做的一切便會自然熱烈起來。」

總之，記住這句話：表現活潑，便會使你感到熱烈。

吸引聽眾注意力的這一祕訣是：用活力和熱誠感染聽眾。

讓聲音變得甜美而有韻律

一個人講話時的聲音是否優美動人，跟他受歡迎的程度及社交上的成功密切相關。事實上，沒有什麼東西可以像甜美而有韻律的聲音一樣，如此真實的反映出一個人良好的教養和高雅的品味。「如果把我與一大群人關在一間黑暗的屋子裡，」羅傑說，「我可以根據人們的聲音分辨出誰是溫文爾雅者。」

據說在古埃及的早期歷史中，法庭上只允許出示那些寫在書面上的辯護詞，之所以如此，目的就是要防止坐在長椅上的法官面對滔滔不絕、蠱惑人心的聲音而受到影響或蒙蔽，從而失去其應有的公正。在宣告判決時，主持審判的大法官作為真理女神的化身，只是用極其少言寡語的方式來判決。

當想到人類的聲音能產生如此巨大而神奇的力量時，再回過頭來看看，現實生活中，我們的孩子們並沒有受到任何良好的有關聲音的訓練，這難道不是一種恥辱，甚至是一種犯罪嗎？當我們看到一個個童稚活潑的、朝氣蓬勃的孩子一邊接受著最優良的教育，一邊卻發著沒有任何變化、平板呆滯、喑啞嘈雜的聲音時，我們難道不感到痛心和遺憾嗎？毫無疑問，那些扭曲的、只是從喉嚨榨出來的乾澀聲音，將對他們未來的事業和職業前途產生嚴重的影響。想一想，如果是一個女孩子，這是一種多大的障礙啊！她們原本應該是有著如露水般未沾一點塵泥、如春風般徐徐飄揚、如清泉般暢流激奔的聲音的！

然而，我們在美國，隨處可以看到那些從大學或學院畢業的年輕男女們，他們在這樣一些重要的教育機構裡學習著死氣沉沉的呆板的語言，學習著數學、自然科學、藝術和文學，而唯獨沒有學習應如何發出優美動聽的聲音，他們的聲音往往是那樣的嘈雜刺耳。

相反的，當人類的聲音經過適當的訓練，並得到適當的調控之後，又非常的富於感染力，非常的迷人動聽！當我們聽到一個聲音清晰的從喉嚨中發出，每一個字都是如此的清澈、簡潔又充滿韻律，就像從一把聖潔的樂器上撥彈出來的最動聽的音符一樣，難道我們不感到那是一種真正的愉悅身心的享受嗎？

我認識一位女士，她的聲音非常清脆圓潤、和諧雅麗，所以，不管她到任何地方，只要她一發出聲音，所有的人便都洗耳恭聽，因為他們無法抵抗這如此富於魅力的聲音。那種真純、爽朗、充滿生命活力的聲音，就像從乾裂的地面噴出的一股清泉，就像從寂靜的山谷湧上的一注急流，涓涓流入每個人的心頭，恰似生命中最美妙的樂章。事實上，這位女士的相貌相當普通，甚至可以說是有些醜，然而她的聲音卻是那樣的聖潔甜美：那為她帶來了不可阻擋的魅力，並且也從某個層面象徵著她高雅的素養和迷人的個性。

我在社交場合中經常能聽到那種尖聲尖氣或是粗聲厲語的女人聲音，我感到自己的神經受到了很大的壓迫，情緒也無端的會變得煩躁，因而我不得不一次又一次的從她們的身邊逃離。

純潔、和諧、生氣勃勃的聲音象徵著內在的修養和氣質，每一個音節、每一個字元、每一個句子都得到了如此清晰圓潤的表達，它們是那樣的抑揚頓挫、那樣的高低有致，就像一串在春風中抖動的銀鈴，有著多麼神奇漫妙的節奏啊！而且，對絕大多數人來說，只要你願意，你就可以擁有上帝饋贈給人類的這一神奇禮物。

學會如何讓聲音變得優美動聽，是受歡迎的一個重要條件。

讓人能夠理解你的技巧

每天，我們都要提出說明或指示，做出解釋和報告。其實能清楚表達自己的能力比說服別人採取行動的能力，更為重要。

在現代社會裡，能清楚表達自己意願的能力已成為一種必要。美國著名企業家歐文．楊就十分注重這一點，他告訴我們：當一個人非常努力的讓他人了解自己時，他已經打開了通向溝通的大門。當然，在當今這個社會裡，人越來越需要與別人合作，因此，也越來越需要相互了解。語言是傳遞資訊、增強理解的主要工具，所以，我們必須懂得運用語言的技巧。要明白不僅是簡單的運用，而應是有針對性、具體情況、具體對待的靈活運用。

下面將提供一些技巧，以幫助你領會語言的運用，使聽眾能充分了解你。

一、使概念具有條理性

無論是哪種題材，都可以因恰當的安排而提高效果。這包括時間，空間，或特殊話題的安排等等。譬如說，在安排時間方面，你可以先選定一個日期，然後就這個日期向前或向後敘述；或是把題材就過去、現在、未來的順序進行安排。此外，對事件的所有說明必須由第一手資料開始，然後經過各種製作過程而生產出成品。當然在這個過程中應安排多少細節，就要根據其所擁有的時間長短而定。

在空間安排方面，你可以把自己的概念先依著方向，如東、西、南、北等逐一介紹；或是由中心點開

讓人能夠理解你的技巧

始，然後逐漸向四周延展。舉例來說，你想介紹美國首都華盛頓，不妨由白宮談起，然後根據方向，按順序說明每一個值得介紹的地方。

許多題材都擁有一種「既定關係」，比如你現在想介紹美國政府的組織設置，那麼最好按著這個組織的習慣架構來討論，如行政機關、立法機關、司法機關等。

二、重點突出

在演講過程中，要想讓聽眾更清晰的理解你說的話，把要點一個個的突出列舉出來也是一種好方法。「我所表達的第一個要點是……」談話者可以這樣直言坦白。把這一點討論完畢，可以坦誠的說，現在要談第二點，這樣一直談到結束。

經濟學家保羅．道格拉斯就相當喜歡採取這樣的方法。下面我們來看他在談到刺激商業復甦時的說法。他是這樣開始談話的：「我的主題是這樣：最迅速、最有效的方式，是透過對中、低收入民眾減稅，也就是對那些幾乎花光所有收入的人們減稅。」

他又繼續說道：「明確的說……」「進一步說……」、「還有……」「其中有三個主要原因，第一……第二……第三……」「總之，我們即刻需要做的是對中、低收入階層實行減稅政策，以增加需求與購買力。」

三、用對方熟知的觀念解釋新觀念

我們經常會看到這種情況，有時你費盡口舌解釋半天，結果仍然無法讓聽眾明白自己的觀點。這些觀念你自己非常清楚，但要使聽眾一樣對它明晰，就必須深入作解釋。這時，最好是採用這種方法：用聽眾已熟知的東西作參照物，這樣就容易解釋清楚，聽眾也易於接受了。

這裡有個例子可以說是最佳典範。有些傳教士在異地傳教時，發現聖經上的某些詞句，自己也很難用貼切的、適合的語言表達出來。如在赤道非洲地區，以下的句子若僅按照字面解釋，就很難讓當地原住民理解其中的意思：「雖然你們的罪孽如血一般殷紅，仍可以將它洗滌得如雪一般潔白。」那些傳教士是否照著字面上的意思來解釋呢？那些生長在熱帶叢林的原住民，從沒見過白色的雪的。然而那些原住民卻常攀上椰子樹去摘取椰子，因此傳教士便把上面的句子這樣表達了出來：「雖然你們的罪孽如血一般紅，卻可以將之洗淨得如椰肉一樣白。」

做了這樣的改變以後，是不是使其說服更生動逼真了呢？

四、避免使用專業術語

如果你是專業性的技術人員，如律師、醫師、工程師，或從事特殊的商業工作，當你面對一般聽眾演講時，請記住用普通的日常用語，必要時還須詳細解釋一下。

亞里斯多德曾說：「思考時，要像一位智者；但講話時，要像一位普通人。」如果你必須使用專業用語，就得先詳細說明一下，並確定每個聽眾都能聽懂那些用語的意思。尤其是碰到再三使用的關鍵字，那就更值得你去關注了。

對此，你一定要加倍小心，因為我聽過許多次專業性的演講，許多人就是忽視這一點而導致失敗。這些演講人完全沒有注意到一般大眾對那些特別用語是陌生的，於是他們的演講弄得聽眾如墜入雲霧之中，給人一種不知所云的感覺。

讓人更好理解你的第四個技巧：避免使用專業用語。

因此，讓人更好理解你的四個技巧是：

（一）使概念具有條理性
（二）重點突出
（三）用聽眾熟知的觀念解釋新觀念
（四）避免使用專業用語。

戰勝恐懼，樹立自信

愛默生說：「恐懼與世上任何事物相比，更能擊潰人類。」恐懼的確讓人們覺得心神不安，甚至嚴重影響了你的生活。

現在，我發現，學習在大眾面前說話是一種克服恐懼的天然方法。它不僅可以讓人克服不安，而且還能培養你的勇氣和自信。因為當眾說話，可以使我們扼制住自己內心的恐懼。

多年來，透過訓練人們當眾說話，我已經發現了很多辦法和手段，可以幫助你很快的克服當眾講話的恐懼，並在經過短短數週的訓練之後就會產生信心。

一、是什麼原因讓你害怕當眾說話

對大學學生的調查表明，演說課中八〇%至九〇%的學生，在上課之初都會有上台的恐懼。相信，在我的成人班裡，在課程剛開始時，學員登台時感到恐懼的比例幾乎達到百分之百。

其實，某種程度的恐懼感對講話者是會有一定的益處，我們天生就有能力應付客觀環境中這種不平常的挑戰。因此，當你注意到自己脈搏加快、呼吸也快起來時，不要緊張，因為你的身體一向對外來的刺激保持著警覺，這時它已經做好準備來應付這種意外情況了。如果這種生理上的預警信號是在某種合理的限度內出現的，那你會因此讓思維轉動得更快，說得更流暢，會比在普通狀況下說得更為精闢、有力。

我們要時刻記住，因為你需要面對很多人說話，一定程度的恐懼是必然的。但是，你應該憑藉一定程度的恐懼來讓自己發揮得更好。即使你的恐懼變得很劇烈，造成言辭的不暢、心靈的滯塞、肌肉過度痙攣，從而嚴重影響了你的說話效果，你也無須絕望。這種症狀對於初學者經常多見。只要你多下工夫，就會發現這種上台後的恐懼感，只要善於控制，其程度很快便會降低到某一限度，它會演變成為你的一種動力。

許多職業演說者都曾告訴我，他們從來就沒有完全消除登台時的恐懼感。他們在開講之前，都或多或少的存在恐懼感。並且，這種害怕的心理在剛開始時仍會延續，但是，經過一段時間的心理調整後，就可以進入正常狀態了。

其實，你害怕當眾說話的主要原因，是因為你不習慣於當眾說話。

羅賓遜教授曾說過：「恐懼大多是由於無知與不確定感而產生。」對大多數人而言，當眾說話難以預料，其結果不免令人充滿焦慮和不安。對於一個新手來說，那更是一連串複雜而陌生的挑戰，它要比學打網球或駕駛汽車更為繁雜。然而，要使這種可怕的挑戰變得較單純而輕鬆，唯一的辦法就是練習、練習、再練習了。當然，你會發現，在你累積了成功的演說經驗之後，像很多人一樣，當眾說話就不再是一種痛苦，而是一種快樂了！

二、考慮細節，充分準備

一九一二年以來，因為職業上的需要，我每年都要評鑑五千次以上的演說。但是，這些演講經歷也給我上了一堂課：只有那些準備充分的演說者才能獲得自信，從而演講成功。

如果你想培養一種自信，何不在你演說之前就做好充足的準備，以增強自己的安全感呢？

林肯說：「我相信，就是經驗再豐富，再老到，我要是無話可說時，也無法免於難為情的境地。」可以這樣試想一下，當一個人上戰場時，如果他的武器出現了故障，而又身無半點彈藥，他憑什麼向敵方發起猛攻？著名演講家丹尼爾．韋伯斯特曾說過，毫無準備就出現在聽眾的面前時，就像是他未穿衣服就跑在大街上一樣。

一、在朋友面前預講

演講之前，你應該先演練一下。

傑出的歷史學家對作家做過類似的忠告：「找一個對你的題材有興趣的朋友，盡情的將你的心得傾訴給他聽。這種方式，可以幫你發現可能遺漏的見解、事先預料不到的爭論，並能從中找到最適合的講述方式。」

你可以把你選來做演講的主題用來和朋友及同事進行日常談話。你不必搬出全部內容，只須在午餐桌前傾過身去，說些類似這樣的話：「露絲，你知不知道，有一天我遭遇了一件不平凡的事，讓我告訴你吧！」露絲可能很願意聽聽你的故事。仔細觀察對方的反應，聽對方的回應，說不定他會有什麼有趣的想法，而那恰恰是頗有價值的。他不會知道你是在預演，等到你預演完畢之後，他也許會說，談得真痛快。

二、不要全篇背誦，一定要把握主旨和主體

美國資深新聞評論家海格，當他還是一名哈佛大學學生時，曾參加過一次演講競賽。當時他的題材是一則短篇故事，題為「先生們，國王」。為了取得演講的成功，他把它一字不漏的全背了下來，並且，還預講了數百次。但是，正式比賽時，當他在說出題目「先生們，國王」之後，腦子裡頓時一片空白。其實，當時豈止是一片空白，腦子裡壓根兒就漆黑一片。他頓時嚇得不知所措。絕望之下，還是開始用自己的話來說故事。他終於成功了！當評審頒給他一等獎的時候，他真是吃驚極了。從那天開始，海格便不再背誦一篇講稿。他在總結從事廣播事業的祕訣時，他說他只是做些筆記，然後用自己的語言自然而然的對聽眾說話，絕不用講稿。

其實，許多演說者為了保護自我，以免在面對聽眾時腦中頓時一片空白，便一頭陷入了通篇背誦的陷阱裡。「充分的準備」難道就是背誦演講詞嗎？對於這個觀點，我並不認同。一旦你染上了這種「心理麻醉」

癮，你就會無可救藥的把一些時間浪費在準備，這樣會減弱你的演說效果。

我們平常說話都是出於自然，絕不會去搜腸刮肚細想每句話、每個詞該怎麼說。我們隨時都在思考著，等到思路清晰明亮時，便會像呼吸空氣一樣，不知不覺的自然說出。

年輕時，邱吉爾也是寫講稿、記講稿。後來有一天，當他在英國國會大背講稿時，思路突然卡住了，腦海裡一片空白。他尷尬極了，也感到羞愧極了。他把上一句重背一遍，但是，腦子仍是空空的，他的臉色大變，難堪極了，他只好頹然坐下。從那以後，邱吉爾就再也不背講稿了。

儘管可以逐字背誦講稿，但是一旦面對聽眾時，我們就很容易遺忘。即使沒忘掉，說出來的話也會變得十分機械、呆板，因為它只是出於記憶，並非發自我們的內心。當我們私下與人交談時，總是一心想著要說的事，然後就直接說出來，我們並不會去特別留心哪一個詞句是什麼。既然我們平時都是這麼做的，現在為什麼要改變呢？

林肯曾說過：「我不喜歡聽平淡的、枯燥呆滯的演講。當我聽人布道時我喜歡看他表現得像是在跟蜜蜂搏鬥似的。」

林肯說，他喜歡聽一個演說者在演講時的自在、隨意，而且能有抑揚頓挫。但是，如果你是在講台上背誦、記憶字句時，是絕不會表現得像和「蜜蜂搏鬥」似的。

我聽過數不清的年輕男女講過他們背誦講稿的故事，他們之中無不是在把講稿扔進字紙簍之後，才講得更有效、更生動、更具個性的。這樣做也許會使你遺忘了某些要點，演講時顯得有些散漫，但這樣起碼顯得更有人情味。

三、彙集整理意念

每個人準備演講時，都需要一個方法。我有一個恰當的方法，而且並不複雜深奧。只需要在你的生活背景中，搜尋那些有意義、曾經教導你有關人生內涵的經驗，然後，把這些經驗提煉出來的概念、思想、感悟彙集在一起就可以了。

四、充滿自信的行動

關於這一點，你有三個技巧要牢記：

（一）學會激勵自我

除非抱有某種遠大的目標，並認為自己在為此而奉獻生命，否則任何一位演說者都會自己題材持有懷疑的時刻。他會問自己，聽眾是否會感興趣，題目是否恰當等。很可能一氣之下便把題目改了。遇到這種情況，當消極思想極有可能完全摧毀你的自信時，你就該為自己做一番精神激勵。用簡明、平實的言詞告訴自己，你的演講題材是很適合你的，因為它緣於你對生命的看法，來自你的經驗。跟自己說，你比聽眾中任何一位都更有資格來做這番特別的演說，並且，你將全力以赴，把這個問題闡述清楚。

（二）不要考慮你的失誤

舉例來說，設想自己講至中途某處會突然停止，或會犯文法錯誤，這就是一種負面的假想，它很可能在你開始之前就能摧毀你的信心。演講開始之前，要把注意力從自己身上移開。集中精神聽聽別的演講者說些什麼，把注意力全部放在別人身上，這樣登台時就不至於造成過度的恐懼和不自信了。

（三）表現得信心十足

美國總統狄奧多．羅斯福在他的自傳中寫道：「因為自己曾是一個病懨懨而又笨拙的孩子，年輕時，我總是對自己的能力有所懷疑。我不得不艱苦而辛勞的訓練自己，這種訓練不只是身體，而且還有靈魂和精神。孩提時代，我在一本書裡讀到一段話，印象極為恆久，並時時刻刻將之銘記在心。在這段話裡，一艘小型美國軍艦的艦長向主角解說怎麼樣保持無所畏懼。他說，起初每到行動時，人人都會害怕，不過他應遵從一個法則——駕馭自己，讓自己表現得好像無所畏懼。只要這樣持之以恆，原先的假裝就會成為事實，而他只不過是透過練習一種無畏的精神而潛移默化的變成了無畏的勇士。這是我以此作為訓練自己的理論。剛開始，我害怕的事情很多，從野馬、大灰熊到槍手，無一不怕，但是，我總是能表現出無所畏懼的樣子，漸漸的我便停止了害怕。其實，每個人要是願意，也能像我一樣。」

接受羅斯福這個勸告吧！如果你想給人很勇敢的形象，那你就表現得好像真的很勇敢。運用一切意志去達到那個目標，勇氣就很可能會取代恐懼感。

為了表現得信心十足，以培養勇氣，當你面對觀眾時，不妨表現得就像真的很有勇氣一樣。當然，除非你早有準備，否則再怎麼表演也是無用的。如果你對自己所講的東西已到了信手拈來的程度的話，那就輕鬆道出就是了，並且在講話之前作一次深呼吸，效果會更好。一位傑出的男高音常說，如果你氣充胸膛，可以席氣而坐，緊張感便自然消逝得了無蹤影了。

面對聽眾之前，應深呼吸三十秒，增加氧氣呼吸可以提神，給你勇氣。

身體站直，看到聽眾的眼睛裡去，然後信心十足的開始講話，好似他們每個人都欠你的錢似的。如果他們欠你的債，此時聚在那裡要求你寬限還債的期限。這種心理作用對你大有幫助。

可以說，克服當眾說話的恐懼，對於我們做任何事情都會產生極大的潛移默化的功效。那位「我不敢邀請鄰居到家裡來，恐怕自己無法使得賓主談笑盡歡」的家庭主婦南茜告訴我們的一位代表：「上過幾次課，並站起來講過話之後。我毅然開了第一次宴會，而且十分成功。我往來於賓客之間。使他們歡談說笑，氣氛輕鬆愉快。」

推銷員傑克遜如此說道：「在班上站起來幾次之後，我覺得任何人都能夠應付了。一天早上我走到一家特別凶悍的買主面前，他還沒來得及說『不』，我已經把樣品都攤開在他的桌上了。結果，他給了我一份最大的訂單。」

那位「我很害怕顧客，我給他們一種印象，好像我總是戰戰兢兢的」店員泰森說：「在班上演講過幾次後，我感覺自己說起話來更有信心、也更從容了。我開始理直氣壯的說出不同的意見。當我在班上演講後的第一個月裡。我的銷售成績便上升了四五％。」

他們覺察到，現在自己能夠輕易的克服掉面對每一位客戶的恐懼和焦慮，並且從前可能會失敗的事情，現在卻變得成功了。

其實，接受挑戰的人都會發現自己人品俱佳，會發現自己一旦戰勝自己當眾說話的恐懼，他們就會脫胎換骨，實現一種更豐富、更圓滿的人生。

用詳實的資料吸引聽眾

但凡擁有理智的人，都不會在沒有圖紙的情況下便開始建造大廈。同樣的道理，一個人為什麼在對自己所要達成的目標都沒有任何概念的情況下，便信口發表演說呢？演講是有目的的說話，你必須事先繪好你的流程圖。一個人如果隨便從某處開始，他通常走不了多遠，便在某處停止了。

我非常喜歡拿破崙的這一句話：「戰爭藝術是一門科學，未經籌畫與思考，休想成功！」他講的這個道理同樣適用於演講。所有的演講者是否都明白這一點？就算明白了，是否真的這樣行動了呢？未必！許多演講者都不願在做計畫與安排上花費時間，初學演說的人更是很少在事前做計畫。事前的計畫需要花費時間，需要認真的思考，更需要堅強的意志力，用腦思考是一項令人感到痛苦的事情。

發明大王愛迪生就曾把一段名言抄了下來，釘在他工廠的牆上：「成功之道，唯有用心思考，別無捷徑。」

我們應該堅信這句話：「預先計畫就能領先。」

當你準備進行演說時，你完全可以把這句話當做你的座右銘。對於演說怎麼樣開始一定要事先計畫好，因為在聽你演講前，聽眾的腦海裡還是一片空白，容易記住你說的話。對於演說結束時，想讓聽眾對你留下什麼樣的印象也要事先計畫好，因為演講結束後，你的觀點就會留在聽眾的腦中，沒有任何事情能夠去改變。

準備演講，是否就是將一些漂亮的詞句寫下來，把這些詞句拼湊在一起？不，絕對不是！是不是把一些偶然出現、但對你個人沒有真正意義的念頭，集合在一起？也不是！

所謂「準備」，它的真正意義就是把「你」的思想、「你」的念頭、「你」的創造力集合在一起，讓自己真正的擁有這種思想和創造力。只要你有一個清醒的頭腦，你就一直不會缺少它們，它們甚至大有可能成群結隊的出現在你的夢中。在你漫長的一生中，時時都充滿了不同的感覺與經驗。這些東西隱藏在你的腦海中，日積月累，慢慢堆積成了「山」。「準備」還有一層含義，就是思考、沉思、回憶和選擇最能凝聚你注意力的事情，然後把它們加以修飾，整理出一個可以成為自己思想的精工製造品，也就是自己的原創作品。

聽起來這個計畫似乎很難實施，事實上卻並非如此。對於某一特定目標，只要你專心致志、善於思考，並付諸行動，就可能獲得成功。

當你在準備自己演講的資料時，相信下面幾種辦法會是你最佳的選擇。如果你能採用這些資料，保證一定會吸引聽眾。

如果你遵循這些步驟去準備演講，你便很容易獲得聽眾的熱切關注。

一、演講內容要具體、詳細

多年前，在紐約我的一個訓練班裡，有兩個學員同時加入了訓練班。一位是哲學博士，另一位是年輕時曾在英國海軍服役、性格粗暴的傢伙。這位溫文儒雅的學者是位大學教授，而他那位曾經遨遊過所有海洋的同學卻只是街邊的一名流動攤販。

然而出人意料之外的是，在這個演講訓練班的訓練過程中，那位流動攤販的演講比那位大學教授更具吸引人。為什麼？原來，在那位大學教授的談話中，充滿了「人有善良和自私兩面性」諸如此類的論斷，卻缺乏吸引他人的基本要素：實質性的具體化內容。他的談話沒有主旨，過於空泛，讓人無從把握。而那位流動攤販正好相反。他開口之後，就立即直指話題的重心。演講內容明確，而且也很具體、實在，讓人一聽思維就非常清楚。再加上他那充沛的男子漢活力，以及新鮮的詞句，使得他的演講氣氛十分活躍。透過這個例子，我想說明一點：一個人只要說話具體而明確，不管他的教育程度怎麼樣，他談話的內容都會具有吸引力。

二、演講範圍要限制

演講的題目一旦確定之後，就要框住自己演說的範圍，並一直限定在這一範圍內，不要試圖去涵蓋一望無際的領域。在不超過五分鐘短短的演講裡，只能期望說明一、兩點就夠了。稍長一些的演講，如三十分鐘的演講，演說者如果想包含四或五個主要話題，也很少能夠成功。

比如一個人只講兩分鐘，而他所選擇的題目卻是「從西元前五百年的雅典至朝鮮戰爭」，大家要記住，這只能夠導致失敗！他才講完雅典城的建造，他就該結束了。他在一場談話中包容太多的東西，人們根本就不知道他所論述的重點在哪裡，結果什麼也沒有告訴大家。希望大家能記住這個極端的例子。

我曾聽過許多演講，都因為同樣原因——涵蓋太多的論點而無法凝聚聽眾的注意力。

為什麼會出現這種情況呢？因為人的思想不可能長時間去關注一連串枯燥空洞的事實。如果你的演講聽起來像是世界年鑑，你便無法長久的把握聽眾的注意力。

演講者明智的做法應該是，選擇一個簡單的題目，如《黃石公園之旅》等。多數演講者對這樣的題目都會十分熱烈、一無所漏的對公園中每個景色都說上一些，聽眾就會對此話題產生興趣，以令人難以置信的速度，從這一景點遊至另一景點。等到演講者演講結束時，存留在聽眾腦海之中的，就會只剩下一些模糊的景象。如果演講者把內容限定在公園的某一方面，例如野生動物或溫泉，這場演講肯定會深入人心！這時他便可以趁勢向聽眾展示出一些生動的細節，讓黃石公園以鮮麗的顏色與無窮的變化生動、形象的展現於聽眾眼前。即使聽眾從未去過那兒，演講者的動人話語也會給人帶來一種如臨其境的感覺。

不管對哪件事情或話題來說，這個原則永遠都非常適用。

三、題目要精益求精，力求精練

比起去挖掘事實，浮光掠影、淺及表面的演說要容易得多。但你選擇一種容易的辦法，聽眾只能獲得一些淺顯的印象，甚至一點印象也沒有，這樣的演說又何談成功呢？

因此，要想在聽眾的腦海中留下深刻的印象，就要在題目範圍縮小後，對題材進行「千錘百鍊」。即多問自己一些問題，以便讓自己對題目擁有深刻印象，使自己充分準備，並能以權威的口吻講述自己選擇的題目，如：

（一）　我為什麼要相信它？

（二）　它究竟是怎樣發生的？

（三）　在現實生活中，我何時見過這一點並證實無誤？

（四）　我真正想證明的是什麼呢？

（五）　一一找出這些題目的答案來，你就等於做好了充分的準備。據說，植物界怪傑路德．伯班克培植了一百萬種植物，但他只是從中選擇一、兩種最高級品種。演講也應如此。圍繞自己選定的主題彙集一百種想法，然後只取其中一〇%左右的部分。

暢銷書作者約翰．甘德曾說：「我搜集的素材比我真正使用的材料總是多出十倍，有時甚至多出上百倍。」他的行動尤其印證了他的話。

有一段時間裡，他著手寫一系列有關精神病的文章。他前往各地的醫院，與院長、護士和患者分別談話。我有一位朋友和他在一起，對他的研究工作曾給予了一些微小的幫助。他告訴我說，他們上下樓梯，從這棟樓跑到那棟樓，日復一日，不知道走了多長的路。而甘德先生也收穫了不少東西。在他的辦公室裡，堆滿了成疊的政府、各州、醫院的報告和各個委員會的統計資料。

我朋友告訴我：「最後，他寫了四篇短文，既簡單又有趣味，是很好的演講題材。寫成文章的紙張，也許只重幾百公克。而記得密密麻麻的筆記本及其他東西，作為這幾百公克產品參考，卻一定有幾十公斤的重量。」

甘德先生非常清楚，他挖掘的是價值連城的「礦石」。他知道自己不能偏向於任何一部分。他從事這行經驗特別充足。他集中所有的心思，然後把「金子」篩出，而他的那四篇文章便是他要挖掘的「金子」。

我有一位外科醫師朋友曾說過一句非常經典的話：「我可以在十分鐘內教會你取出盲腸的方法，卻要花費四年的時間教你出了差錯時要怎麼應付。」

同理，對於演講來說，也應當周密準備，以應急變。比如說，因為前一名演講者的觀點，你只好改變自己演講的重心，或是在講後的討論時間裡，回答聽眾所提出的相關問題。

如果你能在最短的時間選好題目，並作好充分準備，「潛意識」上你就獲得了成功。

如果早早將題目決定好，你的「潛意識」便能派上很大的用場。利用每天工作結束後的零散時間，你便可以深入探索、研究自己的題材，把要傳達給聽眾的想法進行精煉和雕琢。在等候公共汽車或搭地鐵時，不妨讓自己思考一下關於自己的演講題材。靈感一閃的領悟，大多來自這段孕育期間。你很早的就將題目選好，腦子便能在下意識裡對它進行錘鍊。

四、演講要例證充足

魯道夫．弗里奇在《暢達的寫作藝術》一書裡，在第一章的開頭便這樣寫道：「只有故事才能真正暢達可讀。」緊接著，他利用《時代》與《讀者文摘》說明怎麼樣使用這項法則。他說，這兩份影響力頗深的雜誌，每一篇文章幾乎都以純粹的敘述文字慷慨的寫滿趣聞軼事。

我們不得不承認，當眾說話講故事也具有駕馭聽眾注意力的力量，就彷彿為雜誌寫作一樣。

關於諾曼．文森特．皮爾的演講，曾在收音機和電視機中為千千萬萬的人們所收聽、收看。他說他演講中提出某種觀點時，最喜愛舉出實例，以支持自己的論點。一次，他告訴一位採訪記者說：「使用真實的例子，是我知道的最佳方法。它可以使某種觀點鮮明、有趣，且具有說服力。通常情況下，我總是使用好幾個例證來支持每一個主要論點。」

我們怎麼樣才能獲得使用實例的技巧呢？

以下有五種技巧可供選擇：

①人性化
②個人化
③細節化
④戲劇化
⑤視覺化

五、創造鮮明的景象

對於每位演講者來說，最大的目的就是獲取聽眾的關注。殊不知，在此過程中，還有一個極為重要的技巧，而這一技巧卻總是被人們所忽視。一般的演講者似乎並未注意到它的存在，也恐怕從未感覺到它，想到過它。我所要提出的技巧是，怎麼樣運用能製造心理圖像的字眼。聽來讓人輕鬆愉快的演講者，一定能使聽眾在腦海中產生景象，讓人「聽其言」就能「會其意」。那些使用模糊、平庸、毫無色彩的字眼的人，只會讓聽眾昏昏欲睡。

人們的眼睛喜歡明確、特殊的東西，因此在自己的腦海中就會自主的描繪出鮮明圖像，使它獨立突出、顯著分明，讓人有親眼所見之感。比方說，聽到「狗」這個詞，便使人或多或少的想起了這種動物的明確圖像——也許是隻短腿、長毛、大耳下垂的小獵犬；也許是一隻蘇格蘭獵犬；也許是一隻聖伯納犬，或是一隻波洛尼亞犬。不妨留意一下，演說者說出「鬥牛犬」（一種短毛、方嘴、勇敢、頑強之犬）時，跳入你腦海裡的圖像會更加明確。當你說「一匹黑色的雪特蘭迷你馬」時，這要比說「一匹馬」形象多了。「一隻白色的、斷了腿的矮公雞」相對於一個「雞」字而言，不是更能給人一種準確而顯明的圖像嗎？

演講者如果能把圖像串連在演講的內容中，那麼你的談話就會更有趣，也更能說服人。

拿下面這個例子為證，假設你想說明，尼加拉大瀑布每天所浪費掉的潛在能量極為驚人。如果你單單這樣說，然後又加上一句：如果能對這些能量加以利用，並用收穫的盈利來購買生活的必需品，那麼將有很多人不再餓肚子。這樣的敘述方法是否會讓人產生興趣呢？肯定不會。但是，下面讓我們來看看愛德文·史洛森的《每日科學新聞公報》，是怎樣對這件事進行報導的：「大家都知道，美國境內有幾百萬窮人缺糧少衣。然而，在尼加拉大瀑布這兒，每小時所浪費的資源可以相等於二十五萬條麵包。我們可以在大腦中想像一下這樣的畫面，如果印花布不斷從一架像尼加拉河那樣寬達四千英尺的織布機上織出來，那也就意味著，同樣數量的布料被浪費掉了；如果把卡內基圖書館放在瀑布下面，大約在一兩小時內就能使整座圖書館裝滿各種好書；如果每小時有六十萬枚新鮮雞蛋從懸崖上掉下去，在漩渦中就可製成一個大蛋捲。此外我們還可以設想，一家大型百貨公司每天從伊利湖上游漂下來，把它的各種商品沖落到一百六十英尺下的岩石上。可以想像得出，這會是一幅多麼壯觀而有趣的景觀，也像目前的尼加拉大瀑布一樣吸引人，而且也不用再花錢維護。然而有些人可能會認為這麼做太浪費了，從而加以反對，就如同目前有人反對利用瀑布流水的能量是同一個道理。」

讓我們來觀察一下這裡有哪些詞句像圖畫一樣生動：「二十五萬條麵包、六十萬枚鮮雞蛋自懸崖上滾落下去、漩渦中的大蛋捲、花布從四千英尺寬的織布機跑出來、卡內基圖書館被放在瀑布下、書籍、一個漂浮的大型百貨公司被沖落……」

要想不對這樣的一場演說或文章動心，恐怕會非常困難，就彷彿是讓人們不對電影院銀幕上正在放映中的電影投予一點注意力一樣，這又怎麼可能呢？

在《風格的哲學》這一著名的論文裡，作者赫伯特．史賓塞指出，絕妙的文字可以幫助讀者製造鮮明的圖像。他在書中寫道：我們通常並不作一般性的思考，而是特殊性的思考，我們應該盡量避免寫出像這樣的句子：「一個國家的民族性、風俗及娛樂，如果是殘酷而野蠻的，那麼他們的刑罰也必然很嚴厲。」如果把這句話改寫為下面這種說法，或許效果更為顯著：「一個國家的老百姓如果喜愛戰爭、鬥牛，且欣賞奴隸公開格鬥而取樂，那麼他們的刑罰將包括絞刑、燒烙及拷打。」威廉．史壯克在《風格的要素》一書中說道：「那些精通寫作藝術的人，如果有一點相同的話，那就是：他們擁有能夠引起並抓住讀者注意力的最有效的方法，它們的取材詳細、明確而具體。那些最偉大的作家如荷馬、但丁、莎士比亞等人，他們高明的原因，多半是因為他們取材新穎別致，而且詳盡描繪事物的細節。他們的用語能喚起腦海裡的景象。」

就拿莎士比亞來說，在他的著作中，就充滿了好多讓人一看就產生視覺圖像的佳句。例如，一位平凡的作家說某件事是多餘的，總是這樣表示，就像要把已經很完美的事情再加以改善一樣。而莎士比亞是如何表達這種想法的呢？他寫出了不朽的美妙如畫的字句，下面我們來簡單的看一下：「……替精煉過的黃金鍍金，替百合花上油彩，把香水灑在紫羅蘭上。」

你可曾注意到，那些世代相傳的諺語，幾乎全都具有視覺效果？如：「不雨則已，一雨傾盆。」「一鳥在手，勝過兩鳥在林。」「你可以把馬牽到水邊，但卻不能逼牠喝水。」

寫作是這樣，演講也是這樣。

許多年前，我與我的「有效說話課程訓練」的學員共同做了一項試驗：規定他們說話要明確。也就是說，每個句子裡都必須包含一個事實，或者一個專有名詞、數字或日期。結果我們獲得了革命性的成功。班上的學員把這項試驗當做遊戲，相互監督對方所出現的錯誤。在很短的時間裡，大家的談話就不再模糊不清，聽眾也不再一團迷霧了，他們所說的話語已變得明確而活潑。

法國哲學家阿蘭說：「抽象的風格並不好，在你的句子裡應該充滿了石頭、金屬、椅子、桌子、動物、男人和女人等這類具體又有生命力的字眼。」

在日常交往中，談話也是如此。實際上，我們曾經講過的有關當眾說話時使用的細節技巧，一樣也適用於一般性交談。大家要記住，只有細節才能使談話變得生氣而富有光彩。

凡是想成為優秀的演講者或交談者的人，都可遵循本文中的勸告，定會獲益頗多。對於推銷員更是如此，他們會發現在推銷過程中，這些技巧會特別神奇、奏效。

同時，那些擔任主管職務的人、家庭主婦及教師們也會發現，自己在下達命令和傳遞知識、資訊的方式和效果上，也由於使用了具體而實際的細節，從而大大提高了效率。

吸引聽眾，巧妙設計開場白

在沒有加以研究之前，誰也難以把握該怎麼安排一套意念最好、最有效的演講方式。它永遠是一個新問題，是每個演講者應一再自問自答的問題。

在這裡我們要指出，開場白在演講中是最重要的。為什麼呢？因為這時聽眾的腦海裡還是一片空白，會有很多人對你心懷好奇，這些都是增強你的說服力的最佳時機，因此一定要極度重視。但同時也要注意，此時你的一點微小的失誤，也可能給演講帶來嚴重的後果。因此，要想講好開場白，就須注意以下這些技巧，它們會為演講者帶來不錯的效果。

我曾請教前西北大學校長一件事，我問他在漫長的演說經驗中最重要的一件事是什麼？他沉吟了片刻，然後回答說：「想出一段能夠聚集聽眾注意力的開場白，能夠即刻抓住聽眾的注意力。」

他對我說，在演說的開場白和結束語上，他都要經過一番縝密的計畫。約翰．布萊特也是如此，格萊斯頓也這麼做事，韋伯斯特是如此，林肯更是如此。幾乎每一位具有常識及經驗的演說者都懂得應用這種方法。

在第一次世界大戰期間，在德國計畫對美國進行祕密襲擊，而美國準備對德國開戰這一重大問題向美國國會發表演說時，威爾遜總統只用了短短二十幾個字，便明確了他的主題，並且立刻使聽眾對這個問題產生了注意力：「在我們的外交關係中，已經出現了一種特別緊迫的情況，使我有責任對各位坦言相告。」

此外，史茲韋伯向紐約費城協會發表演說時，他在講到第二句時便立即點到了這次演說的中心：「在今日美國人的腦海中，最重要的問題是，目前的經濟衰退有什麼意義？前途又將怎樣？就我個人而言，我是一個非常樂觀的人……」

美國一家收銀機公司的銷售經理，曾向他手下的銷售人員發表過一項演說，這項演說也運用了同一種方式。他的引言只有三句話，而且一聽就懂。它們全都能給人帶來活力與動力：「在工作上表現很出色的各位，都是使我們的工廠煙囪不斷冒煙的大功臣。在今年夏天已經過去的兩個月中，我們的煙囪所放出的黑煙還不夠多，因此還難以把大片天空染黑。現在，酷熱的日子已經過去，生意復甦的季節已經來臨，我們要向各位提出一項簡短而迫切的要求：我們需要更多的黑煙。」

怎麼樣使聽眾從演講者一開始說話就把注意力全部集中，這是所有說服性演講取得成功的重要因素。下面是我總結的一些技巧，只要善於使用它們，就可使開場白變得非常有吸引力。

一、演講中多舉例子

在一場演講會上，要想長時間給聽眾灌輸那些抽象式的聲明，是一件很困難的事，舉例說明則很容易讓聽眾持續下去。比起前者，這種方式要容易得多。

羅威爾．湯瑪斯是一位非常著名的演說家、新聞分析家及電影製片人，在講壇上討論「阿拉伯的勞倫斯」時，他是以這種方式開場的：「一天，我在耶路撒冷的基督街上漫步，忽然看見了一位男子，他身著華麗的東方君主袍服，一側掛著一把黃金彎刀，這種刀是只為先知穆罕默德的傳人所佩掛的……」

羅威爾．湯瑪斯以自己的經驗作為故事啟程，這便會很容易吸引人們的注意力。這種開場方式大多數效果都較顯著，我保證不會使你失敗。而且這種方式內含行動，它會推你往前。我們之所以緊緊相隨，是因為我們已經融入到某種情境當中，並成為其中的一部分。我們渴望知道接下來會發生什麼事。

除了利用故事作為開場白以外，我真不知道還有哪一種展開演講的方法能比這更有驅動力。

以自己的經驗故事作為開場白，演講者必立於不敗之地，因為它無須苦思冥想，也不須利用意念之法。你敘述的是自己的經驗，是你部分生命的再造，是你自身血肉的一部分。結果，你那閒適自信的神態即刻成為你與聽眾建立友好關係的橋梁。

二、製造懸念，引發聽眾的好奇心

以下是漢克先生在賓州費城的一家運動俱樂部展開演講的方法：

有一年，倫敦出版了一本書，它講述的是一段故事，註定了它要名垂青史。許多人把這部小說稱為「舉世最偉大的一本小書」。當它剛一問世便引起轟動，朋友們相互碰面時，總會彼此相問，「你讀過它了嗎？」回答竟如此統一：「是的，上帝保佑它，我已經讀了。」

就在這部小說上市的第一天，就賣出了一千本。到了第二個星期，需求量達到三十一點五萬本。自那以後，它又曾經多次的再版，並且被翻譯成全球各國文字，暢銷全球。數年前，摩根用高昂的價錢購得該書的原稿。它現在正與許多無價珍寶一樣，被安置於那莊嚴偉岸的藝術館中。這本舉世聞名，而且充滿震撼力的小說究竟是什麼呢？……

聽到這裡，你難道不會產生興趣嗎？你難道不想急於知道更多的東西嗎？演講者是不是有力的吸引了聽眾的注意力？你有沒有覺得這段開場白已捕捉住了你的注意力，並隨著情節的進展增長了你的興趣？這是什麼原因？因為它引發了你的好奇心，它以製造懸念的方式渲染氣氛，抓住了你的注意力。

好奇！誰能避免得了它呢？製造懸念一定能引發聽眾的注意！

這是一種令人拍手稱快的手法。儘管你沒有親臨現場，但當你讀到此時，說不定你也在感到好奇呢。你會問作者是誰？上面所說的是什麼書？為了滿足你的好奇心，就讓我告訴你答案吧：此書的作者是查爾斯．狄更斯，書名是《聖誕頌歌》。

每位有志於從事演說的人，都應該學學漢克先生立即抓住讀者興趣的技巧，從這裡面我們可以學到，如何利用演說的開場白。它的效果能勝過你研究那些大部頭的演說稿全集。

因此，你的第一句話就要引發聽眾的好奇心，然後聽眾就會對你產生興趣並加以關注。

三、表述一件令人震驚的事實

曾經，賓州州立大學婚姻顧問處處長克里夫．R．亞當斯，在《讀者文摘》發表過一篇題目為《怎麼樣挑選配偶》的文章。在這篇文章裡，他以一些驚人的事實展開敘述，這些事實會使讀者平心靜氣，這些事實當然馬上會你集中注意：「今天，我們的年輕人從婚姻當中獲得快樂的機會真是少之又少。離婚率之高令人觸目驚心。一九四〇年，五至六樁婚姻中就有一樁會破裂，現在，我們預計將上升至四比一，如果按這種狀況長期發展下去，到五〇年代就將是二比一了。」

一家重要期刊的創始人曾這樣說過：「一篇好的雜誌文章，就是一連串的驚嚇。」

這些文章敲碎了我們的白日夢。它們提醒我們要注意，並且也抓住了我們的注意力。演講一開始便用驚人之語的方法，之所以能建立與聽眾的溝通，是因為它讓人的思想產生了震撼。這是一種「震撼技巧」，利用出人意料的方式以達到讓聽眾注意演講題材的效果。

下面我們來看一些例子：

在一篇「犯罪情況報告」的演講中，紐約一家公司的總裁瓊斯先生用下面幾句話作為開場白：「美國最高法院前任首席大法官塔虎脫曾經宣稱：『我們對刑法的管理，於文明是一種恥辱。』」

他以這種方式開始，有兩點高明之處：這不僅是一段令人感到震驚的開場白，更是從一位司法權威那兒引用過來的一段驚人聲明。

巴爾的摩的約翰在一篇題為「廣播的奇妙」的演講中，他的開場白為：「各位可知道，一隻蒼蠅在紐約一個玻璃窗上爬行的細微聲音，可以透過無線電傳播到中非洲，而且還能使它擴大成像尼加拉大瀑布般驚人的聲響？」

曾擔任俱樂部會長的安東尼，在演講「罪惡」這個題目時，說出了一段讓人為之愕然的聲明，內容如下：「在人類文明中，美國人是最嚴重的犯罪民族。這種傳言固然令人震驚，但令人感到更為震驚的是，這的確是事實。俄亥俄州克里夫蘭的殺人犯是倫敦的六倍。按照人口比例來看，它的搶劫犯人數是倫敦的一百七十倍。每年在克里夫蘭被歹徒搶劫，或因企圖搶劫而遭到攻擊的人數，超過了英格蘭、蘇格蘭和威爾斯等地被搶的人數總和。每年在聖路易市遭人謀殺的人數，超過英格蘭與威爾斯。紐約市謀殺案的數量超過法國，也超過德國、義大利或英國。在這裡，有一件令人感到悲哀的事實：罪犯沒有受到任何懲罰。如果你殺害了一個人，你被處死的機率卻不到一％。在座的各位都是追求和平的善良公民，但你們死於癌症的機會，卻是你槍殺了一個人而被絞死的機會的十倍。」安東尼的言語之間孕育著無比的力量與熱誠，因此可以說這段開場白是非常成功的。他的講稿充滿了活力，具有生命力。不過，我也聽過其他學生在演講犯罪問題時，用相似的例子作為開場白，但他們的開場白給人的卻總是一種平淡的感覺。是什麼原因呢？語言空洞，不切實際。他們的結構技巧很嚴密，但他們的精神卻是零。他們的態度破壞及削弱了他們所要論述的一切。

上面這些例子都是以讓人觸目驚心的開頭論述的。同時，驚人的開頭有個危險應該避免，那就是過分戲劇化，過分的要噱頭。

就比如曾經有個傢伙為了展開演講，先對著空中發射一槍。他本想以此來吸引人們的注意，可結果卻把聽眾的耳朵給震聾了。

成功的開場白應像與人促膝談心一樣平易近人。有個方法效果很明顯，那就是在餐桌上試講，透過這個方法，你可以發現自己的開場白是否真的如日常談話一般。如果你講話的方式不夠平易近人，上不了餐桌，那麼，恐怕聽眾就不會樂意聽下去。

然而現實生活中最常出現的情形，應該獲取聽眾興趣的開頭，卻總是演講中最乏味的部分。比如說，我最近聽到一個演講者這樣開始：「要信賴上帝，並且相信自己的能力……」這種開場白的說教意味太濃，像是水煮青菜一樣無味。「一九一八年我母親新寡，要養育三個孩子，卻身無分文……」如果這個演講者第一句話就敘說寡母領著三個嗷嗷待哺的幼兒奮鬥求生的事情，相信獲得注意力的效果會更好。

若想使聽眾產生注意力，千萬不要從緒言開始，應從一開始便像跳水一樣，直接「躍入」故事的重點部分。弗蘭克．華傑就是這麼做的。

法蘭克．貝特格是《銷售的技術：賣東西必須有方法、有技巧，顧客才會買單》這本書的作者，他也是一名「懸疑大師」，能夠在第一句話裡就設置懸念。我之所以認識他，是因為在美國工商會的贊助下，我們曾一起在全美各地作巡迴演講，講說有關銷售的訣竅。他的演講熱情激烈，開頭的方式更是巧妙無比，總會讓人發出由衷的讚嘆。一不講道，二不訓話，三不說教，四無總結的言論，他一開口即躍入題目的核心。請聽聽他在談「熱心」是怎麼樣開始的：「在我開始成為職業棒球選手後不久，我遭遇到一生中最讓我震驚的一件事情。」

這樣的開場白會給聽眾帶來一種什麼效果呢？當時我在場，我親眼見到了聽眾的反應。大家立刻就把注意力集中到他身上，人人都表露出想聽下文的急切心情，他為何會震驚，以及他是怎麼處理的。

只要能運用講故事的這種技巧來引起聽眾的好奇心，即使是一個經驗欠缺的演講者，也能成功的製造出一個巧妙的開場白。

四、請聽眾舉手回答問題

要求聽眾舉手作答，對於演講者來說是一個絕佳的方法，這樣可以挑起他們的興趣和注意力。

請注意下面這一點：在請聽眾舉手作答時，要預先給聽眾一點提示，告訴他們你要這麼做。不要一開口就說：「你們之中有多少人相信所得稅應該降低？大家舉一下手來讓我看看。」合適的說法應該是這樣的：「我要請各位舉手回答一個對你們而言十分重要的問題。問題是這樣的：『這裡有多少人相信商品折價券給消費者帶來了利益？』」這樣能使聽眾在舉手作答時有一定的心理準備。

適當的運用請聽眾舉手的技巧，可獲得極寶貴的反應，這就是所謂的「聽眾參與」。

當你在演講中運用這個技巧時，你的演講就不再是你一個人的事情了，聽眾早已置身融入其中，每個人都可能是主角。當你問道：「這裡當中有多少人，在覺得自己該疲倦前就早早疲倦了」時，人們就都開始思考這個他所感興趣的話題了：他自己，他的痛楚，他的疲倦。他舉起手來，可能還四周張望看看有沒有人和他一起舉手。他已忘記自己是位聽眾，他對鄰座的朋友點頭致意，也就打破了冰冷的氣氛。而你作為演講人，便頓時輕鬆起來，聽眾也就跟著表現出輕鬆的態度。

五、使用展示物增強表達效果

在這個世界上，要使人們去關注某件東西，對它產生注意力，最簡單的方法也許就是把這件東西高高舉起，讓人們看看它。

即使是土人、蠢人、搖籃中的嬰兒、商店櫥窗中的猴子以及馬路旁的小狗，都會忍不住去注意這種刺激性的舉動。如果演講者懂得運用這種方法，那麼就算是面對最嚴肅的聽眾，也能產生巨大的效果。例如在一次演說時，戴維斯先生一開始就以拇指和食指捏住一枚硬幣，將它高高舉起超過肩膀。在場的每一個人都很自然的望著他這個舉動。接著，他問道：「有沒有人在人行道上撿到像這樣的一枚硬幣？這枚硬幣不是普通的一枚硬幣，它上面寫著，凡撿到這種硬幣的幸運者，可在各類房地產開發上獲得許多減免優惠。你只須把這枚硬幣交給主辦的公司即可……」接著，戴維斯先生便開始對這種極不道德的荒唐行為加以強烈批評與譴責。

在這裡，艾利斯先生的開場白還包含了一個有利的特點。他一開始就提出一個問題，讓聽眾和演說者一起思考，和他相互合作。演講中使用疑問這種方式，真是一種打開聽眾的思維，讓他們接受你的觀點的一種最簡單而又最有效的方法。

六、設計好一個開場白

下面的這段開場白是瑪莉．里奇蒙向紐約婦女選民聯盟的年會發表的演說，當時美國國會還沒有通過禁止早婚的法律：「昨天，火車經過離這裡很近的一個城市時，我想起了幾年前發生在那兒的一起婚姻事件。因為目前的許多婚姻也像這樁婚姻一樣草率與不幸，因此，我在這裡準備先詳細敘述這個例子的所有細節。」「十二月十二日那天，那座城市裡有一名十五歲的少女正在就讀高中，第一次與附近一所學院的三年級男生見了面。這位男生剛剛進入法定年齡。十二月十五日，也就是在他們認識後的第三天，他們領取了結婚證書。他們發誓說那名女孩子已到了十八歲，因此無須徵求父母的同意。這對年輕情侶取得證書後，走出市政府的大門立即向一位神父請求證婚（那女孩子是天主教徒），結果，當然是遭到了神父的拒絕。後來，或許是透過這位神父的透露，少女的母親得知這一消息。但是。在她找回自己的女兒之前，這對年輕情侶已經透過別的管道為他們證婚。然後，新郎帶著新娘住進了一家旅館，兩天之後，新郎拋棄了新娘，離她而去，從此再也沒有與她見面。」

從我個人的觀點看，這是一段非常好的開場白。第一句話就很有意義，它預先暗示了一段令人感興趣的回憶，我們希望知道這件往事的細節，我們安安心心的坐下來，想要聽一段極有趣味的故事。除此之外，這段開場白給人的感覺十分自然。它不像一篇研究報告，也不過於正經嚴肅，它不會讓人感覺演說者對這件事花費了很多心血……「昨天，火車經過離這裡很近的一個城市時，我想起了幾年前在那兒發生的一起婚姻事件。」聽起來很像某人正在向另一個人敘述一段很有趣的故事，非常的自然，又有人情味，沒有造作的痕跡。聽眾就是喜歡這樣。但這樣做時，很容易陷於太過詳細的敘述，使聽眾察覺到你下了一番苦心，效果就會適得其反。演講者應該在這方面多多注意。

七、運用答應擔保的方式吸引聽眾

還有一個百試百效的技巧，可使聽眾密切注意你的演講，那就是告訴聽眾，如果他們按照你的建議去做，就可獲得自己所期望的效果。來看下面一些句子：

我要告訴各位怎麼樣防止疲倦。

我要告訴各位怎麼樣在實質上多增加收入。

我要告訴各位，怎麼樣使自己每天多增加保持一個鐘頭清醒的時間。

如果各位聽我講十分鐘，我答應一定告訴各位一個保證讓你更受歡迎的方法……

在演講中，這些「答應擔保式」的開場白一定會引起人們的注意，因為它與人們的自我關切的事情直接觸及。

在一些演講中，演講者經常忽視自己的題目與聽眾的重要興趣之間存在的相互關聯，他們不注重去開通通往聽眾注意力的道路，卻是說些無聊的開場白，追溯題材的由來，煩瑣的大談題目的背景，這就將注意力的道路嚴密的堵住了。

我曾經聽過一個演講，題目本身對聽眾頗為重要：定期作健康檢查的必要性。就是這樣一個讓人感興趣的話題，演講者是怎樣開始的呢？他是否以巧妙的開場白來增加自己題材的自然和吸引力了呢？沒有。他一開始就平淡無奇的背了一段延年益壽研究所的歷史，一下子就使聽眾對他和他的題目失去了興趣。如果演講者根據「答應」的技巧來建構開場白，相信效果會大大增強。再來看一個範例：「根據調查的統計，你可知道你能活多久嗎？據保險公司的統計，你的平均壽命大概是你目前年齡與八十歲之間的三分之二。那麼，你大概可以活這個數目的三分之二，也就是說，你至少還可活三十歲……這樣足夠嗎？不，我們都渴望能多活幾年。然而，這些統計數字是根據幾百萬份記錄而得出的。那麼，我們能否打破這項紀錄呢？答案是肯定的，只要作正確的預防，我們就能夠辦得到。但第一步就是要進行一次徹底的健康檢查……」

接著，我們再詳細解釋定期進行健康檢查的重要性，聽眾可能就會對於提供這項服務而成立的公司產生興趣了。這不是很好嗎？

再來看一個範例：我的一位學生曾作過一項題目為「保護森林，刻不容緩」的演講。他是這樣開始的：「身為美國人，應為我們國家的資源感到驕傲……」然後，他向我們指出，我們正在浪費大量的木材。這樣的開場白很糟糕，既普通又不明確。它沒有讓講題與聽眾發生任何密切關係。試想一下，聽眾當中可能正好有一位商人。我們的森林遭到破壞，對他的事業可能造成重大影響；還有一位是銀行家，這件事對他也有影響，因為這件事會影響我們的日常生活經濟使其不景氣……那麼，如果將這一論述換作下面這種演講方式，一定會取得成功：「我今天所要演講的題目，將會影響到你的事業，事實上，從某些方面來看，它還會波及到我們所吃的食品的價格，以及我們所付的房租。總的說來，它對我們每個人的收入以及生活都有影響。」

這樣的開場白是不是過分誇大了保護森林的重要性？不會的，這樣做只不過是服從了一句話：「把事情說得嚴重一點，在方式上要能引人注意。」

上面我們所論述的種種方法均可視情況而隨心所用，或者分開，或者並用。你要了解，怎麼樣展開演講密切關係到聽眾是否願意接納你和你所要表達的論點。

避免受到聽眾不利的注意

我想提醒大家，在演講中不僅一定要博得聽眾的注意，而且一定要博得他們有利的注意。請注意我說的是「有利的」注意。理智的人絕不會一張嘴就侮辱聽眾，或說些讓人憎惡、厭煩的言語，使聽眾「不得不」群起而攻之，駁斥他的言論。然而，演講者卻常常會以下面兩種方式來吸引聽眾的注意，其實，這是非常愚蠢的方法。

一、以幽默的話語開場

為了某些可悲的理由，初學演講的人總是認為他只有表現得很好笑，才算是一名演說者。他的本性就像百科全書那樣嚴肅，缺乏幽默細胞，然而，當他站起來演講時，他卻幻想著馬克．吐溫的精神恰巧在他的身上開花。所以，他很可能會選擇一個幽默的故事作為開場白。但這樣會有什麼後果呢？他講的故事，他這種臨時改變的態度，會讓現場氣氛像字典般沉悶，他的笑話很可能不會被聽眾所認同。哈姆雷特的那句不朽名言正好證明了這種笑話是「不新鮮的，老套的，平淡而且是毫無益處的。」

或許你是一個具有幽默才能的幸運兒，如過真是如此，你一定要全力培養它。不管你在什麼場合講話，必將因此而備受歡迎。但是，如果你的才能不在這裡，而在其他方面，就千萬不要故作幽默狀。

倘若你對林肯等名人的演說作過仔細的研究，你將會有意外的發現，他們很少在演講中加入幽默笑話，尤其是在開場白裡。一位知名演說家坦白的向我表示，他從來不會單純為了幽默一下而說出好笑的故事。知名演說家所說的幽默小故事，一定是有所啟示的，而且有自己的立場。幽默應該只是蛋糕表層的糖霜，只是蛋糕層與層之間的巧克力，而非蛋糕本身。這一比喻是最合適的了。強納森是美國當代最偉大的一位幽默演說家，他有個規矩：「絕不在演說開始的三分鐘內說笑話。」既然他已經證實這個規矩十分有效，我想，大多數演講者可能也會有所感悟。

那麼，這樣是表示開場白必須非常莊嚴肅穆嗎？

並不一定，如果你有辦法的話，可以根據當時的情況適時說些笑話，博得聽眾一笑。你可以談談與演講場合有關的事，還可以就其他演說者的觀點講幾句話。可以挑一些人們覺得不對勁的地方，予以誇大。這種笑話，比一般的陳腐笑話比較有效。

製造歡樂氣氛最簡單、最有效的方法，或許就是拿自己當作笑料。敘述自己遭遇的一些荒謬而尷尬的情景，這正是幽默的真實意義與價值。

傑克．班尼很早就知道了這種技巧，多年以來一直使用這種技巧，他是廣播上最早「捉弄」自己的重要人物之一。傑克．班尼把自己當笑柄，取笑自己的小提琴技藝、自己的小氣和自己的年紀。他妙語連珠，亦莊亦諧，使收聽率年復一年向上攀升。對那些能夠巧思盡用，不驕矜自負，而又能幽默風趣，不避諱自己的缺陷與失敗的演講者，聽眾自然願意將自己的注意力放在這上面，並敞開自己的心扉。相反，那些「打腫臉充胖子」冒充無所不知的專家模樣的演說者，則只會引起聽眾的冷漠與排斥，根本達不到良好的演講效果。

二、開頭就先表達歉意

初學演說者在開場白中常犯的第二個錯誤就是，他會習慣性的向聽眾表示抱歉。「我不是一名演說者……本不打算發表演說……我沒有什麼可談的。」「繼續下去，根本起不了任何作用。」對於一開頭就表示抱歉的演說者，聽眾的態度也是如此。

如果你演講前沒作準備，經你加以暗示，聽眾之中的某些人還是會發覺的。而另一部分聽眾可能不會那樣，這時，你又何必引發他們的注意力？為什麼要侮辱你的聽眾？你向他們說些道歉的話，等於是在向他們暗示，你認為他們不值得你去準備，而且你在生活中道聽塗說得來的一些資料就會讓他們滿足。不，聽眾不希望聽到你說抱歉。他們齊聚一堂是要聽取新的資訊及意見，並激起他們的興趣，對於後面這一點你應該加以重視。

在演講會上，你一來到聽眾面前，很自然而且不可避免的會引起聽眾對你的注意。在接下來的五秒鐘內，繼續維持他們對你的這份注意力並不困難，但要在以後的五分鐘內繼續讓聽眾維持這份注意力，可就不是那麼容易了。你一旦失去了聽眾對你的這份注意力，要想再爭取回來，那將是極其困難的事情。因此，你的第一句話就要說出某些吸引聽眾興趣的話。

有效說話的速成技巧

以前我很少看電視，最近，有個朋友要我看某電視台的一個下午節目，是一個專為家庭主婦開設的單元，節目的收視率很高。這位朋友給我如此的建議，因為他認為該節目的觀眾參與部分會引起我的興趣。我看了幾次，事實的確如此！很欣賞主持人請觀眾發表談話的做法，並且，他們的說話方式也頗能引起我的關注。這些人從未接受有關溝通藝術的專業訓練，很明顯也不是職業演說家。但是，他們講話都很風趣。他們開始說話時，似乎都沒有上鏡頭時的恐懼，還很能吸引觀眾的注意力。

他們是如何做到這一點的呢？我當然知道答案。我以為，學習當眾說話有三個技巧，那就是：

一、對題材有出自內心的熱誠

並非所有你我有資格談論而無興趣可言的題目都會激起別人的興趣。比如說，我是「親自動手」型的人，我確實有資格談談怎麼樣去洗盤子。但是，不知怎麼搞的，我就是對無法這個題目抱以忠誠的熱心，而且事實上，我根本連想都不願去想這些事。但是，我卻聽過家庭主婦們，把這個題目說得棒極了。她們心裡或者發現了可以處理這一惱人的家務的新的方法，或者對永遠洗不完的盤子有股怒火。不管怎樣，她們對這個題材非常感興趣。因此，她們可以對洗盤子的話題說得頭頭是道，道格拉斯主教是美國最具震撼力的演說家，他從早年生活中學到了這一課。他曾在他的書中寫道：「我被選中參加學院裡的辯論隊。在聖母瑪利亞辯論的前一晚，我們的辯論教授喊我到辦公室裡責罵我。『你真是飯桶！本院有史以來還沒有一個演說者比你更差勁！』我想替自己辯解，說：『那，既然我是這樣一個飯桶，幹嘛還挑我參加辯論隊？』他答道：『因為，你會思考，而不是你會講。到那個角落裡去，從講稿中抽出一段把它講出來。』『然後，我把一段話反反覆覆的說了一個鐘頭，最後，他說：『找到其中的錯誤了吧？』『沒有。』於是再來一個半鐘頭，兩個鐘頭，兩個半鐘頭了。最後，我精疲力盡。他說：『還看不出錯在哪裡嗎？』「因為天生反應快，過了這兩個半鐘頭，我懂了。我說：『看出來了，我沒有誠意。我根本心不在焉，我說得沒有真情實意。』」

就這樣，主教學會了永世不忘的一課：把自己融入到演講中。因此，他開始使自己對自己的題材熱心起來。

一個人在演講的時候，唯有對所選的題目是真心所感、真心所想時，這種誠意才會完全流露。

這裡還有個問題，就是你覺得適合的題目，是否適合當眾討論。如果有人站起來直言反擊你，你是否會信心十足、熱烈激昂的為自己辯護？如果你會，你的題目就對了。

二、講自己經歷或研究的事

若干年前，卡內基訓練班的教師們在芝加哥的希爾頓飯店開會。會上，一位學員在他的講話中這樣開頭：「平等、自由、博愛，這些是人類字典中最偉大的詞句。沒有自由，生命便難以存活。試想，如果人的行動自由處處受到限制，那會是怎樣的一種生活？」

說到這兒，他的老師便明智的請他停止，並問他是否有把握相信自己的所言。老師問他是否有什麼證明或親身經歷，可以證明他剛才所說的內容。於是，他講述了一個震撼人心的故事。

他說，他曾是一名法國的地下鬥士。他對我敘述他與家人在納粹統治下所遭受的屈辱。他以生動、鮮明的詞語描述了自己和家人逃過祕密警察來到美國的經歷。

講話結束時，他這樣說：「今天，我走過密西根大街來到這家飯店，我能隨意的來去自由。我經過一位警察的身邊，他也並不注意我。我走進飯店，也無須出示身分證。等會議結束後，我可以按照自己的意願前往芝加哥的任何地方。因此請相信，自由是值得我們每個人為之奮鬥的。」

講完之後，全場觀眾熱烈的鼓掌。

而前面說到的那些年輕男女自身的故事，使得那個電視節目如此有趣，獲得了很高的收視率。主要是因為他們談論的是自己的親身經驗，他們談的都是自己所熟悉的事情。

綜上所述，我們可以從以下幾個方面談起：

一、從自己身上尋找題材

幾年前，我們根據能夠吸引聽眾注意的題目做了一番調查，發現最為聽眾欣賞的題目，都與某些特定的個人背景有關聯，例如：

(一) 早年為了出人頭地的奮鬥——這是一種散發著人性的經歷。

例如，重敘自己早期為尋求發跡所做的努力，確實能引起調動聽眾的注意。是什麼樣的盤根錯節的各種情況造就了你的事業？你是怎麼樣從事某種特別的工作或行業的？告訴我們，在這激烈競爭的世界中，為了創建事業，你的希望，你遭遇的挫折以及你的成功。

真實而生動的描繪一個人的生活，多半是最保險的題材。

(二) 早年的成長歷程。與童年回憶、家庭、學校生活有關的題目，一定會聚集他人的注意力。因為別人在成長的環境裡，如何面對並克服障礙的經過，最能讓我們產生興趣。

不論何時，只要有可能，就把自己早年的實例穿插進你的演講中。一些膾炙人口的戲劇、電影和故事，常常與人們早年的遭遇相互關聯，足見這方面的題材頗具價值，適合用於演講。

如果你不能確定別人會對自己幼年所發生的什麼事情感興趣的話，這裡有一個方法。在多年之後，如果某件事情在你的腦海中仍有很深的烙印，呼之欲出，那幾乎便可保證會令聽眾產生興趣了。

(三) 不尋常的經歷。

你曾冒著生命的危險在戰爭的炮火下戰鬥嗎？你曾見過一些大人物嗎？你一生中可曾經歷過精神崩潰的危機？……這些經驗都可以成為最佳的演說材料。

（四）你的嗜好和娛樂。

這方面的題目依各人所好而定，所以也能作為題材。講一件單純因自己喜歡才去做的事，是不可能出差錯的。你對某一特別嗜好有來自內心的熱忱，能使你把這個題目清楚的交代給聽眾。

（五）特殊的知識領域。

即根據多年的經驗或研究，來討論有關自己工作或職業方面的事情。在某一領域工作多年，你一定可以成為這方面的專家。這方面也能夠博取聽眾的注意與尊敬。

尋找題材並不是說背誦一連串的字句，或者把一些機械化的文字寫在紙上即可，也不是從匆促讀過的報章雜誌裡抽取第二手的資料。它是在自己的腦海及心靈裡深掘，並將生命貯藏在那裡的重要信念提取出來。不要因為這樣的題材太私人化、太微不足道，聽眾不會喜歡聽而不屑一顧。也不必懷疑材料是否在那裡，它一定會在那裡，積存豐富，等你去發掘。其實，唯有談自己熟悉的事情，才能熱衷於自己的題材，能讓你快速、輕易的學會當眾說話。

二、講生命給予你的啟迪

講述有關生命對自己的啟示方面的演說者，絕不會吸引不到聽眾。

人們都在關注生命，關注自我，因此當你去訴說生命給予你的啟迪時，他人自然就會成為你的忠實聽眾。

據說，愛默生非常喜歡傾聽人們說活，不論對方身分多麼低下，因為他覺得自己可以從任何人身上學到東西。我聽過的成人談話，可能比任何人都多。坦白的說，在一個講演者敘述生命給他的啟迪時，不管其教訓是多微小、多瑣細，我從不感覺乏味無聊。

幾年前，我們一位教師為紐約市立銀行一些資深的官員們開設了當眾說話的課程。自然這種單位裡的人因事情繁忙而分不開身，因而常常感到要充分準備，或做他們所想像的「準備」很困難。他們畢生所想的都是根據自己一個人的思想、個人自身的信念，並從自己特定的角度來考慮。他們當中有人都已經積存了四十年的談話素材，但就是不懂得利用這點。

三、激發聽眾與你產生共鳴

演講由三個要素構成：演講者、演講詞（內容）以及聽眾。前面兩條法則討論的都是演講人和演講詞之間的相互關係，只有演講者使自己的演講與活生生的聽眾發生關聯之後，演講才能真正形成。

這裡有一些簡單的技巧，可以幫助你與聽眾間建立強烈的和諧與密切的關係。

一、給予聽眾真誠的讚賞

批評聽眾必會導致憤懣，對他們做過的值得稱讚的事表示讚美，你就已經獲得了通往他們心靈的護照。

二、講聽眾感興趣的話題

許多人總是不能與人進行良好的溝通，主要是因為他們只會談他們自己感興趣的事情，而這些事情對其他人而言會厭煩透頂。一個成功的演講者會引導其他人談論他的高爾夫成績、他的興趣、他的成就、他的事業，或者如果對方是位母親的話，會讓她談談自己的孩子。

如果你這樣做了，並且還能夠專注的傾聽，你將會給予對方很多樂趣。最後，你就會被看作是一位有效的談話高手——即使你話說得很少。

來自費城的哈樂德在一次上課時舉行的宴會上，發表了一次非常成功的演說。

有一個牧師簡直無法使聽眾專注聽他講道，諾曼．文森特．皮爾曾經給他提出過一些非常好的忠告。皮爾博士要這個牧師問問自己，對於每個星期天早晨都要面對的聽眾，他自己有什麼感覺——他是否願意幫助他們，是否喜歡他們，是否認為他們智力低下等等。

皮爾告訴他，他登上布道壇時，每一次都對自己即將面對的男男女女有著強烈的感情的。演講者是否自認為在智力或社會地位上高高在上，聽眾一聽便知。演講者要想得到聽眾的愛戴，最佳、最有效的方法就是降低姿態。

阿德萊．E．史蒂文森在密西根州立大學畢業典禮致辭時，其中便展示了這種技巧。他表現得十分謙遜，在開場白中他這樣說道：「在這些場合裡我總有一種力不從心的感覺，這讓我想起一次人家問塞繆爾．巴特勒怎麼樣善用生命時的他的回答。我記得他的回答是：『我連怎麼樣善用以下的十五分鐘都不知道呢。』我現在對於以下的二十分鐘便有同樣的感覺。」

埃德蒙．S．馬斯基在緬因州參議員任職時，曾經在波士頓的美國辯論協會講話，其中也利用了這種技巧。

他說道：「今天早晨我來履行自己被委派的這項任務時，感到惴惴不安。首先，我清楚聽眾皆具有專業水準，於是我就問自己：如此班門弄斧，在各位銳利的眼光下暴露自己的愚拙，是否明智。其次，我今天要講的主題是：身為一名公僕，究竟有什麼影響力？關於此點，只要我繼續在政界活動，則對於這份影響力的好或壞，我的選民似乎有著顯著不同的意見。其三，這是個早餐會，而這時通常是人們警覺性最差的時刻，因此，我很可能會出現失誤，因此，如果我失敗，對於一位政客來說，其後果是十分嚴重的。面對種種懷疑，我感覺自己像一隻蚊子一樣，無意間闖入了天體營，真是無從下手。」

真誠而又謙遜的開頭，讓聽眾多了幾分理解與認同。馬斯基參議員繼續講了下去，結果整個演講十分成功。在一本記錄現代宗教領袖的書裡，這樣評論孔子：「他從不以自己獨具的學問去向別人炫耀。他只是以自己包容的同情心，去設法啟迪他們。」如果我們也能有這種包容的同情心，我們便已掌握打開聽眾心扉的鑰匙。

我們都知道，美國電視界要求極為嚴格，每一季裡收視率最高的演員們都要陷身於焦頭爛額的競爭中。而年年得以「撿回性命」的演員之一艾德．蘇利文，他不僅是電視業的專家，而且也是一個新聞從業人員。在激烈競爭的電視圈裡，他是個業餘者，但是，他之所以能夠活命，原因就是因為他從沒覺得自己該如何如何，而只把自己看做是業餘的。他在鏡頭前那些不自然的舉動，換上任何人都會成為一種缺陷，而對他而言卻是那樣自然感人。他拉扯領帶，聳起兩肩，手托下巴，說話結巴。然而，這些缺陷對於他沒有任何負面影響，人們批評他這些缺點，他也不以為然。每一季，他至少舉辦一次模仿秀，請一位模仿高手上電視螢幕，讓他把自己模仿得唯妙唯肖，甚至把他的缺點誇大渲染。他歡迎批評，而觀眾就喜歡他這一點。可以說，每個人都是喜歡謙遜言行的人，厭惡那些自大的賣弄者。

四、讓聽眾參與演講，與演講連結在一起

怎樣才能使聽眾亦步亦趨的關注到你的每個詞呢？你是否想過，用一點小小的表演技巧呢？

我記得有個演講者為闡述汽車在使用煞車以後還要走多大距離才能夠停住時，他請了前排一位聽眾站起來幫忙他，展示汽車在不同速度之下，這個距離會做什麼樣的變化。這個聽眾握著一把鋼捲尺的一端，順著走道把它拉出四十五英尺。當我看到這個過程時，我注意到全場聽眾是怎麼樣全神貫注的融入於演講之中的。我發現，那把捲尺除了生動的展現演講者的論點之外，還成為聽者與講者一條溝通的管道呢。如果不是用上那麼一招表演術，恐怕聽眾們的心中還在想著晚上的電視節目是什麼，或者晚飯吃什麼！

當你將某個意念戲劇化的表現出來，或挑選聽眾來協助你表明某個論點時，聽眾對你的注意力便會明顯提高。因為知覺自己是聽眾，當聽眾之一被演說者帶入表演中時，聽眾們便會很敏銳的感覺到所發生的事。倘若如許多演講者說的，講台上的人和講台下的人之間隔有一堵「牆」的話，利用聽眾的直接參與則可打通這堵「牆」。

當然，我有一些自己最喜愛的方法，可以讓聽眾參與我的演講，其中之一便是問些問題並請聽眾回

答。我喜歡請聽眾站起來跟著我重複一句話，或舉手回答我的問題。在《怎麼樣在演講和寫作中增加幽默》一書中，就聽眾參與提供了一些很有意義的忠告，它建議邀請聽眾幫助你解決一個問題，或讓他們表決一些事情。作者說：「你對某些事情的態度要正確，要知道，演講不同於背誦，演講的目的在於獲得聽眾的反應，讓聽眾變成你的『合作夥伴』。」透過上述所講，是我的有效說話訓練全套方法的根本，希望對你提升自己的演講能力有所幫助。

人性的弱點

卡內基經典代表作，一套風行世界的人際溝通寶典

第八章　巧妙有效的說服別人

保存他人的顏面

保住他人的面子其實是一件相當重要的事情，但是我們卻極少去考慮這些問題。縱使他人犯了錯，就算我們是對的，如果沒有為他人保留面子，也往往會毀了一個人，也損害了我們的事業和生活。

一句體諒的話語，以及對他人的態度給予寬恕的處置，這樣都會使他人免除言語上的傷害，維護了自己的面子。漢斯是一位公司的會計主管，因為他的業務具有季節性，所以他們必須每三個月就要辭退一些人，讓他們重新找工作。但是，別以為辭退一個人是件簡單的事情，其實這是件很難開口的事，沒有人願意總是做這樣的事。但是，為了公司的發展，只好出此下策。一般情況下，有些主管會這樣說：「不好意思，湯姆，你知道這個季度很快要過去了，我們沒有什麼業務再讓你去打理了，你也很清楚，你是在忙的時候才來的……」要知道，這些話語會讓那些員工很傷心，彷彿是被人拋棄了一樣。

然而，漢斯卻不會這樣做，他很明白這樣會讓對方很沒面子，又會傷及對方的自尊心，對公司也沒有任何好處。他每次都用一種很婉轉的方式：「湯姆，你這段時間的表現得很不錯，你在完成我交給你的任務時，盡職盡責。我希望你知曉，公司對能有你這樣的員工感到很自豪，我們對你的工作感到非常滿意。要知道，你的業務能力很強，無論去哪家公司工作，都會受到重用。我們對你很有信心，希望你能找到更優秀的公司，我們會祝福你的。」

這樣，聽者的反應是非常平緩的接受了公司的決定。因為他們自己能理解公司的難處，如果有更多工作可做的話，一定會留下他們的。

所以，即便是這些員工辭了職，當公司再次需要他們時，他們也會很願意回來。因為漢斯懂得說話的技巧以及與人溝通的智慧，用尊重別人、保全他人面子的方法，與他們建立了深厚的私人感情。

無論是大人還是孩子，無論是名人還是普通人，人們都有愛面子的心態。任何人都沒有傷害別人自尊的權利，傷害別人的自尊是一種犯罪。如果你總是傷害某人的面子，也許你就會扼殺一個天才，或是讓他恨你一輩子。這樣你不如靜下來，向對方說幾句體諒的話語，設身處地的為別人想一下，這樣既減少對他人的傷害，又保全了他的面子，讓對方對你心存感激和讚賞。伯恩斯是紐約一位著名的出版商，他出版過二十三種報紙及十二種雜誌。這都歸功於他極強的社交能力和市場判斷能力。

有一回，他要為一次公益活動做企劃，特意請來了當時很有名氣的漫畫大師強納森為自己創作一幅漫畫。可當伯恩斯看到強納森的畫稿後極不滿意。他希望能讓強納森為自己再重新創作一幅。

但是，對方是知名的漫畫家，若直言的讓他再創作一幅，很明顯是對他的畫有所不滿，那就成為一件不愉快的事情。伯恩斯決定利用和他共進晚餐的機會，婉轉的告訴他。

在晚餐上，伯恩斯讓強納森點菜，並談起了那幅為他創作的漫畫。伯恩斯說：「先生，你真是漫畫高手，我剛看到你創作的作品時，簡直驚呆了，那真是一件不錯的漫畫作品，您真不愧為漫畫大師！」

強納森高興而又謙虛的對伯恩斯說：「哪裡，那幅作品也許並沒有你說的那麼完美，它還有許多不足之處。」

伯恩斯又接著說：「我對漫畫懂的可不是太多，我每次看到街上跑的電車，總能讓我聯想到漫畫。我總覺得開電車的司機像個妖魔一樣橫衝直撞，真是嚇死人了。」

強納森饒有興趣的聽著伯恩斯的想法，興奮的說：「這個創意太有意思了，這個構思很了不起。漫畫創作就是要起源於我們真實生活的素材。我決定為您重新再畫一幅更逼真的漫畫，如果您不介意的話，我想今晚就動手創作，明天一定交給您，我想這對您的計畫不會有太大的影響。」

當然，伯恩斯非常高興的接受了。強納森利用一晚上的時間為伯恩斯趕製出了一幅精彩絕倫的漫畫作品，這使伯恩斯非常滿意。

事實上，伯恩斯並沒有直言對強納森提出重畫的要求，而是引導強納森主動重畫，這麼做既給足了畫家的面子，又達到了自己的目的，簡直是一舉兩得。

當一個人真的犯了錯誤，而你卻直率的指責了他，那後果又怎樣呢？約翰是一位年輕的律師，他剛剛在紐約開始了自己的第一份工作，最近他正在受理一件牽涉到一筆鉅款的重大法律案件。

在美國的最高法院辯護過程中，法官提出海軍的申訴期限是六個月。作為律師的約翰思索了一陣，然後對法官說：「尊敬的法官大人，我們的海軍法規中根本沒有此項內容呀！」

約翰當時是我訓練班的一名學生，他敘述了當時的現場情形說：「在我將那句話說出口的同時，整個法庭都一片寂靜，氣氛極度不好。每個人的表情都很驚訝！的確，我是沒有錯，但是，我大大的挫傷了那位法官的自尊，儘管我那次的辯論很精彩，但我卻沒有獲得那位法官的認同，因為我犯了大錯，我讓一位知名度很高的人物丟了面子。這是極不應該的，在當時的情況下，至少應該尊重他，保住他的面子。

世界上有許多偉人，也都很注重給他人留面子的問題，他們不會浪費時間滿足個人的勝利。

一九二二年，土耳其軍隊首領凱末爾向他的士兵們發表了一場拿破崙式的慷慨激昂的演說：「你們的目的地是地中海。」而後，他率軍與希臘軍隊展開了生死決戰，最後，土耳其軍隊戰勝，把希臘軍趕出了土耳其的領土，結束了長達幾個世紀的敵對戰爭。

戰後，希土雙方進行和談，希臘將領黎波皮斯與廸奧斯來到土耳其凱末爾的總部。儘管土耳其人很不喜歡這些希臘人，但凱末爾卻表現得相當友好，他親切的握住兩位希臘將軍的手，客氣的請他們坐下。雙方開始了有關戰爭問題的討論，他們在細節上討論得很深入，最終達成了協議。

當希臘的兩位將軍向凱末爾請降時，在途中遭到土耳其人民的辱罵，但是凱末爾並沒有以一副驕傲的面孔自居，而是安慰兩位希臘將軍，真誠的勸導他們不要自責，並以一個軍人的口氣說：「坐下吧，你們肯定感到勞累了，戰爭這東西，有時最厲害的將軍也會打敗仗的。」

儘管當時土耳其全國上下處於一片熱烈歡慶的氣氛中，沉浸在慶祝勝利的喜悅當中，但凱末爾仍舊清醒的記得保留對方的面子，就算對方是你的敵人。

所以，盡可能的給他人留有自尊，保住他人的面子，不論他是你的朋友還是敵人，這是為人處事的一項重要原則。

敢於承認自己的錯誤

任何一個愚蠢的人，都會盡力為自己的過錯行為辯護，而一個能敢於承認自己錯誤的人，卻可以使他出類拔萃，給予人尊貴和高尚的感覺。

在離我居住地步行不到一分鐘的地方，有一片小樹林，那裡樹木茂盛。春天來到時，樹林裡的野花爭芳鬥豔，松鼠哺育著自己的孩子，馬尾草瘋長到了馬首那麼高，周圍的人都稱這裡為森林公園。我經常帶著我的波士頓㹴洛斯來此散步。我的小獵狗絕對是那種溫順可愛不傷人的小狗。由於森林公園行人較少，所以我沒有為小狗戴狗嘴套或是皮帶。

有一天，我帶我的小狗來森林公園散步，恰好碰到了一位騎馬的警察，他神色嚴厲，彷彿恨不得把他的權威馬上爆發出來。「先生，你讓你的小狗在這裡到處亂跑，還不給牠戴嘴套或皮帶，你知道這麼做有多危險嗎？你這樣做不但會有讓狗咬傷路人的危險，還是一種違法的行為！」他責備道。

我很誠懇的看著他，輕聲的說：「是的，先生，我這樣做的確是觸犯了法律，但是，這狗這麼小，不至於能把人咬傷？」「什麼事都不可能是絕對的！你想不會發生就一定不會嗎？法律可沒有這樣規定，也許你的狗就有可能傷害到附近的松鼠，或者是小孩子。到那時，你的想法就會改變了。我這次不追究你了，但是，如果下次再讓我看到你帶著這隻不戴嘴套也不拴皮帶的小狗，我可就要追究你的法律責任了。」

我對警察保證以後不再犯這種錯誤，並且以後再帶我的小狗散步時一直遵守著這項原則。但事實上，小洛斯根本不喜歡戴嘴套或是拴皮帶，我也希望牠能玩得開心，於是我決定碰一次運氣。

又是一個晴朗的下午，我沒有給洛斯帶嘴套和皮帶，一開始牠玩得很盡興，但後來，我就遇到了麻煩。只見那位曾經警告過我的警官騎著那匹棗紅色大馬朝我奔過來，洛斯不知趣的往他的方向奔了過去。

這下可麻煩了，心知肚明的我十分自責，我沒等他開口就主動向他承認了自己的錯誤：「先生，十分抱歉，我沒有遵守諾言，我再次觸犯了法律，您曾經提醒過我不能讓小狗不帶嘴套或皮帶就出來，可我沒有照辦，您處罰我吧。」

出乎我的意外，警察並沒有嚴厲的處罰責備我，而是很柔和的對我說：「我想，也許沒你說得那麼嚴重，我很理解。沒人在時，讓這隻小狗自由玩耍是很可愛的呀。」「但是我觸犯了法律呀！」我回答說。「誰都知道，這樣一隻小狗怎麼可能會傷害到別人呢？」員警安慰我道。「但是，牠卻有可能傷害松鼠呀！」我又小心的說。「也許事情沒你想得那麼嚴重，這樣吧，以後你可以讓小狗自由些，只要讓牠跑過這座山，到我看不到的地方就可以了。」警察微笑著告訴我。

此時，我的感覺好極了，那件事很快平息了。其實，警察雖然是執法者，但和普通人也是一樣的，他們也需要滿足自己的自尊感。反過來，如果我和他爭執起來，所得的結果也可想而知。

我沒有和他辯論，而是用謙虛的態度承認了自己的錯誤，肯定了他的權威，也肯定了自己的錯誤。所以，他非但沒有指責我，反過來還給我安慰。

如果在某種情況下，我們要接受責備，不妨先坦誠的承認自己的錯誤，這樣一來，對方便不會那麼生氣，反而會寬容你，忽略你錯誤的嚴重性。

斐迪南．沃倫是一位優秀的平面設計大師。他為別人做的廣告創意或是印刷品繪圖紙的品質可以說是絕對準確的。但是人非聖賢，孰能無過，尤其是在某些時候，比如，編輯們總是不給你足夠的時間去完成那些工作。

有一次，斐迪南．沃倫為一位美術編輯做的一件急件中出了一點小差錯，那位美術編輯把沃倫請到了辦公室。沃倫仔細看了看自己的圖紙，發現的確存在著編輯所說的錯誤。於是，沃倫便誠懇的說：「對不起，先生，您是對的，那份圖紙的確存在著遺漏，我不想辯解什麼，和您合作多年，我應該很了解您的意圖和風格，出了這樣的差錯，我深感歉意。」

那位美術編輯見沃倫如此誠懇的承認了自己的錯誤，很是感動。和顏悅色的說：「其實，你的設計圖整體來說還是很優秀的，這只不過是一個小小的差錯而已，請不要自責了。」

沃倫說：「無論錯誤的大小，只要存在著，就會對整體效果有危害。我真應該小心一些，把這個漏洞填平。我把它重新做一遍，您看怎麼樣？」

編輯聽到這裡，感到很欣慰，於是對沃倫說：「不用了，我真的沒有讓你重畫的意思，你只要稍微修改一下就好了，其實，你的作品已經相當不錯了，這件小事請別太放在心上。」

事後，編輯請沃倫吃了一頓中飯，飯後付給了沃倫那份工作的報酬，而且他們又開始了下一次的愉快合作。對待勇於承認錯誤的沃倫，編輯沒有理由不去信任他。

用抗爭的方法，你絕不會得到滿意的結果。但是退一步，你的收穫會出乎你的意外。如果我們對了，我們試著友善的說服對方；如果我們錯了，我們就要積極的承擔過錯。這種方法往往會獲得驚人的效果，這要比與別人辯論有效多了，正如人們常說的「退一步海闊天空」。

南北戰爭時期，南北雙方持續作戰。一開始，南軍捷報頻傳，但是，一場蓋茲堡戰役完全扭轉局勢。南方軍隊將領李將軍卻把失敗全部歸罪於自己一人。

畢克德的那次進攻，無疑是南北戰爭中最顯赫最輝煌的一場戰鬥。畢克德具有拿破崙般的勇氣，他像拿破崙在義大利戰場一樣，幾乎每天都在戰場上寫情書，長髮披肩，斜戴著軍帽，快馬加鞭與北方軍隊頑強抗擊，連他那群效忠的部隊都禁不住為他喝彩，一時間，軍旗飛揚，軍刀閃爍，陣容威武壯大，甚至連北方軍也在為他叫好。

畢克德的軍隊穿過果園和玉米田，翻過小山，向北方軍衝去。北方軍轟鳴的大炮無法阻止他們前行，根本沒有辦法讓他們退縮。

然而，一會兒的功夫，北方步兵從墓地後面竄出來，對毫無防備的畢克德軍隊進行猛烈的射擊，幾分鐘後，一個個士兵都倒下了，五千多人的士兵只剩下了五分之一。

畢克德統率剩下的士兵繼續拚殺，他們用軍刀頂著軍帽高喊：「弟兄們，衝啊，宰了他們！」他們跳過石牆，用刺刀與北方軍隊搏鬥，終於把軍旗插在墓地北方的陣地上。

軍旗只飄揚了很短的時間，成為南方軍最後的記錄，因為兵力不足，結果南方軍隊在這次戰役中失敗了。

李將軍異常悲痛，他向上級部門遞交了辭呈，請求改派「一位更年輕有為之士」。對於畢克德在這次戰爭中失敗的責任，自己全部承擔下來，雖然他可以找藉口推脫自己的責任，歸於師長失職，援兵不足等等，但是他沒有。當殘兵回來時，李將軍親自出迎，而且自責道：「都是我的過失，是我失掉了這場戰鬥，我應該負全部責任。」

歷史上很少有將領會有如此的勇氣和情操，承認自己的過失，並獨自擔負起戰爭失敗的責任。

所以，當我們對時，我們要用溫婉謙和的態度去得到別人的贊同，當我們錯時，我們要當即坦誠的承認自己的錯誤。

收回你的批評和指責

指責和批評他人之前一定要三思而後行。如果犯錯者完全清楚是什麼原因，如何發生的，也清楚怎麼樣避免錯誤再次發生，那你就沒有任何必要再加以嚴厲批評。否則，這只會讓別人感到更難受，更不快，批評是毫無意義之舉。

在這裡，我們必須明白「過錯」有兩項基本的要素：第一、我們每個人都有犯錯誤的可能。第二、我們每個人都喜歡指責別人的過錯，但對於別人給我們的指正卻不會輕易接受。

生活中，絕對沒有一個人喜歡別人對自己責備與批評，甚至指正。當別人指責我們時，有時我們也會被激怒。這一點上大概每個人都是這樣。如果你想傷害別人，使他丟掉自尊，你不需要做太困難的事情，只要對他投以嚴厲的批評和指責，告訴他事情做得很糟糕，品質不合格，或是生活習慣不良等等。這樣的話，就算他是真的存在錯誤，也不會輕易改正的。

要知道，每個人都會因某種原因而犯錯誤，人無完人，所以適時的收回你的批評，所得的結果未必不好。

在面對批評時，我們最重要的是要盡量避免指責和批評。

東尼設計公司總裁史密斯對此深信不疑。他表示：「當錯誤發生時，大家一定會有這樣的想法，這究竟是誰的責任？這好像就是人們與生俱來的一種本能，當遇到問題時，人們總是想找個人來承擔，然後對其加以指責。」

史密斯總是抱著盡量避免批評與指責的原則來要求自己與員工的。他曾說：「我盡量的以不輕易批評每個人為原則，來和大家相處。儘管我們總是喜歡去說教別人，當別人犯錯時，我們就開始責怪別人。所以我們要盡量想個最好的解決辦法去面對錯誤，要知道，一味的批評與抱怨對解決問題沒有任何的幫助。」

史密斯又接著說：「你要明白，自己真正想要達到的目的是什麼？你憑藉著有效的行動能力，做好今天的工作，這才是最重要的。很明顯，指責某人的錯誤是永遠也達不到你所想要達到的目的的。」

聯邦品質協會的主管艾利克斯說：「人們到公司工作，都希望能盡力好好完成工作，沒有一個人想把工作搞砸，了解這一點的老闆一定會努力控制自己，不會隨意批評、指責員工的。」

北岸大學附屬醫院有七百五十五張病床，院長庫克正在為一個讓他頭痛的問題著急。這幾年，北岸醫院的規模有了很大的擴展，床位也有了明顯的增加，但是廚房的設備卻依然停留在只能供應一百六十九張病床的規模上。

於是，醫院決定建造新的廚房，庫克請他的同事處理這件事，他提出兩點要求：聘請一位營養顧問和一位飲食專家。

庫克因為工作忙，沒有全程監督工程的進展，到了快完工的日子，卻因為很多東西沒有完善處理而導致了工程的延誤。事實上，那位同事根本就沒按庫克的要求去安排營養顧問及飲食專家，從而導致了新的醫院廚房還是不能使用。

當庫克了解了情況後，他很清楚現在的處境，因為建築物已經動工，而且也投入了大量的資金，圖紙設計也不能再更改了，以致這次整修並沒有得到好評，因為新的廚房照樣不夠大，食物品質也沒有任何改善，這使醫院的名聲有所下降。

這次的失敗並不是庫克的錯，他可以大加指責批評那位同事做事不認真。但是他沒有那樣做，把同事大罵一頓就能換來美味有營養的食物和更寬敞的廚房嗎？這些都不能，所以，批評沒有任何意義。

庫克經過認真思考後說：「我不應該把時間放在對別人的批評上，現在最急需做的就是重新修改系統，想辦法改善這種不良的狀態。浪費時間去指責別人，對整件事情毫無益處。」

每個人都不願被指責與批評，被嚴厲批評過的人通常都不願再冒風險，或再提新的主張。其實我們也

收回你的批評和指責

不要因某一件事的錯誤就否定了他人的全部貢獻。

著名的化妝品公司玫琳凱很早就在開始施行這種理念。他們將改善作為目的，而不是嚴厲的批評。玫琳凱的經理巴特爾說：「我們不再使用任何權衡的考核，我們要的是業績。因為沒有任何人願意受到指責與批評，我們所要做的是怎樣幫助員工更好的工作，創作更多的效益。怎樣改善你的工作能力和方法，這是由你們的觀點而出發的，而不是我的。」這是多麼明智的領導方針呀！

我們都同意這句話：「沒有誰會願意被批評，卻有許多人都喜歡批評別人，但這對於你來說毫無意義。」

當然在不批評別人的同時，你可以用一些巧妙的方法來達到你的目的。

一位退休的老人在她老家的鄉間買了一棟別墅，打算清閒安靜的度過晚年。起初，她住得很舒服，周圍環境很幽靜。可過了幾個星期，她就被某種噪音吵得難以忍受了。原來，有三個年輕人總是在附近踢垃圾箱。老婦人受不了這種吵鬧的行為，決定出去找他們評理。

老婦人的做法一定出乎你的意料，她並沒有直接上去批評指責那些年輕人，而是用了一種別的方法。她溫和的對三位年輕小夥子說：「感覺你們玩得很開心！如果你們每天都過來踢垃圾桶的話，我就給你們一塊錢。」三位年輕人有些不解，互相看了看，高興的接過錢，用力的踢起了所有的垃圾桶。

沒過幾天，當三位年輕人正要再次踢垃圾桶時，老人找到了他們，並滿臉憂愁告訴他們說：「很抱歉，我現在的收入越來越低，從今天起我只能給你們每人五毛錢了。」三位男孩有些不滿，但還是接受了老人的錢，並堅持每天下午將這些垃圾桶全部踢倒。

一週後，老人又來找三個年輕人談話。她說：「真是對不起了，我最近沒有收到養老金，所以每天只能給你們兩毛五分錢了，你們願意嗎？」「什麼？就兩毛五分？開什麼玩笑，我們可不願為了兩毛五分錢就特意跑到這裡踢這倒楣的垃圾桶，我們不幹了！」男孩們氣憤的說。

最後，結果非常令人滿意，年輕男孩們再也沒有來打擾那老婦人的安靜，老婦人從此又過著寧靜舒服的生活。

我們在批評別人時，不妨思考一下是否有必要，我們不妨先營造一個開放的輕鬆的談話氛圍，採取溫和的態度，控制好自己的脾氣。因為沒有人喜歡聽別人指責自己，所以我們要做到對事不對人，這樣也許會好受些。當然，你不能一筆抹殺他之前所做過的種種貢獻。

記住，當遇到什麼事情時，如果你採用一種指責批評的態度，那麼他們立刻就會與你處於敵對的狀態，他們會覺得自己是對的，人的心理就是這樣的。所以無論遇到什麼事，都不要指責或輕視別人，因為你一旦開口批評，你就等於輸掉了。你將無法控制你自己，重要的是你將失去與別人溝通、說服以及激勵別人的最好時機。

所以，收回你的批評吧，將目光集中到你要達到的目標上，這對你會大有益處。

莫讓批評之箭擊中你

林肯曾經說：「只要我們不為任何的惡意做出反應，那麼這種事就會到此為止。」只要你相信自己做得正確，就不要理會別人怎麼說你。凡事要盡全力而為之，盡可能的忽略別人對你的批評所造成的最大傷害。

當你被別人惡意批評的時候，你要記住，他們這樣做的原因，是因為那些人總是自以為是，通常這也就意味著你已經在某些方面有所成就，而且相當值得別人在意了。

一九二九年，美國教育界發生了一件全國震驚的大事。一位名叫羅伯特·哈欽斯的年輕學者被任命為世界知名的芝加哥大學校長，令人吃驚和特別難以置信的是，這位名叫哈欽斯的年輕人才剛滿三十歲。於是，英國各地的學者都紛紛前往芝加哥，想親眼目睹這位年輕校長的風姿，而很多的人是為著證明這件事是否屬實而來的。

其實，哈欽斯引出的這一轟動效應主要是因為他年齡的關係，而且他的經歷也很不尋常。他畢業於耶魯大學，因為家境貧寒，他是半工半讀完成學業的。之後，他做過伐木工人，當過家庭教師，做過作家，甚至還賣過衣服。經歷了八年的創業奮鬥，他被任命為芝加哥大學最年輕的校長。

許多人都不能夠理解，為何用如此年輕的人做一所名校的校長，一時間批評如潮，眾說紛紜，說他太年輕沒有經驗，說他根本就缺乏教育觀念，各種說法比比皆是，報紙也加入到了批評的行列中，一時間，哈欽斯的生活被批評和指責所籠罩。

在哈欽斯上任當天，一個朋友對他父親說：「我剛看到報紙上對你兒子的猛烈攻擊，他能承受得了嗎？」哈欽斯的父親漠然的說：「沒錯，他們的批評很惡劣，但是，請記住，從來沒有人會踢一隻死狗！」

叔本華曾說過：「庸俗的人從偉人的錯誤與失誤中，會尋求極大的快感與成就感。」我們看到許多人罵那些教育程度高於自己或者某一方面獲得成功的人，他們會從中獲得很大的滿足感。因此，我們根本沒有必要讓那些無聊的批評來困擾自己，那些都是徒勞無益的。

就因為哈欽斯的成熟突出，以至於引發了大家的嫉妒，儘管許多人批評指責他，但他對此一概不理，正像他父親所說，「從來沒有人會去踢一隻死狗。」

美國著名的玉米大王托雷的成功，令人必須承認這與他驚人的意志有關。

在他年輕的時候，曾經在一家著名五金商店當收銀員，他工作勤奮努力，一絲不苟，有不明白的問題總是虛心請教別人。他那時最大的夢想就是能得到經理的賞識，提升為五金推銷員。但是，他賣力的工作卻並未得到經理的賞識，反而適得其反。

一天，經理把他叫到辦公室談話，沒有一點情面的對他大聲訓斥道：「你頭腦呆板，四肢發達，根本沒有一點生意頭腦，你還不如去當鋼鐵廠的苦工吧，明天你不用來上班了。」

托雷面對著如此大的侮辱，並沒有灰心，相反的，卻激起了他要成為推銷員的更大鬥志，他對經理說：「你可以解僱我，那是您的權利，但是，我並不會因為您的嘲笑而承認自己的腦子笨，等著瞧吧你，我會做比你的公司大十倍的生意給你看看。」說完便走出了公司的大門。

托雷把嘲笑與侮辱當成自己工作的動力，他很了解自己的能力，不因別人指責而干擾自己，經過幾年的不懈努力，終於實現了自己的諾言，成為全美最著名的玉米大王。

世界最著名的話劇界大師布雷蕭先生，也曾是在別人的批評中獲取成功的。在當時，有一齣不太受歡迎的戲劇上演，但許多劇院都將其從節目中刪掉了，因為他們覺得無利可圖。

布雷蕭憑著多年的戲劇經驗，認為這齣戲劇只要略加修改，便會大受歡迎。於是他不顧別人的勸告和反對，花了一大筆錢買下劇本。當時他的朋友們都勸他別做這種傻事，許多同行也笑他是白痴，但是他都不以為然。布雷蕭回到家，仔細研究該劇的內容，開始了改台詞、改布景、找高潮等大規模的修改和調整。結果，當這部被改動過的戲劇首演時，贏得了觀眾們如潮的好評，從此，這部戲劇也名聲大噪，聲名遠揚，每天來觀看這部戲劇的觀眾接連不斷。就連之前嘲笑過他的人也一改往日的眼光，都不得不佩服布雷蕭的成就。

布雷蕭經過自身堅持不懈的努力，終於成了娛樂界知名的大師，他的成功歸結於他不理會任何對自己不利的批評，始終堅持著自己的理想，最後走向了成功。愛因斯坦的摯友為愛因斯坦撰寫的《愛因斯坦傳》影響巨大。這本書迴響強烈，頗受歡迎。但是當時有一位文學評論家在報紙上錯誤的批評了作者，作者為此大為不滿，於是，愛因斯坦主動寫信給他的這位好朋友：「你對《倫敦時報》文學增刊的一篇評論感到憤怒我是可以理解的，我對此一笑置之。你知道，有些人為了一點稿酬，匆匆瀏覽文章後，就隨手寫了一

莫讓批評之箭擊中你

些目光短淺、一無是處的文章。其實這種似是而非的文章是不會產生什麼反應的，你有必要為此苦惱嗎？之前，有不少關於我傳記的惡意批評和無恥謊言，我都不以為然，要是我對每篇評論都在意的話，我就活不到今天了。你記住，一個人應該學會安慰自己，時間是一個篩子，百無聊賴的批評都會被篩子篩入無邊的海洋，即便有漏下的，也都不值一提。」

的確，惡意的批評終將會過去，我們又何必為此而鬱鬱寡歡呢？既然我們難以避免不公正的批評，那我們盡可以做到自己不受批評的干擾。

威爾森是美國一政黨的成員，他因為在一次有關本黨的決議中投了反對票而招致了該政黨領袖的不滿。他把威爾森訓斥了一番。

在政黨領袖大罵他是政黨叛徒，沒頭腦的白痴的同時，威爾森始終保持沉默。

那位脾氣暴躁的領袖見威爾森對他的責罵不予理睬，更為惱怒了，繼續大聲的陳述著自己的怨言與指責。但威爾森就像沒聽見似的依舊不聲不響，毫無反應，只是依舊忙著自己的工作。

後來，政黨領袖罵夠了，準備離去。此時，威爾森才停下手中的工作，微笑著招呼他說：「這麼快就走嗎？我還沒聽夠您的指責呢，請您繼續吧！」政黨領袖聽了這令人哭笑不得的話，再也無話可說，只好轉身離去了。

威爾森沒有和那位政黨領袖辯解一句，一直在靜靜的聽著，儘管這件事他有很多有利的理由可以讓他辯解，但他都沒有那樣做，因為他知道在那種情況下，再多辯解，政黨領袖也聽不進去，此刻的最好辦法是冷靜的說服對方。

當我們因為某種不公正的批評而感到憂慮時，我們不妨一笑而過，不為之所影響，將批評作為動力，不因批評之箭重傷自己。

委婉的為他人指出錯誤

批評是一門藝術，有益的批評會使對方虛心接受，並認知到自己的錯誤，及時加以改正。但是，批評也要講究策略，切記不要當面指責別人的錯誤，這樣會造成對方強烈的反抗。巧妙的暗示對方注意自己的缺點，往往會贏得他人的贊同。批評的方式五花八門，最好的是我們一定要委婉的指出別人的錯誤。間接、委婉的指出別人的錯誤，要比直接脫口而出的批評溫和得多，並且不會使人反感。

一天下午，施瓦布經過他的鋼鐵廠，突然發現他的幾個員工正在抽菸，而在他們的頭頂上方卻掛著「禁止吸菸」的警告牌。施瓦布看到這個情況，心裡特別上火，他完全可以憤怒的走過去，向後指著牌子大聲對他們說：「你們難道沒有看見牌子上寫著禁止吸菸？你們難道都不認識字嗎？」但是，他並沒有這樣做，他走到員工的面前，伸手遞給他們每人一根菸，然後溫和的說：「朋友，我希望你們能到許可抽菸的地方去抽，那樣我會很感激你們的。」作為員工，肯定知道自己犯了錯誤，破壞了公司的規章，聽到施瓦布先生這樣客氣的跟他們說話，還分給了每人一根香菸，心裡就益發的羞愧了，他們在保證以後不在這裡吸菸的同時，心裡肯定還會在敬佩施瓦布先生。

讓我們再看看歐納西斯太太是怎麼樣讓散漫的建築工人養成完工後進行清理的習慣的吧。

歐納西斯太太為了整修房屋而請來了幾位建築工人。起初幾天，她發現，這些建築工人每次收工後都把院子弄得又髒又亂。可他們的手藝卻讓人無法挑剔，歐納西斯不想訓斥他們，便想了一個好辦法。

一天，建築工人收工回家後，她便偷偷的與孩子一起把院子打掃整齊，並將碎木屑掃好，堆到院子的角落裡。到第二天工人們來工作時，她把工頭叫到一邊大聲的說：「我對你們在收工前將我的院子打掃得這麼乾淨感到真心的高興，我很滿意你們的舉動。」此後，每到收工時，工人們都自覺的把木屑掃到角落裡，並且讓工頭做最後的檢查。

由此可見，間接的，友好的方式要比直接衝突好得多。當然，如果你的確是對他人的做法不滿，你大可以暗示他，如果你的暗示讓他人產生憤怒，你就得實行一個切實圓滑的講話方式改變整個局面了。那就看看下面的例子吧。

威廉二世曾是德國的末位皇帝，他總是高傲自大目中無人。他組建的軍隊強勁有力，在戰場上取得了頻頻的勝利，也曾經一度誇海口說要征服世界。但是他總是無視一切，口出狂言，發表各種讓人無法接受的言論，使他在歐洲政界引起了很大的不滿。

有一次，他代表德國出訪英國，又開始了自大的荒謬演說，他說德國是和英國唯一友好的國家，並說要籌建一支海軍，對抗日本的威脅。之後，他沒有停止他的狂言，他說是他率領德軍打敗了蘇俄，使英國得以被挽救，到最後他居然說由於自己的籌畫，才使英國羅伯特爵士在南非打敗了波耳人。在此同時，他讓英國的《每日電訊報》將他這狂妄的言論刊登出來，結果在許多歐洲國家引起了巨大風波。

縱觀歐洲各國家的發展史，從來沒有一位國家的君主膽敢發表這樣荒唐無理的言論。歐洲的許多國家都為之震驚不已。尤其是英國人民，他們氣憤異常，感到自己的國家受到了極大的侮辱。而在德國方面，許多德國官員也認為這次訪問非常失敗。當各種意見的指責反映到威廉二世耳中後，就連他自己也感覺到了錯誤的嚴重性，結局難以收拾了。實在沒有辦法解決，他就徵求了當時的帝國總理大臣比洛的意見，希望他能承擔這次狂妄言論的後果，承認這些難以置信的話是他讓威廉二世在外公布的。

比洛心裡非常不情願，他說：「皇帝陛下，你的做法的確是考慮欠佳，而我也不會為此承擔莫須有的罵名，而且事實上德國和英國都不會相信，我有這麼大的權力讓您說出這些話。」比洛說完後就有些後悔。

威廉二世果然很生氣，大吼道：「你的意思是說我非常愚蠢，你很聰明了。」

比洛趕緊把話題轉移，說：「我確實沒有那個意思，您誤會我了，我根本不能和您相比，無論是軍事還是海洋方面，您在很多方面都勝過我。在自然科學方面的造詣您就更不用說了，每次我都喜歡聽您講無線電報、倫琴射線、晴雨計等方面的知識，為此我十分佩服您的學識。而我對此卻一無所知。所以，我盡力培養自己在歷史及政治上的知識，以便更好的輔助您的統治。」

威廉二世見比洛如此坦誠的講了自己的錯誤，並且熱烈的讚揚了他的優點，便原諒了他，並且意味深長的說：「我也知道，所以我才常說，讓我們兩個人取長補短，更好的工作，這樣才能聞名於世，讓我們團結在一起，努力奮鬥吧！」

於是，兩個人相互握手在好長的時間沒有鬆開。許久，威廉二世還激動的對比洛說：「如果讓我知道有誰講你的壞話，我就一拳把他的鼻子打歪。」

由此可見，比洛總理是一個圓滑的交際高手，他及時為自己解了圍，做了有效的讓步。他用自己的短處與對方的優點相比，這是緩和矛盾的最好方法。而且他還讓蠻橫的威廉二世改變了他暴躁的態度，可見委婉的批評和圓滑的言語的確會讓一些事情結局更好一些。卡內基先生的小侄女約瑟芬從學校畢業後，就來到紐約擔任他的私人祕書。雖然她已經畢業了，但是因為她做事情經驗不足，所以難免做錯一些事情，這讓卡內基先生有時非常生氣。

一次，約瑟芬又犯了錯誤，卡內基本想狠狠教訓她一頓，讓她吸取教訓。但是，他仔細想了想，對自己說：「等一下，想想約瑟芬才多年輕呀，你自己的年齡比她可大多了，所以你的經驗比她豐富。你怎麼能用你自己的標準來要求一個剛步入社會的小女孩呢？再想一下，你自己十九歲的時候在做什麼？也許比她還要呆笨呢！」卡內基經過仔細的思考後，感覺約瑟芬做得還是相當有成績的，他後悔之前沒有注意到她的優點，沒有讚揚她的工作，反而一味的關注她的不足。所以在以後的工作中，卡內基盡量委婉的批評約瑟芬的錯誤。他對她說：「約瑟芬，其實你犯的錯誤，我年輕時不但也經常犯，而且比你犯得更多。沒有誰生出來就會做事，永遠不犯錯誤的，經驗是要從工作中日積月累的。我像你這麼大時，做過許多錯事，所以我沒資格批評別人，但我希望你能做得更好！」

聽完卡內基先生的話她十分感動，欣然接受了批評，並在今後的工作中更認真，而且她還注意累積經驗，並及時改進了不足之處。最後，她成為全美國知名的祕書之一。

可見，巧妙的委婉的勸說別人的錯誤，不但能將我們的意思更加有效的表明，而且還幫助走向成功。記住，要想使別人虛心接受批評，就要注意勸說的技巧，一定要委婉的指出他人的錯誤，切勿直言批評。

運用鼓勵、讚賞的態度讓他人接受

如果你一定要給他人挑錯，那就從讚揚、鼓勵的方式開始。就像牙科醫生使用麻醉劑一樣，儘管病人仍會受鑽牙之苦，但卻能消除許多疼痛。

的確，當我們受到表揚後，再去聽那些令人不快的批評，感受會好一些。

柯立芝總統在執政期間，我的一位朋友受邀在一個週末去白宮作客。剛要進入時，聽到柯立芝總統對他的女祕書說：「你今天的衣服漂亮極了，你真是位聰明漂亮的女孩。」

一向沉默寡言的柯立芝總統從來不喜歡稱讚別人，但這次稱讚使他的女祕書不知所措，但她心裡十分高興，露出了羞怯的表情。總統接著說：「不要難為情，我是希望你能高興些，但是，我更希望你能對公文上的標點稍微注意一點，那你就會更完美。」

想想，柯立芝用的方法儘管太過明顯，但其心理策略卻很高深。一般情況下，我們聽到讚揚後，再聽取批評，會舒服得多。

在我們批評他人之前，應先給予他人真誠的肯定，就像電影《歡樂滿人間》中女主角瑪莉唱的「一小匙糖能幫你嚥下一口苦藥」一樣。

南美的桑達公司總管布朗就使用了一種行之有效的批評方法。他的公司定有一項規章制度名為「三一律」。他說：「我們的目的是想辦法少用批評，所以發明了一項規則。如果你覺得公司內某人工作差勁，讓你不順眼，你先不要批評，先把它寫在一個本子上。直到你從他身上發現三處優點，再指出他的不足。」這真是一個絕妙的好辦法。

前不久，我有一位四十歲左右的好朋友訂了婚，他的未婚妻希望他能夠學一些新鮮的跳舞技巧。他對自己信心十足，因為他二十歲時曾經是學校的舞王。他向我訴說了他請舞蹈老師的經過。「我請的第一位老師居然告訴我說我跳得亂七八糟，她說讓我全部放棄，一切從頭開始學起。要知道，我可沒耐性從頭學。所以我把她辭退了。」我的朋友如實對我說。

他又講了對第二位老師的態度：「我更喜歡那位說話中聽的老師。她並不像第一位老師那樣完全否定我，而是心平氣和的說，儘管我的舞姿有些過時，但基本功還是很扎實的，而且她還向我保證用不了多長時間，我就可以做到最好。我不接受第一位老師是因為她一味的強調我的錯誤，看不到我的優點，令我喪失信心。但第二位老師先肯定了我的優勢，這使我信心倍增。她那一句『你一定會成為最棒的舞者』鼓舞了我的信心，儘管我深知自己差得還很遠，但還是喜歡聽別人的表揚的。」

可見，寬容他人，鼓勵他人，會很容易把事情做好，使對方知道你相信他有能力去做，也會為開發他自己無限的潛能提供很好的動力。

家住費城的羅傑先生是我在費城授課時的一位學員，在一次演講會上他講了親身經歷的一件事。

某一家建設公司在費城承包了一項建築工程，在規定時間內完成一座現代化的辦公大廈。在建立初期，一切都在計畫的正常軌道上運轉，但是在大廈將近完工時，出了一個問題，就是負責供應大廈內部裝修的銅器經銷商無法如期交貨。這樣，整個工程都停了下來，面對著巨額罰金及損失，建設公司陷入了困境。

他們想盡一切辦法和那位經銷商談判，但都沒有作用。於是他們派羅傑先生和那位固執的經銷商進行了一次會晤。

羅傑先生走進那位經銷商的辦公室，所說的第一句話是：「你可知道，在布魯克林區，你這樣的姓氏就只有你一個人。」

那位經銷商有些吃驚，回答說：「是嗎？我完全不知道這件事。」羅傑繼續說道：「因為今天早晨，我下火車查找您的電話，發現您的姓氏非常特別。」

經銷商對羅傑先生的話題十分感興趣，隨後說道：「是的，我的姓氏是很特別，我們家族是從荷蘭移居過來的，到現在應該有兩百多年的歷史了。」接著，他就興奮的介紹了他家族的創業史。與此同時，羅傑先生也在不停稱讚他的銅器廠的規模，說和他見過的別的工廠相比有著天壤之別等等。

經銷商自豪的說：「這是我花了將近一生的心血到現在才有這規模，我帶你去一起參觀一下吧。」

羅傑先生隨著這位經銷商參觀了他的乾淨整潔的工廠。他不斷的說工廠的組織如何健全，並對一些特別的機器大加讚賞，而那位經銷商也興高采烈的說那些機器是自己花費了多年的心血研製出來的，並向羅傑說明了機器的操作方法及其優良的性能，並執意邀請羅傑先生共進午餐。在這期間，羅傑對這次訪問的真正目的隻字未提。

吃過午飯，經銷商主動對羅傑說：「朋友，我們現在開始談正事吧。想必你這次是為那份合約的事而來的吧？在這半天裡我感到十分愉快。我向你保證，在你回費城後，你們所需的那些材料會如期運到，保證不會耽誤你們工期。羅傑在這次面談中並沒有開口談見面的目的，便完成了任務。而那些材料也都如期的到達，整棟大廈的裝修也都如期完工。設想一下，如果羅傑沒有用這種方法面對那位經銷商，事情的結果可能會恰好相反？

把讚美送給別人，就像把食物送給飢餓的乞丐，在許多時候，它就像維生素，是一種最有效的事物。

所以，當你想讓人改正錯誤，說服他人時，就請你自內心真誠的讚美和欣賞他人開始吧！

妙說可以讓信件創造奇蹟

我敢打賭，我知道你現在在想些什麼，你可能自言自語：「創造奇蹟的信件」！太可笑了，那是賣狗皮膏藥的藥品廣告！」

如果你有這樣的想法，這很正常。若是十五年前，我拿起這樣的一本書，我也會有那樣的想法。是不是覺得懷疑？好吧，我喜歡好「懷疑」的人，我在二十歲以前，一直住在密蘇里州……我就喜歡「不相信」的人。似乎人類文明之所以有進步，都是從懷疑、發問和挑戰開始的。

我們應該誠實，像我用「創造奇蹟的信件」這個標題名稱是準確的嗎？

嗯，坦白的說，那是不夠準確的。

說實在的，這個標題把事實描述得太淡了！這裡所發表的信件，它所獲得的結果，比事實本身好上一百倍。這是誰的結論？那是維洛比……他是美國一位最著名的推銷專家，曾擔任一家生活用品公司推銷主任，現在是一家廣告公司廣告主任，同時也是全國廣告聯合會的主席。維洛比先生說，他以前寄給代理商的詢問函件，所得到的回函，總數不到發出信函的百分之八。如果有百分之十五的回信，他就認為是很不錯了。他還這樣告訴我，如果回信比例，達到百分之二十，那該是奇蹟了。

但是維洛比有一封信，即在本篇中提到的這封，它的比例數，竟達到百分之四十二點五，也就是說比「奇蹟」還好上一倍。你別發笑，這封信不是說笑，也不是意外，其他許多信件，也獲得了同樣的效果。

他是怎麼做到的？聽聽他是如何做的：「在我加入卡內基先生講習班後，信件的效力立即增加。我知道我過去所使用的方法的錯誤性。我就開始試行這本書上的每一個方法，結果我發出的信函，竟增加百分之五百到八百的效果。」

這裡是原信……這封信的語氣、含蓄，使人很願意為發信人做一點事情，並且使對方有一種自重、高貴的感覺。

我的評語，注在括弧裡。

親愛的湯姆森先生：

我不知道你願不願意幫我解決一點小困難？

(讓我們先把情形弄清楚……試問一個遠在亞利桑那州的木材商，突然接到紐約廣告公司一位高階主管的來信；而這封信一開頭就說，那位紐約的高階主管，要請對方幫助他解決一點小困難。我們可以想像到亞利桑那州的那位木材商，會對自己這樣說：「好吧！如果紐約那位先生，真遇到什麼困難，那他是找對人了。我一向樂於助人，我看看他究竟遇到了什麼難題。」)

去年，因為我們公司與各家木材代理商互相信任，銷售成倍增加，我們公司認為這是舉辦了直接通訊的效果。

最近，我寄出各商家的詢問函件有一千六百封，使我感到興奮的是，已收到他們回信數百封，那表示他們贊成這項有顯著的效果合作。

因此，我們又開始了一項直接通訊的新計畫，相信你也會喜歡的。

但是今天早晨，我們公司總經理，和我討論到關於去年所實施計畫的報告，並問我關於營業額方面的事情，究竟有多少買賣成交？所以，我必須請你幫助我，得到這些資料。

(「請你幫助我獲得這項資料」，這是一句很好的措辭，那位紐約大商人說了實在話，而他也向遠在亞利桑那州的那個代理商，給予了誠實而懇切的重視。但是值得注意的是：維洛比並沒有說出一句，他公司怎麼樣重視的話。但是，他使對方立即知道，他是多麼需要對方的賜予和幫助。維洛比又向對方承認極需要對方幫這個忙，不然無法向總經理作出圓滿的報告。亞利桑那州那位商人，也具有普通的人性，當然喜歡聽這些話。）

我請求你幫助我做的是：

一、在來函附的明信片上，請你告訴我，去年你所成交的生意，有那些是由直接通訊獲得成功的。

二、請你告訴我，那些買賣的總額是多少。如果你肯賜回函，我非常感激。我對你所提供的資料，極是珍惜，而且感謝你的幫助。

推銷部主任

維洛比　謹啟

這看似很簡單的一封信，是不是？但它卻能產生奇蹟……因為請對方幫忙，給了對方自尊、自重的感覺。

這種心理學是有效的，不論你是銷售海綿屋頂材料，或者是坐福特汽車去歐洲旅行。

現在有這樣一個例子：我和一位好友，有一次去法國內陸作汽車旅行的時候，突然迷了路。我們把那部「老爺車」停下，問當地的村民，我們如何可以駛去一個大鎮。

這問路的效果，就像通了電流一樣有效。這些人穿的是木鞋，以為所有美國人都是有錢的，而汽車在那一帶，更少見到。駕著汽車遊覽法國的美國人，一定是百萬富翁，也許就是汽車大王「福特」的堂兄堂弟。

但是他們知道的事，有些是我們不知道的。我們比他們有錢，但我們把帽子脫下，恭敬有禮的向他們問路，就是尊重他們。他們立刻開始交談，其中有一個，似乎覺得這是一個難得的機會，叫旁邊的人都安靜下來，他一個人享受為我們指出迷途的其中快感。

妙說可以讓信件創造奇蹟

你不妨自己試一試！當你下次到一個新的地方，把一個看來經濟能力、社會階層比你低的人攔住。問他說：「我遇到一點困難，不知你肯不肯幫，請你告訴我怎麼樣到某某路、某某巷，好嗎？」這肯定成功。

富蘭克林就用這種方法，將仇人化為朋友。富蘭克林年輕的時候，他把所有的積蓄，都投資在一家小型的印刷廠中。他設法讓自己當選為費城議會的書記，因為那能使他做公家的印刷生意。那職務對他的生意是很有利的，他希望能夠達到這個目的。但是，擺在他面前，有個很大的障礙，議會中有個最富有、最有能力的人，他極不喜歡富蘭克林，不但不喜歡，他在演講中還公開譭誹謗富蘭克林。

這對富蘭克林是非常危險的。所以，富蘭克林決心要使那個人喜歡他！

但是，他要怎麼樣進行呢？這是個難題，他為那人做些好事？不，那會引起對方的懷疑，說不定更會輕視富蘭克林！富蘭克林聰明、能幹，他絕不會這樣做，他做了一件恰恰相反的事，他請那個仇人幫他一次忙。富蘭克林向那人借十塊錢？不，不是的，富蘭克林所做的一切，是觸動他的虛榮，一件使對方認為高興的事。那是很巧妙的表示，富蘭克林讚賞他的智識和成就。

這是富蘭克林自寫的一段故事。「我聽說他的圖書室裡，有一本極少見到的奇書。我就寫了一封信給他，表示很希望能看到他所收藏的那一本書。

我請他借我觀閱數天，他爽快的叫人把我所希求的書送來，一星期後，我如期還給他，同時還附上一封信，表示我很感激他的幫忙。

幾天後，我們見面時，他開口跟我說──這是從來沒有過的事──並且很客氣，就從那次以後，他願意幫助我任何一件事，之後我們成了很好的朋友，直到他去世的時候。」

富蘭克林去世迄今已有一百多年了，但是他所使用的心理學，這種請人幫助的心理學，仍然是人們所重視的。

例如：我講習班裡有個學員叫布萊克，他運用這種心理學，獲得了很大的成效。布萊克推銷鉛管和熱氣用品已經很多年了；他費盡周折，想要跟布魯克林的一個鉛管技師做成生意。

這個鉛管技師，生意做得很大，同時信用也非常好，但是布萊克一開始就碰壁了。這個鉛管技師，是個粗線條的人，蠻橫、粗暴。他坐在辦公桌椅上，嘴上叼著一根渾粗的雪茄，每次見到布萊克就這樣說：「我今天什麼也不要，別浪費我的時間，你走吧！」

後來有一天，布萊克嘗試了一個新方法，這個方法，使他交了一個朋友，也得了很多的訂貨合約。布萊克的公司，打算在長島的皇后區，買一棟房子，開設分公司。那房子正好跟那鉛管技師的房子為鄰，因此他很熟悉房子的情形。所以，這一次他去見那技師時，就這樣說：「強尼先生，今天我不是來跟你談買賣的，我只想請你幫一個小忙。如果你方便的話，一分鐘的時間就夠了。」

那鉛管匠嘴上叼著一根渾粗的雪茄，一副財大氣粗的模樣，說：「嗯，好吧。你有什麼事，就直說吧！」布萊克說：「我的公司想在皇后區開一家分公司，你對這裡的情形，相信比任何人都清楚，特來討教，你看這是不是一個很好的計畫？」

這是過去從沒有發生過的情況！多年來這位鉛管技師對推銷員，都是咆哮怒喝，這次使他獲得一種高貴感。現在，有個大公司的推銷員來請教他、徵求他的意見，他的態度完全變了。

他拉過一張椅子，指了指說：「你坐下，」這次，他花了一小時的時間，詳細告訴我，關於皇后區鉛業方面的發展情形。

他不但贊成在這裡開設分公司，同時替我計畫出購置房地產的程序，和購買貨物、開業的一切情形。能為一家有規模的鉛業公司指示營業方向……這使他獲得了高貴感。從公事談到私事，他變得十分友善，同時還告訴布萊克關於他家庭中困擾的事和衝突。布萊克說：「那天晚上，我臨走的時候，我口袋裡不但有大批訂貨合約，而且還建立了鞏固的商業友誼的基礎。我現在和這個過去對我狂吠、咆哮的人，一起打高爾夫球，過去那種態度已完全改變，這是因為我請他幫我做了一件使他感到重要的事。」

妙說可以讓信件創造奇蹟

讓我們瞧瞧維洛比的另一封信，再看他怎麼樣巧妙的運用這種「幫我一個忙」的心理學。

數年前，維洛比先生因為得不到商人、包工和建築師回答他詢問的信，這使他感到痛苦絕望。那時候，他發給建築師、工程師的信，常常收不到百分之一的回函。他認為有百分之二的回信，已算不錯了，如果是百分之三的話，那就更好了。百分之十怎麼樣呢？那該是一項奇蹟了。

但是下面的信，差不多得到百分之五十的效果，也就是說，已超過他認為是奇蹟的五倍。那是些什麼樣的回信呢？兩、三頁滿含友善的建議與合作的回信。這絕對是個奇蹟了。

這裡是原信，你要注意他所用的心理學，和某些措辭上的技巧……這封信，跟上次那封，大致相同。

當你看這封信時，要注意字裡行間，盡量分析收信人心理上的感受，找出它何以會有高出奇蹟五倍的效果。「親愛的杜立德先生：

我不能確定你肯不肯，幫助我解決一點困難？

一年前，我曾向我們公司建議：建築師們需要的一本商品目錄——在目錄裡詳列本公司所有的建築材料，並且說明它的用途。

現在附函寄上一本，這是我們公司第一次提供的服務。

只是目前存書不多，公司並不贊成我再版的建議，但是這需要有充分的資料，確實能再版，能完成一次滿意的任務。

所以，這件事希望能獲得你的幫助，我請你、還有全國其他四十九位建築師作我的評判員。

為了不麻煩你，我在信後附上幾個簡短的問題，如蒙賜答，感激不盡，並附上回郵，敬希不吝示下。

只是這件事不敢對你有所勉強，但是在我來講，是否將這本目錄再版，那完全依你的經驗、建議為原則。

無論怎麼樣，很感激你的合作，謝謝你。

維洛比　謹啟

這裡需要提出一句重要的警告：憑經驗知道，有些人看過這封信，會機械式的運用這種心理學。我們需要盡量鼓起對方的自尊心，但不是運用諂媚，或是虛偽，如果誤會了這個出發點，是適得其反的。

必須記住：我們每一個人，都是希望被人欣賞、被人重視，甚至會不顧一切的去達到這個目的。但是，沒有人會接受不誠懇的、虛偽的奉承。

我願意再說一遍：這書中所告訴你的原則，必須出自內心才會有效果出現。我不希望人們用奸詭的騙術，去行騙人家；而我所講的，只是一種新的生活方式。

第九章　戰勝自我，走出孤獨的人生

讓忙碌占滿你的生活

我永遠也忘不了幾年前的一天夜裡，我班上的一個學生洛克希德告訴我們，他家裡遭到的不幸，不只一次，而是兩次。第一次他失去了自己五歲的女兒，他非常喜歡的小女孩。他和妻子都沒有辦法忍受這個打擊。但是，正如他說的：

十個月之後，上帝又賜給我們另外一個小女兒——而她只活了五天就死了。

這接二連三的打擊，對任何人來講都無法承受。「我實在承受不了，」這個做父親的告訴我們說，「我睡不著覺，吃不下飯，也無法休息或放鬆。我的精神受到致命的打擊，信心盡失。」最後他去看醫生。一個醫生建議他吃安眠藥，另外一個建議他去旅行。他兩個方法都試過了，但是都無濟於事。他說：「我的身體好像被夾在一把大鉗子裡，而這把鉗子越夾越緊，越夾越緊。」那種悲哀給他的壓力使他麻木——如果你曾經因悲哀而感覺麻木的話，你就知道他所說的是什麼了。

不過，感謝上帝，我還有一個孩子——一個四歲的兒子，他教我們得到解決問題的方法。有一天下午，我呆坐在那裡獨自傷心的時候，他問我：「爸爸，你肯不肯為我造一艘船？」我實在沒有興致去造一艘船。事實上，我根本沒有興致做任何事情。但是我的孩子是個很纏人的小傢伙，我不得不順從他的意思。

造那艘玩具船大概花了我三個鐘頭，等到船弄好之後，我發現用來造船的那三個小時，是我這麼長時間來第一次有機會放鬆自己心情的時間。這個大發現使我從昏睡中驚醒過來。它使我想了很多——這是我幾個月來的第一次思考。我發現，如果你忙著去做一些需要計畫和思考的事情的話，就很難再去發愁了。對我來說，造那艘船把我的憂慮整個擊垮了，所以我決定讓自己不斷的忙碌來擺脫憂愁。

第二天晚上，我巡視了屋子裡的每個房間，把所有該做的事情列在一張單子上。有好多小東西需要修理，比方說書架、樓梯、窗簾、門把、門鎖、漏水的水龍頭等等。讓我沒想到的是，在兩個星期內，我列出了兩百四十二件需要做的事情。

在過去的兩年裡，那些事情大部分已經完成。此外，我也使我的生活充滿了啟發性：每週，我有兩個晚上到紐約市參加成人教育班，並參加了一些小鎮上的活動。我現在是校董事會的主席，參加很多會議，並協助紅十字會和其他的機構募捐。我現在簡直忙得沒有時間去發愁。

沒有時間發愁，這正是邱吉爾在戰事緊張到每天要工作十八個小時的時候所說的。當別人問他是不是為那麼重的責任而發愁時，他說：「我太忙了，我沒有時間去發愁。」

查理斯．凱特靈在發明汽車的自動點火器的時候，也碰到這樣的情形。凱特靈先生一直是通用公司的副總裁，負責世界知名的通用汽車公司，最近才退休。但是，當年他卻窮得要用穀倉裡堆稻草的地方做實驗室。家裡都得靠他太太教鋼琴所賺來的一千五百美金來維持各種開銷。後來，他又去用他的人壽保險作抵押借了五百美金。我問過他太太，在那段時期她是不是很憂慮。「是的，」她回答說，「我擔心得睡不著，但是凱特靈先生一點也不擔心。他整天埋頭工作，沒有時間去憂慮。」

偉大的科學家巴斯德曾經談到「在圖書館和實驗室所找到的平靜」。平靜為什麼會在那兒找到呢？因為在圖書館和實驗室的人，通常都埋頭在他們的工作裡，不會因為他們自己而擔憂。做研究工作的人很少有精神崩潰的，因為他們沒有時間來享受這種「奢侈」。

為什麼「讓自己忙著」這麼一件簡單的事情，就能夠把憂慮趕出去呢？因為有這麼一個定理——這是心理學上的最基本的一項定理——不論這個人多麼聰明，人類的思想，都不可能在同一時間想一件以上的事情。讓我們來做一個實驗：假定你現在靠坐在椅子上，閉起兩眼，試著在同一個時間去想：自由女神；你明天早上打算做什麼事情。

你會發現你只能輪流的想其中的一件事，而不能同時想兩件事，對不對？從你的情感上來說，也是這樣。我們永遠無法既激動、熱誠的想去做一些很令人興奮的事情，又同時因為憂慮而拖累下來。在同一時

什麼大問題。但是在下班以後——就在我們能悠閒自得和享受快樂的時候——憂慮的魔鬼就會來找我們的麻

對大部分人來說，在集中主要精力於工作或被工作忙得團團轉的時候，「沉浸在工作裡」大都不會有自己沉浸在工作裡，否則我就會在苦惱中絕望。」

在也得到了平靜。就像安東尼在最好的朋友亞歷山大．安德森死的時候曾經說過的那樣：「我一定要讓子們的時間》一詩裡。他還翻譯了但丁的《神曲》。這些工作加在一起，使他忙得完全忘記了自己，因此內要父兼母職。他帶他們出去散步，講故事給他們聽，和他們一同玩遊戲，還把他們父子間的親情寫在《孩間，朗費羅無法從傷痛中走出來，幾乎發瘋。幸好他有三個幼小的孩子需要照料。雖然他很悲傷，但還是卻把衣服燒了起來。朗費羅聽見她的喊救聲，就趕過去搶救，但是她還是因為燒傷過度而死去。有一段時費羅在他年輕的妻子去世之後，發現了這個道理。有一天，他太太點了一根蠟燭，來熔一些信封的封蠟，

隨便哪位心理醫生都能告訴我：不停的工作——讓你忙著——是精神病最好的治療劑。名詩人亨利．朗好轉，因為工作能使人鎮定。

在被壓榨勞力——後來教友會的人才向他解釋說，他們發現那些病人唯有在工作的時候，病情才能真正有所參觀教友會的療養院，看見那些患精神病的病人正忙著紡紗織布，讓他大為震驚。他認為那些可憐的病人古希臘的醫生就已經使用了。在富蘭克林時代，費城教友會教徒也用這種辦法。一七七四年，有一個人去療」是近代心理醫生常提到的，也就是把工作當做治病的藥。這並不是新的辦法，在耶穌誕生五百年以前，釣魚、打獵、打球、拍照片、種花以及跳舞等等，他們根本沒有時間去回想那些可怕的經歷。「職業性治用「讓他們忙著」為治療的方法。除了睡覺之外，每一分鐘都讓這些在精神上受到打擊的人閒不下來，如

當有些人因為在戰場上受傷而退下來的時候，他們都被稱為「心理上的精神衰弱症」。軍方的醫生，都這一類的奇蹟。

間裡，一種感覺會把另一種感覺趕出去，如此簡單的發現，使得軍方的心理治療專家們，能夠在戰時創造

煩。這時候我們常常會想，我們的生活取得哪些成就，我們有沒有上軌道，老闆今天說的那句話是不是「有弦外之音」，或者我們的頭是不是要炸了。

我們不忙的時候，頭腦常常會變成真空。每一個學物理的學生都知道「自然中沒有真空的狀態」。打破一個白熾燈的電燈泡，空氣就會進去，充滿了從理論上來說是真空的那一塊空間。

每當你的腦筋空出來，也會有東西進去補充，是什麼呢？那就是你的感覺。為什麼？因為憂慮、恐懼、憎恨、嫉妒和羨慕等等情緒，都是由我們的思想所控制的，這種種情緒都異常猛烈，會把我們思想中原有的平靜的、快樂的思想和情緒都趕出去。德瑞克·泰勒是一所知名大學教育學院的教育學教授。他在這方面表達得最清楚：「憂慮最容易傷害你的時候，不是在你有行動的時候，而是在一天的工作結束了之後。那時候，你的想像力會混亂起來，使你想起各種荒誕離奇的可能，放大每一個微小的錯誤。在這種時候，」他繼續說道，「你的思想就像一部空載的車子，橫衝直撞，甚至撞毀一切，甚至自己也變成碎片。消除憂慮的最好辦法，就是去做一些有用的事情，不要讓自己閒下來。」

不見得只有一個大學教授才能懂得這個道理，才能付諸實行。那時，我碰到一個家庭主婦，她住在芝加哥，她告訴我她怎麼樣發現「消除憂慮的好辦法，就是讓自己忙著，去做一些有用的事情」。當時我正在從紐約回密蘇里農莊的路上，在餐車上碰到這位太太和她的先生。

這對夫婦告訴我，在珍珠港事件的第二天，他們的兒子加入陸軍。那個女人當時因擔憂她的獨子，而幾乎搞垮了自己的身體。他在什麼地方？他是不是安全呢？這時正在打仗？他會不會受傷、甚至死亡？

我問她，她後來是怎麼驅除憂慮的。她回答說：「我讓自己忙著。」她告訴我，起初她把女傭辭退了，希望能靠自己做家事來讓自己忙碌著，但是這沒有多少用處。「問題是，」她說，「我做起家事來幾乎是機械化的，從不加以思考，所以當我鋪床和洗碟子的時候，心中還是擁有擔憂。我發現，我需要一些新的工作才能使我在一天的每一個小時，身心兩方面都能感到忙碌，於是我到一家大型百貨公司裡去當售貨員。」

「這下成功了，」她說，「我馬上感覺自己好像掉進了一個行動的大漩渦裡：顧客擠在我的四周，問我關於價錢、尺碼、顏色等一系列問題。沒有一秒鐘能讓我想到除了工作以外的問題。到了晚上，我也只能想，怎麼樣才可以讓我那雙痛腳休息一下。晚飯之後，我爬上床，馬上就睡著了，既沒有時間也沒有體力再去憂慮。」

她所感受的這一點，正如一本書裡所說的：「一種舒適的安全感，一種內心深處的寧靜，一種因快樂而反應遲鈍的感覺，都能使人類在專心工作時精神鎮定。」

現實中，能夠做到這一點是多麼的有福氣。一位知名的女冒險家安娜．班納德最近告訴我，她怎麼樣解脫憂慮與悲傷。你也許讀過她的自傳，如果真有哪個女人能跟冒險連結在一起的話，也就只有她了。班尼．唐納德在她十六歲那一年娶了她，把她從堪薩斯州一個小鎮的街上一把抱起，一直到婆羅州的原始森林裡才把她放下。二十五年來，這一對來自堪薩斯州的夫婦走遍全世界，拍攝在亞洲和非洲逐漸絕跡的野生動物的影片。九年前他們回到美國，到處做旅行演講，放映他們那些有名的電影。他們在丹佛搭飛機飛往西岸時，飛機撞了山，班尼．唐納德當場死亡，醫生們都斷言安娜永遠不能再下床了。但是他們沒有完全了解安娜．班納德，三個月之後，她就坐著輪椅，在一大群人的面前發表演說。事實上，在那段時間裡，她發表過一百多次演講，都是坐著輪椅去的。當我問她為什麼這樣做的時候，她回答說：「我之所以這樣做，是因為不想活在悲傷和憂愁之中。」安娜．班納德發現了比她早一世紀的丁尼生在詩句裡所說的同一個真理：「我必須讓自己沉浸在工作裡，否則我就會在絕望中掙扎。」

海軍上將柏德之所以也能發現這一點，是因為他在覆蓋著冰雪的南極的小茅屋裡曾獨自一人住了五個月——在那冰天雪地裡，藏著大自然最古老的祕密——在冰雪覆蓋下，是一片無人知曉的、比美國和歐洲加起來都大的大陸。柏德上將獨自度過的五個月裡，方圓一百英里內見不到任何生物。天氣奇冷，當風吹過他的耳邊的時候，他能感覺他的呼吸凍結，結得像水晶一般。在他那本名叫《獨自一人：南極洲歷險記》

的書裡，柏德上將敘述了在既難過又可怕的黑暗裡所度過的那五個月的生活。他一定得不停的忙著才不至於發瘋。「在夜晚，」他說，「當我把燈吹熄之前，我養成了分配第二天工作的習慣。就是說，為我自己安排下一步要做的工作。比方說，一個小時去檢查逃生用的隧道，半個小時去挖橫坑，一個小時去弄清楚那些裝置燃料的容器，一個小時在藏飛行物的隧道的牆上挖出放書的地方來，再花兩個小時去修拖人的雪橇……」「能把時間分開來，」他說，「是一件非常好的事情，使我有一種可以自我主宰的感覺……」他又說：「要是沒有這些的話，那日子就變得沒有目的。而沒有目的的話，這些日子就會像平常一樣，最後精神會崩解分裂。」

要是我們正在有事情而擔心的話，讓我們記住，我們可以把工作當作很好的古老治療法！已故的一位知名大學醫學院教授說：「看到工作可以治癒很多病人，我很高興。他們所感染的，是因為過分遲疑、躊躇和恐懼等等所帶來的病症。工作所帶給我們的勇氣，就像愛默生永垂不朽的自信一樣。」

一旦你和我不能一直忙著——閒坐在那裡發愁——我們會產生一大堆達爾文稱之為「胡思亂想」的東西，而這些「胡思亂想」的東西就像傳說中的妖精，會掏空我們的思想，摧毀我們的行動力和意志力。

我認識紐約的一個生意人，他用忙碌來驅除那些「胡思亂想」，使他無暇去煩惱和發愁。他的名字叫丹尼爾，也是我成人教育班的學生。他征服憂慮的經過非常有意思，也非常特殊，所以下課之後我請他一起去吃宵夜。我們在一間餐館裡面一直坐到半夜，談到了那些經驗。下面就是他告訴我的故事：

十八年前，我因為過度憂慮而得了失眠症。當時我非常緊張與不安，且脾氣暴躁，而且非常不安。我想我就要精神崩潰了。

我這樣發愁是有原因的。我當時是紐約市一家水果製品公司的財務經理。我們投資了五十萬美金，把草莓包裝在一加侖裝的罐子裡。多年來，我們一直把這種草莓賣給製造霜淇淋的廠商。突然我們的銷售量大跌，因為那些大的霜淇淋製造廠商，像國家乳品公司等等，產量急遽的增加，而為了縮減開支和時間，他們都買三十六加侖一桶的桶裝草莓。

我們不僅既無法賣出價值五十萬美金的草莓，而且根據合約規定，在接下去的一年之內，我們還要再買價值一百萬美金的草莓。我們已經向銀行借了三十萬美金的貸款，既還不上錢，也無法再續借這筆借款，我理所當然要擔憂了。

我趕到我們位於加州的工廠中，想要讓我們的總經理相信生產經營形勢所發生的逆轉，並且又可能面臨的毀滅命運。他不肯相信，把這些問題的全部責任都歸罪於紐約的公司——那些可憐的業務人員。

在經過幾天的要求之後，我終於說服他不再這樣包裝草莓，而把新的供應品放在舊金山新鮮草莓市場上賣。這樣做可以解決我們大部分的困難，在這種情況我應該不再憂慮了，但是我卻做不到。憂慮已經成為一種習慣，而我已經染上這種習慣了。

我回到紐約之後，擔憂著每一件事情，在義大利買的櫻桃，在夏威夷買的鳳梨等等，我非常緊張不安，睡不著覺，就像我剛剛說過的，精神簡直快要崩潰了。

在絕望中，我換了一種新的生活方式，結果治好了我的失眠症，我也不再憂慮。我讓自己忙碌著，忙到我分不出一點的精力和時間，以至於沒有時間去憂慮。以前我一天工作七個小時，現在我開始一天工作十五到十六個小時。每天清晨我八點鐘就到辦公室，一直工作到半夜，我接受新的工作，擔負新的責任，等我半夜回到家的時候，總是筋疲力盡的倒在床上，幾秒鐘就進入了夢鄉。

這樣持續差不多有三個月，等我改掉憂慮的習慣，又回到每天工作七到八小時的正常狀態。這事情發生在十八年前，從那以後我就沒有再失眠和憂慮過。

蕭伯納說得很對，他把這些總結起來說：「讓人愁苦的祕密就是，有空閒來想想自己到底快不快樂。所以不必去想它，忘掉一切於你不利的事情，讓自己忙起來，你的血液就會開始運轉，你的思想就會開始變得敏銳——讓自己一直忙著，這是世界上最便宜的一種藥，也是最好的一種。」

讓忙碌占滿你的生活

因此，如果你想改掉你憂慮的習慣，必須堅持的一個原則是：

讓自己一直不停的忙起來。

自己的幸福是努力爭取來的五年前，我的一位朋友不幸失去了丈夫，此後，她傷心欲絕，在生活上和成千上萬的人一樣，深陷進了一種孤獨與痛苦之中。「我該做些什麼呢？」在她丈夫離開他近一個月之後，一天晚上，她跑來向我求助，「我將去往何處？我還有幸福的日子嗎？」

我極力向她解釋，她的焦慮是由於自己不幸的遭遇所造成的，才五十多歲就沒有了自己生活的伴侶，自然令人異常悲痛。但時間一久，這些傷痛和憂慮便會逐漸退卻，她也會開始新的生活——從痛苦的灰燼之中建立起自己新的幸福。「不！」她絕望的說道，「我不相信自己還會有什麼幸福的日子。我已不再年輕，孩子也都長大成人，成家立業。我還有什麼地方可去呢？」可憐的婦人是得了嚴重的自憐症，而且這種疾病又不知道該如何治療。好幾年過去了，我發現朋友的心情沒有一絲好轉。

有一次，我忍不住對她說：「我想，你並不是刻意要引起別人的同情或憐憫。無論怎麼樣，你可以重新開始新的生活，結交新的朋友，培養新的興趣，千萬不要埋在過去的時光回憶中。」她沒有把我的話聽進去，因為她還在自嘆自己的命運。後來，她覺得孩子們應該為她的幸福負責，因此便搬去與一個結了婚的女兒同住。

但事情的結果並不如意，她和女兒都在面臨一種痛苦，關係惡化，甚至大家翻臉成仇。這個婦人後來又搬入兒子家中，但也好不到哪裡去。後來，孩子們共同買了一間公寓讓她獨住，這也不是真正解決問題的方法。

有一天她對我哭訴道，所有家人都拋棄她了，沒有人要她了。這位婦人的確從此再也沒擁有快樂的生活，因為她認為全世界都虧欠她。她實在是既可憐，又自私，雖然現年已六十一歲了，但情緒還是像小孩一樣沒有成熟。

許多寂寞孤獨的人會變得這樣，是因為他們不明白愛和友誼並非是從天而降的禮物。一個人要想贏取他人的歡迎，或被人接納，必須要付出許多努力和代價。要想讓別人喜歡自己，的確需要盡點心力。情愛、友誼或快樂的時光，都不是靠一紙契約所能規定的。讓我們面對現實。就算是丈夫死了，或太太過世，活著的人都有權利再去尋求快樂。但是，他們必須了解：幸福並不是靠別人來布施，而是要自己去贏取別人對你的需求和喜愛。

讓我們再看另一個故事。

一艘遊輪正航行在地中海藍色的水面上，上面有許多正在度假中的已婚夫婦，也有不少單身的未婚男女夾雜其間，個個興高采烈，隨著樂隊的節拍起舞。其中，有位明朗、和悅的單身女性，大約六十來歲，也隨著音樂陶然自樂。這位年老的單身婦人，也和我的那位朋友一樣，曾遭喪夫之痛，但她能拋開自己的哀傷，毅然開始自己的新生活，重新展開生命的第二度春天，這是經過深思之後所做的決定。

她的丈夫曾是她生活的重心，也是她最為關愛的人，但這一切全都消失了。幸好她一直有個嗜好，便是畫畫。她十分喜歡水彩畫，這一愛好現在更成了她精神的依託。她忙著作畫，哀傷於是開始慢慢平息。而且因為努力作畫的結果，她開創了自己的事業，使自己的經濟能完全獨立。

有一段時間，她很難和人們有效的交流和輕鬆往來，或把自己的想法和感覺表達明晰。因為長久以來，丈夫一直是她生活的重心，是她的伴侶和力量。她知道自己沒有出色的外表，又沒有萬貫家財，因此在那段近乎絕望的日子裡，她一再自問：如何讓別人接納她，需要她。

她後來找到了答案──為使自己成為被人接納的對象，她得把自己奉獻給別人，而不是等著別人來給她什麼。想清楚了這一點，她擦乾眼淚，展開笑容，開始忙著畫畫。她也抽時間拜訪親朋好友，盡量製造歡樂的氣氛，卻絕不久留。沒過多久，她開始成為大家歡迎的對象，不但有時朋友邀請她吃晚餐，或參加各式各樣的聚會，並且還在社區的活動中心裡舉辦畫展，處處給人留下美好印象。

讓忙碌占滿你的生活

後來，她參加了這艘遊輪的「地中海之旅」。在整個旅程中，她是大家最喜歡接近的人。她友善的對待每一個人，但絕不緊纏著人不放。在旅程結束的前一個晚上，她的艙房是全船最熱鬧的地方。她那自然的風格，給每個人留下了深刻印象，並願意與之為友。

從那時起，這位婦人又參加了多次類似這樣的旅遊。她了解自己必須勇敢的走進生命之流，把自己貢獻給需要她的人。她所到之處都留下友善的氣氛，人人都樂意與她接近。

現在雖然時代進步，醫學不斷的發達，但我們的社會卻有一種疾病越來越普遍，那就是擁擠於人群中的孤獨感。

在加州奧克蘭的密爾斯學院，校長在一次晚餐聚會裡，做了一段極為引人注意的演講，內容提到的便是現代這種人的孤寂感：「二十世紀最流行的疾病是孤獨。」他如此說道，「用大衛．理斯曼的話來說，我們都是『寂寞的一群』。因為人口逐漸增多，人性已彙集成一片汪洋大海，誰都分不清了……在這樣一個世界裡居住，再加上政府和各種企業經營的模式，人們必須經常由一個地方換到另一個地方工作——於是，人們的友誼難以持久，時代就像進入另一個冰河時期一樣，使人的內心覺得無比冰冷。」

那些能排除孤寂的人，一定是生活在這位校長所說的「勇氣的氛圍」裡。無論我們走到什麼地方，一定要培養出與人們親密的友情，就好像燃燒的煤油燈一樣，火焰雖小，卻仍具有光亮和溫暖。

我們若想克服孤寂，就一定要躲避自憐的陰影，勇敢走入充滿光亮的人群裡。我們要去與人相識，去結交新的朋友。無論到什麼地方，都要興高采烈，把自己的歡樂盡量與別人分享。根據統計顯示，大部分結過婚的婦女，都比先生活得長壽。但是，一旦先生去世之後，這些婦女都很難邁入新生活。而男性由於工作的關係，基於工作本身的要求，他們只好驅動自己繼續進步。通常，夫婦當中，先生要比太太來得強壯，也更具有進取性。妻子大部分的生活以家庭為中心，以家人為主要服務對象。所以，她對必須獨自生活或追求個人的幸福，並沒有什麼心理準備。但是，如果她決心邁向成熟的話，絕對能做得到的。

當然，孤寂並不專屬於鰥夫或寡婦。無論是美麗的女王或單身男子，無論是村裡的流浪漢或城市的異鄉人，都同樣能品嘗到孤寂的滋味。

幾年前，有個剛從學校拿到證書的畢業生，隻身來到紐約，準備大展長才，為這城市帶來一點光彩。這位年輕人長得瀟灑英俊，受過良好的教育，也頗有閱歷，自己也很為自身的條件引以為豪。安頓妥當之後的第一天，他在白日參加了一個銷售會議，到了夜晚，他忽然感到孤單起來。他不喜歡獨自一人吃飯，不一個人喜歡獨自去看電影，也不認為應該去打擾一些在城市裡的已婚朋友。或許，我們還可以再多添一個理由──他也不想讓女孩纏上自己。

當然，他很渴望能碰到一個好女孩，但那絕不是到酒吧或什麼單身俱樂部一類的場所去隨便挑一個。結果，他只好在那個準備大展宏圖的城市裡，獨自度過了許多寂寞淒涼的夜晚。

我能了解大都市的生活，有時是比小鎮更會讓人有孤寂感；我也了解，要在大都市裡生活，去結交朋友有時更得花點心神，才會讓他接納你、需要你。在去一個大都市之前，一定要先想好以後的日子該怎麼打發──尤其是下班後的時間。你當然需要有些志趣相同的人在一起，但你得先伸出友誼之手。

初到一個陌生的城市，其實有很多事情可做──你可以上教堂或參加同好俱樂部──都可以增加認識人的機會。你也可以選修成人教育課程──既可以自我求進步，還可以得到同伴和友誼。但是，如果你只是默默一人在餐館裡吃飯，或在酒吧獨自喝悶酒，那就肯定是得不到什麼情誼了。你一定得有所安排或做些什麼事。我們都知道紐約的地鐵是全世界最大的地下交通網，但如果你不願意先投下一個硬幣，走進那個旋轉門，整個地下鐵路系統對你來說一無是處。

好幾年前，我認識了兩個女孩，她們在紐約東區合租了一間公寓同住。兩個女孩都長得十分好看，也都有一份待遇不錯的工作，都希望自己有朝一日能出人頭地。讓我驚奇的是，其中一位女孩，以她的年齡來看，是很有智慧的。她認為居住在大都會的女孩──尤其是單身女孩──一定要仔細安排自己的生活，並計畫自己的未來。她先是去了一間教會，積極參加各種活動。她還加入一個研討會，甚至選修一門改進個性的課程。她把自己的薪水大部分用來交往朋友，開創出多彩多姿的生活內容。

她有適度而愉快的休閒活動，但對於社交關係則非常慎重，尤其盡量避免曖昧不清的男女關係。她初到紐約的時候，也曾有過寂寞的感覺——哪一個女孩不會有這種感覺呢？但是，她不是像某些男性一樣，在海底潛游了半天，卻只尋得一塊海綿。她清楚，自己一定要有計劃。如今，我們已成了好朋友，我也時常去探訪她。她與一位聰明的年輕律師結了婚，婚後生活十分愉快。這便是她強調的「要達到目標」的結果——她得到了自己想要的幸福快樂的人生。

至於另外的那個女孩呢？她當初也很孤單寂寞，卻沒有細心安排自己的生活。她到一些遊樂場所或酒吧四處尋找朋友，最後只是加入了一個俱樂部——協助酗酒者的「戒酒俱樂部」！

所以，如果你想讓自己不再孤獨憂慮，請記住這一原則：

幸福是靠自己爭取到的。

健康的大敵——憂慮

很多年前的一個晚上，一個鄰居來按我的門鈴，要我和家人去種牛痘，預防天花。他是整個紐約市幾千名志願者中去按門鈴的人中的一個。很多嚇壞了的人都排了好幾個小時的隊接種牛痘。在所有的醫院、消防隊、派出所和大工廠裡都設有接種站。大約有兩千名醫生和護士夜以繼日的為大家服務。怎麼會這麼熱鬧呢？因為紐約市有八個人得了天花——其中兩人死了，八百萬紐約市民中死了兩人。

我在紐約市已經住了三十七年，但是還沒有一個人來按我的門鈴，並警告我預防精神上的憂鬱症——這種病症在過去三十七年裡所造成的損害，至少比天花要大一萬倍。

從來沒有人來按門鈴警告我：目前在這個世界上的生活人中，每十個人就有一個會精神崩潰，而大部分的起因就是憂慮和感情衝突。所以我現在寫本文，就等於來按你的門鈴向你發出警告。

憂慮容易引發三大疾病

曾經獲得諾貝爾醫學獎的亞歷克西．卡雷爾博士說：不知道抗拒憂慮的商人都會短命而亡。

其實不只商人，家庭主婦、獸醫和泥水匠……都是這樣。

幾年前，我在度假的時候，跟一位博士一起坐車經過德克薩斯州和新墨西哥州。博士是聖塔菲鐵路的醫務負責人，他的正式頭銜是一家聯合醫院的主治醫師。當我們談到憂慮對人的影響時，他說，在醫生接觸的病人中，若有七〇%的人能夠消除他們的恐懼和憂慮，病就自然會好起來。

不要錯認為他們都生了病，他們的病都像你有一顆蛀牙一樣實在，有時候還嚴重一百倍。我說的這種病就像神經性的消化不良，某些胃潰瘍、心臟病、失眠症、一些頭痛症和麻痹症等等。

這些病都是真病，我這些話可不是亂說的，因為我自己就得過十二年的胃潰瘍。

恐懼讓你憂慮，憂慮讓你緊張，並影響到你胃部的神經，使胃裡的胃液變為不正常。因此就容易變成胃潰瘍。一位醫學博士曾寫過一本探討神經性胃病的書，他也說過同樣的話：「胃潰瘍的產生，不是因為你吃了什麼而造成的，而是因為你憂愁的緣故。」另一位醫學博士說：「胃潰瘍通常會伴隨情緒緊張的高低而發作或消失。」

他的這種說法在一萬五千名胃病患者進行研究後，得到了證實。每五個人中，有四個並不是因為生理原因。恐懼、憂慮、憎恨、極端自私，以及不能適應現實生活，才是他們得胃病和胃潰瘍的原因……胃潰瘍嚴重時能夠傷及性命。

我最近和傑克．羅恩納博士通過幾次信。他曾發表過一篇論文，說他研究了一百七十六位平均年齡在四十四點三歲的工商界負責人。論文中說：大約有三分之一多的人因為生活過度緊張而發生下列三種病症之——心臟病、消化系統潰瘍和高血壓。想想看，在我們工商界的負責人中，有三分之一的人都患有心臟病、潰瘍和高血壓，而他們都還不到四十五歲，成功的代價是多麼高啊！他們爭取到的甚至都不是成功，一個身患胃潰瘍和心臟病的人說得上是成功之人嗎？就算他能贏得全世界，卻損害了自己的健康，對他個人來說，又有什麼好處？即使他擁有全世界，每晚也只能睡一張床上，每天也只能吃三頓飯。就是一個挖水溝的人，這一點他也能達到，而且還可能比一個很有權力的公司負責人睡得更踏實，吃得更香。我情願做一個在阿拉巴馬州租田耕種的農夫，在膝蓋上放一把吉他，也不希望在自己不到四十五歲的時候，就為了管理一個鐵路公司，或者是一家香菸公司而毀掉自己的身體。

說到香菸，一位世界最知名的香菸製造商，最近在加拿大森林裡想放鬆一下的時候，卻因為心臟病發作而死了。他擁有幾百萬元的財產，卻在六十一歲時就離開了。也許是他犧牲了好幾年的生命換取了所謂的「生意上的成功」。

在我看來，這個有幾百萬財產的香菸大王，論成功還不及我父親的一半。我父親是密蘇里州的農夫，一文不名，卻活到了八十九歲。

憂慮容易引發神經和精神問題

一家著名的診所宣布，我們有一半以上的病床上，躺著患有神經病的人。但是，在強力的顯微鏡下，以很先進的方法來檢查他們的神經時，卻發現大部分人都很健康。他們「神經上的毛病」都不是因為神經本身出現了異常，而是因為情緒上有失望、煩躁、焦急、憂慮、懼怕、挫敗、沮喪等等的情形。

柏拉圖說過：醫生所犯的最大錯誤是，他們想治療身體，卻不想醫治思想。但是精神和肉體是不能分開處置的。

醫藥科學界花了兩千三百年的時間才認清這個真理。我們才剛剛開始發展一種新的醫學，稱之為「心理生理醫學」，用來同時治療精神和肉體。現在正是做這件事的最佳時機，因為醫學已經大量消滅了可怕的、由細菌所引發的疾病——例如天花、霍亂、黃熱病，以及其他種種曾把無數的人埋進墳墓的傳染疾病。但是，醫學界一直還不能治療精神和身體上那些不是由細菌所引起、而是因為情緒上的憂慮、懼怕、憎恨、煩躁，以及絕望所發起的病症。這種情緒性疾病所引起的災難正日漸擴大，日漸廣泛，而速度又快得驚人。

醫生們預估說：現在活著的美國人中，每二十人就有一人在某一段時期得過精神病。第二次世界大戰期間被徵召的美國年輕人，每六人中就有一人因為精神失常而不能當兵。

人類發生精神失常的原因在什麼地方？沒有人說得出全部的答案。但是在大多數情況下，極可能是由恐懼和憂慮造成的。焦慮和煩躁不安的人，多半適應不了現實的世界，而跟周圍的環境斷絕了所有的關係，蜷縮於自己的夢想世界，以此解決他所憂慮的問題。

在我寫作文章時，我的書桌上就放著一本書，是一位醫學博士所寫的，書中談到了幾個問題：

（一）憂慮對心臟的影響。

（二）憂慮引發高血壓。
（三）風濕症可能因憂慮而起。
（四）為了保護你的胃，請減少憂慮。
（五）憂慮如何使你感冒。
（六）憂慮和甲狀腺。
（七）憂慮與糖尿病患者。

另外一本討論憂慮的好書，書中雖沒有指出如何避免憂慮的法則，卻能告訴你一些很可嚇人的事實，讓你看清楚我們的身心健康是怎樣透過焦慮、煩躁、憎恨、後悔、反叛和恐懼等情緒來被傷害的。

憂慮甚至會使最強壯的人生病。在美國南北戰爭的最後幾天中，格蘭特將軍發現了這一點。故事是這樣的：

格蘭特圍攻里奇蒙達九個月之久，李將軍手下衣衫不整、飢餓難耐的部隊被擊敗了。有一次，好幾個兵團的人都脫隊逃跑。其餘的人在他們的帳篷裡開會祈禱——哭著、叫著，看到了種種幻象。眼看戰爭就要進入尾聲了，李將軍手下的人放火燒了里奇蒙的棉花和菸草倉庫，也燒了兵工廠，然後在滾滾烈焰的黑夜裡棄城而逃。北方軍在格蘭特的指揮下乘勝追擊，從左右兩側和後方三路夾攻南部聯軍，而由騎兵從正面截擊，拆毀鐵路線，俘獲了運送補給的車輛。

由於劇烈頭痛且眼睛半瞎，格蘭特無法跟上隊伍，就停在了一個農家。「我在那裡過了一夜，」他在回憶錄裡寫道，「把我的兩腳泡在加了芥末的冷水裡，還把芥末藥膏貼在我的兩個手腕和後頸上，希望第二天早上能復原。」

第二天清早，他果然復原了。但促使他復原的，不是芥末藥膏，而是一個帶回李將軍投降書的騎兵。「當那個軍官來到我面前時，」格蘭特寫著，「我的頭還痛得要命，但是我一看到那封信的內容，病痛立刻就停止了。」

顯然，格蘭特是因為憂慮、緊張和情緒上的不安才生病的。一旦他在情緒上擁有了自信，想到他的成就和戰功，就馬上好了。七十年後，羅斯福總統的財政部長亨利．摩根索發現憂慮會讓他病得頭昏眼花。他在日記裡這樣說，為了提高小麥的價格，羅斯福總統在一天之內買了四百四十萬蒲式耳的小麥，使他深感憂慮。他在日記裡說：「在這件事情沒有結果之前，我感到頭昏眼花。我回到家裡，在吃完中飯以後睡了兩個小時。」

如果我想看看憂慮對人的影響都有哪些，我不必到圖書館或醫院找到例證。我只是從我現在坐著的家裡看看窗外，就能夠看到在不到一條街遠的一棟房子裡，有一個人因為憂慮而精神崩潰；另外一個房子裡，有個人因為憂慮而得了糖尿病——股票一下跌，他的血和尿裡的糖分就升高。

著名的法國哲學家被選為老家的市長時，他對市民們說：「我願意用我的雙手為你解決事情，但是不想把它們帶入我的肝裡和肺裡。」

但我那個鄰居卻把股票市場帶入自己的血液裡，差點送了他的老命。

他問我朋友的第一個問題就是：「你的情緒是否已經影響了你的身體健康和心理平和？」他警告我的朋友說，如果他繼續憂慮下去，就可能會得上其他併發症、心臟病、胃潰瘍，或是糖尿病。「所有的這些病症，」這位名醫說，「都互為親戚關係，抑或是很近的親戚。」一點都不錯，它們都是近親——由憂慮所產生的病症。

我去訪問一位女明星時，她告訴我她保證不會憂慮，因為憂慮會摧毀她在工作上的唯一資產——她美麗的容貌。她告訴我說：

當我剛開始要進入影壇的時候，我既擔心又害怕。我剛從印度回來，在倫敦沒有一個熟人，卻想在那裡擁有一份工作。我見過幾個製片人，但是他們都不肯用我。我僅有的一點錢漸漸用完了，整整有兩個禮

憂慮容易引發神經和精神問題

拜，只靠一點餅乾和水過活。這下我除了憂慮，還有飢餓，我對自己說：「也許你是個傻子，也許你永遠不可能闖進電影界。歸根究底，你沒有經驗，也從來沒有演過戲，除了一張漂亮的臉蛋，你還有些什麼呢？」

我照了照鏡子。就在我望著鏡子裡的自己的時候，才發現憂慮對我容貌的影響。我看見憂慮引發的皺紋，看見焦慮的表情，於是我對自己說：「你一定得立刻停止憂慮，不能再憂慮下去了，你所能給人家的只有你自己的臉，而憂慮會毀了它的。」

沒有什麼會比憂慮讓一個女人老得更快，且能摧毀了她的容貌。憂慮會使我們的表情變醜，會使我們咬緊牙關，會使我們的臉上擁有皺紋，會讓我們總是愁眉苦臉，會使我們頭髮灰白，甚至有時會使頭髮脫落。憂慮會使你臉上的皮膚發生斑點、潰爛和粉刺。

美國的第一號兇手是心臟病。在第二次世界大戰期間，大約有三十幾萬美國人死在戰場上，但是在同一時間裡，心臟病卻奪走了兩百萬平民的生命——其中有一百萬人的心臟病是因為憂慮和過度緊張的生活引發的。沒錯，就因為心臟病，亞歷克西．卡雷爾博士才會說：「不知道如何抵抗憂慮的商人都會短命而死。」

中國人和美國南方的黑人就很少發生這種因憂慮起的心臟病，因為他們處事沉著。醫生死於心臟病的比例比農夫多二十倍。因為醫生過的是緊張壓力大的生活，所以才有這樣的結果。「上帝可能原諒我們的罪過，」威廉．詹姆斯說，「但是我們的神經系統卻不會。」

這是一件令人吃驚而不敢相信的事實：每年死於自殺的人，大大超出死於種種常見的傳染病的人。為什麼呢？答案通常都是「因為憂慮」。

請記住：消除心中的憂慮。

消除憂慮的有效法則

你是否想得到一個快速而有效的消除憂慮的靈丹妙藥——那種在你不必再往下看，就能馬上應用的方法？

那麼讓我告訴你卡瑞爾所發明的這個辦法吧。卡瑞爾是一個很有智慧的工程師，他開創了空氣調節器的製造業，現在是位於紐約的世界聞名的卡瑞爾公司負責人。這是我所知道的驅除憂慮的最好辦法，是我和卡瑞爾先生在紐約的工程師俱樂部吃午飯時親自從他那裡學到的，卡瑞爾先生向我講述道：

年輕的時候，我在紐約州水牛城的一家鑄造公司工作。我必須到密蘇里州水晶城的匹茲堡玻璃公司——一座花費好幾百萬美元建造的工廠去安裝一架瓦斯清潔機，用來清除瓦斯燃燒的雜質，這樣瓦斯燃燒時就不會傷到引擎。這種瓦斯清潔方法是一種嶄新的嘗試，以前只試過一次——而且當時的情況與現在不一樣。我到密蘇里州水晶城工作的時候，很多預料、沒預料到的困難都發生了。經過一番調整之後，機器可以使用了，但是效果並不像我們所保證的那樣理想。

我對自己的失敗感到非常吃驚，覺得好像是有人在我頭上狠狠的打了一拳。我的胃和整個肚子都開始扭痛起來。有好一陣子，我都處在擔憂之中以致無法入睡。

最後，在一種常識的引導下，我想憂慮並不能夠解決問題，於是便想出一個不需要憂慮就能解決問題的辦法，結果非常奏效。我這個抵抗憂慮的辦法已經使用三十多年了。這個辦法非常簡單，任何人都可以使用。這一方法共有三個步驟：

第一步，首先毫不畏懼而誠懇的分析整個情況，然後找出萬一失敗後可能引發的最壞情況是什麼。沒有人會把我關起來，或者槍斃我，這一點你絕對確定。沒錯，我很可能會丟掉工作，也可能我的老闆會把整個機器拆掉，使投下去的兩萬美元化為泡影。

第二步，找出可能發生的最壞情況之後，讓自己在必要的時候能夠接受它。我告訴自己，這次失敗，在我的記錄上會留下一個很大的汙點，我可能會因此而失去工作。但就算真是那樣，我還是可以另外找到一份差事。事情可能比這更糟。至於我的那些老闆——他們也知道我們現在是在試驗一種清除瓦斯的新方法，如果這種實驗要花費他們兩萬美元，他們還付得起。他們可以把這個帳算在研究上，因為這只是一項實驗。

發現可能發生的最壞情況，並讓自己能夠接受之後，有一件非常重要的事情發生了。我馬上輕鬆下來，感受到幾天以來所從來沒有過的一份平靜。

第三步，從這以後，我就平靜的把自己的時間和精力，拿來試著看看能不能改善在心理上我已經接受的那種最壞的情況。

我努力找出一些辦法，讓我減少我們目前面臨的兩萬美元損失。我做了幾次實驗，最後發現，若是我們再多花五千美元，加裝一些設備，我們的問題就能解決了。我們照這個辦法去做，公司不但不會損失兩萬美元，反而可以賺一萬五千美元。

如果當時我總是擔心下去的話，恐怕永遠做不到這一點。因為憂慮的最大壞處就是摧毀我凝聚精神的能力。一旦憂慮產生，我們的思想就會到處亂轉，從而喪失掉做決定的能力。然而，當我們強迫自己面對最壞的情況，並且在精神上先接受它之後，我們就能夠權衡所有可能的情形，讓我們處在一個可以集中精力解決問題的位置。

我剛才所說的這件事，發生在很多很多年以前，因為這種做法效果非常明顯，我就一直使用；結果呢，我的生活中幾乎把煩惱消滅了。

為什麼卡瑞爾的奇妙公式有這麼大的價值，並且如此的實用呢？從心理學上來講，它能夠把我們從那個碩大的灰色雲層裡拉出來，讓我們不再因為憂慮而沒有目的的進行。它可以使我們的雙腳踏實的、牢穩的站在地平面上，而我們也都知道自己的確站在地平面上。如果腳下沒有堅實的土地，又怎麼能希望把事情想通呢？

應用心理學之父威廉．詹姆斯教授已經去世幾十年了，但是如果他今天還活著，知道這個解決最壞情況的公式的話，也一定會非常認同。他曾經告訴他的學生說：

要願意承擔這種情況，能接受已成事實，就是克服隨之而來的任何不幸的第一個步驟。

林語堂先生在他的《生活的藝術》裡也談到了相同的概念。

心理的平靜，就能接受最壞的情況，在心理上就能讓你發揮出新的能力。

這一說法特別正確。在心理上就能讓你發揮出新的能力。當我們接受了最壞的情況之後，就不會再感覺還能損失什麼，這也就是說，一切都可以尋找回來。「在面對最壞的情況之後，」卡瑞爾告訴我們說，「我馬上就一點負擔都沒有了，感到一種好幾天來沒有經歷過的平靜。然後，我就能思考了。」

他的說法很有道理，對不對？但是現實中還有成千上萬的人由於憤怒而毀掉自己的生活。因為他們不能接受最壞的情況，也不肯由此作出改進，不打算在災難之中盡可能救出一點東西。他們不但不重新構築自己的財富，還「與經驗進行了一次冷酷而激烈的抗爭」——最終就變成我們稱之為憂鬱症的那種沮喪情緒的犧牲者。

你是否願意看看其他人怎樣利用卡瑞爾的奇妙公式來解決問題呢？好！下面就是一個例子。他以前是我班上的學生——目前是紐約的一位石油商——所做過的事情：

我被勒索了，我不相信會有這種事情——我不相信除了電影以外，現實生活中也會發生這樣的事——但是我真的是被勒索了。事情的經過是這樣的：

我主管的那個石油公司有好幾輛運油的卡車，司機也很多。在那段時期，物價管理委員會的條例限制得很嚴，我們所能送給每一個顧客的油量也都有限制。我起先不了解事情的真相，但是好像有些運貨員給我們固定顧客的油量減少了，然後再把偷下來的賣給一些他們的顧客。

有一天，有位自稱是政府調查員的人來看我，跟我索要紅包。他說他擁有我們運貨員舞弊的證據。他威脅說，假如我不答應的話，他要把證據轉給地方檢察官。這時候，我才知曉公司有這種不法的買賣存在。當然，我知道我沒有什麼可擔心的——至少跟我個人無關。但是我也知道法律規定，公司應該為自己員工的行為負責。還有，我知道萬一案子送到法院去，上了報，這種壞名聲就會毀了公司的生意。我對自己的事業引以為豪——那是我父親在二十四年前打下的基礎。

我擔心得生病了，三天三夜不能吃也不能睡。我一直在那件事情裡面打轉。我是該付那筆錢——五千美元——還是乾脆拒絕，該跟那個人說你想怎麼做就怎麼做吧。我一直難以決定，每天都做惡夢。

後來，在禮拜天的晚上，我碰巧拿起一本叫做《如何停止憂慮開創人生》的小冊子，這是我去聽卡內基公開演說時所拿到的。我開始閱讀，讀到卡瑞爾的故事，裡面教我：「面對最糟糕的情況。」於是我問自己：「如果我不肯付錢，那些勒索者把證據交給地檢處的話，可能發生的最糟糕的情況會怎樣呢？」

答案是：「毀了我的生意——最壞也就是這樣。我不會被關起來。所可能發生的，只是這件事會把我毀了。」

於是我對自己說：「好了，生意就算毀了，但我在心理上可以接受這點，接下去又會怎樣呢？」

嗯，我的生意毀了之後，也許得去重新找份工作。這也不壞，我對石油知道得很多——有幾家大公司可能會樂意雇用我……我開始覺得好過多了。三天三夜來，我的那份憂慮開始消去了一點。我的情緒不再那麼急躁了……而意外的，我居然能夠開始思考了。

我頭腦清楚的看到了第三步——改善最壞的情況。就在我想到解決方法的時候，一個全新的局面展現在我的面前：如果我把整個情況告訴我的律師，他可能會找到一條我一直沒有想到的方法。我知道這乍聽起來很笨，因為我起先一直沒有想到這一點——當然是因為我起先一直沒有好好考慮，只是一味在擔心的緣故。我馬上打定主意，第二天一早就去見我的律師——當晚我上了床，安安穩穩的睡著了。

事情的結果怎麼樣呢？第二天早上，我的律師叫我去見地方檢察官，把整個情形告訴他。我果然照他的話做了。當我說出原委之後，出乎意外的聽到地方檢察官說，這種勒索的案子已經連續發生好幾個月了，那個自稱是「政府官員」的人，實際上是警方的通緝犯。當我為了難以決定是否該把五千美元交給那個職業罪犯而擔心了三天三夜之後，聽到他這番話，真是鬆了一大口氣。

這次的經驗使我上了一堂永生難忘的課。現在，每當面臨使我憂慮的難題時，我就把卡瑞爾的奇妙公式搬出來。

如果你認為運用卡瑞爾公式也難以驅除煩惱，那請聽聽下面這則故事吧。

這則故事是賈斯汀在一九四八年十一月十七日於波士頓的一家大飯店親口告訴我的：

二十多年前，我因為經常發愁的原因，得了胃潰瘍。有一天晚上，我的胃出血了，被送到芝加哥西北大學的醫學院附屬醫院裡。我的體重從一百七十五磅直降到九十磅。病情十分嚴重，醫生警告我連頭都不許抬。三個醫生中，有一個是非常有名的胃潰瘍專家。他們說我的病是已經毫無希望了。我只能吃蘇打粉，每小時吃一大匙半流質的東西，每天早上和晚上都要讓護士拿一條橡皮管插進我的胃裡，替我洗裡面的東西。

這種情形堅持了好幾個月……最後，我對自己說，「你睡吧，賈斯汀，如果你除了等死之外沒有什麼別的指望了，不如好好利用你剩下的僅有的時間。你一直在想，你死以前能環遊世界，所以如果你還想這樣做的話，就趁現在去做吧。」

當我對那幾位醫生說，我要去環遊世界、我自己會一天洗兩次胃的時候，他們都特別驚訝。不可能的，他們從來都沒聽說過這種事。他們警告我說，如果我想開始環遊世界，我就只有葬身大海了，「不，我不會的。」我回答說，「我已經許諾過我的親友，我要葬在我們老家的墓園裡，所以我打算隨身帶著我的棺材。」

我去買了一具棺材，把它運上船，然後委託輪船公司安排好，萬一我不行了，就把我的屍體放在冷凍艙裡，一直等我回到老家。就這樣，我開始踏上旅程。

我從洛杉磯登上了「亞當斯總統號」輪船向東航行的時候，就感覺好多了，漸漸的不再吃藥，也不再洗胃。不久之後，任何食物都能吃了——甚至包括許多奇怪的當地食品和調味品。這些都是別人說我吃了包準會送命的。幾個禮拜過去之後，我還能抽長長的黑雪茄，喝幾杯老酒。我許多年都沒有這樣享受過了。我們在印度洋上碰到季風，在太平洋上碰到颱風。這種事情就只因為害怕，也會讓我嚇死的，但是我卻從這次冒險中享受到很大的樂趣。

我在船上和同船的人們唱歌、玩遊戲、交新朋友，晚上聊天至半夜。我們到了亞洲的幾個國家之後，我發現我回去之後要料理的後事，跟在東方所看到的貧窮與飢餓相比較，簡直像是天堂跟地獄之分別。我中止了所有無聊的擔憂，渾身都覺得非常舒服。回到美國之後，我的體重增加了九十磅，幾乎忘記了我曾患過胃潰瘍。我這一生中從沒有覺得這麼舒服。我回去工作做事，此後也沒再病過。賈斯汀告訴我，他發現自己下意識的應用了卡瑞爾的征服憂慮的辦法。

首先，我問自己：「所可能發生的最壞情況是什麼?」答案是：死亡。

第二，我做好接受死亡的準備，我不得不如此，因為別無選擇，幾個醫生都說我沒有希望了。

第三，我想辦法改善這種情況。辦法是，「盡量享受我所餘下的時間」……如果我上船之後還繼續憂慮下去，毫無疑問，我一定會躺在我自備的棺材裡，完成這次旅行了。但是我放鬆下來，把所有的憂慮全拋置腦後。而這種心理平靜，使我產生了新的體力，救了我的性命。

所以，請記住這個原則：如果你有擔憂的問題，就應用卡瑞爾的奇妙公式，做到下面三件事情：

（一）問你自己：「可能發生的最壞的情況是什麼?」

（二）如果你必須接受的話，就準備接受它。

（三）然後鎮定的想辦法改善最壞的情況。

不要杞人憂天

我從很小的時候開始，就生活在密蘇里州的一個農場上。有一天，我幫母親摘櫻桃，突然莫名其妙的哭了起來。母親問我：「你哭什麼啊？」我抽咽著回答說：「我擔心自己會被活埋掉。」

那個時候，我兒時的心裡總是充滿了各種各樣的憂慮：日子艱難的時候，我擔心東西不夠吃；暴風雨來的時候，我擔心雷電會擊死我；另外，我還擔心死了之後會下地獄；我怕一個名叫艾利克斯的大男孩會割下我的兩隻大耳朵，就像他恐嚇我的那樣。我還憂慮，是因為怕女孩子在我向她們脫帽鞠躬的時候取笑我；我憂慮，是因為擔心以後長大了，沒一個女孩子願意嫁給我；我還在考慮著我們結婚之後，我第一句話該對我太太說什麼；在我的想像中，我們會在一間鄉下教堂結婚，會坐一輛上面垂著流蘇的馬車回農莊……但是在回農莊的路上，我該說些什麼才能保持跟她的談話不中斷呢？這該怎麼辦？怎麼辦呢？有時在耕地的時候，我也經常會花幾個小時的時間去想這些令人擔憂的「大問題」。

時間一點點的過去了，我漸漸發現我所擔心的那些事，九九%根本就不會發生。例如我剛才所說過的，我以前很怕雷電。但是現在我明白，不論是哪一年，我被雷電擊中的機率，大概只有三十五萬分之一；我害怕被活埋的憂慮，更是荒唐透頂。我沒有想到，即使是在發明木乃伊以前的年代，每一千萬個人只有一個人被活埋的可能，但是我以前卻因為害怕這件事而哭過。每八個人就有一個人可能死於癌症，如果我一定要讓自己為某些事發愁的話，我就應該為得癌症這種事情發愁，而不應該擔心被活埋或是被雷電打死。

其實，上面所講的都是我童年和少年時代所憂慮的事。但是許多成年人的憂慮，也幾乎同樣的荒謬離奇。如果我們想停止自己的憂慮，我們就可以依據事情發生的平均率來評價我們的憂慮究竟值不值得，這樣，人們應該能驅除自己九九%的憂慮。

倫敦勞合社保險在全世界都很有名，他們就靠人們對一些幾乎不會發生的事情的擔憂，而賺了數不清的財富。勞合社保險可以說是在跟一般人打賭，認為他們內心一直憂慮的那些災禍發生率幾乎為零。不過，他們不稱此為賭博，他們稱其為「保險」，實際上這是在以平均率為根據做的賭博。這家大保險公司已經有兩百年的良好歷史記錄了，除非人能改變自己的本性，它至少還可以繼續維持五千年。而它只不過是替你保鞋子的險、保船的險，利用平均率向你保證那些災禍並沒有你想像中的那麼經常、那麼可怕。

如果我們對某些事情發生的平均率進行核查的話，就會因我們所發現的事實而驚疑。例如，如果我知道在五年之內，我必須參加一次像蓋茲堡戰役如此慘烈的戰役的話，我一定會被嚇壞。我一定會挖空心思的增加我的人壽保險，我會寫下遺囑，把我所有的財產變賣一空。我會說：「我或許不能挺過這場戰爭，所以我最好痛痛快快的過這剩下的幾年。」然而，事實情況果真如此嗎？根據平均率，五十歲至五十五歲之間的每一千個人裡死去的人數，和蓋茲堡戰役中其中一千人裡陣亡的人數是等同的。

某一年的夏天，我在加拿大洛磯山區的一個湖邊遇到了丹尼爾．馬奎爾夫婦。馬奎爾太太是一個沉著、平靜的女人，她給我的印象是她從來沒有任何的憂慮。

在一天晚上，我們坐在熊熊的爐火前聊天，我問她是否曾經被憂慮困擾過。她說：「困擾？我以前的生活幾乎被憂慮毀了。在我學會征服憂慮之前，我在自討苦吃的生活中過了十一年。那時候我脾氣很壞，還特別急躁，每天都生活在自己緊張的情緒下。我每個星期都要從家裡搭公共汽車去舊金山買東西，但是即使在買東西的時候，我也會處在憂慮之中：也許我的女傭人跑了，丟下孩子不管；也許我又把電熨斗放在燙衣板上了忘了收，而把房子燒起來了；也許孩子們騎腳踏車出去，被汽車撞死了。我買東西的時候，常常會因為發愁而直冒冷汗，會衝出店去，搭公共汽車趕緊回家，看看一切是否還好。所以我的第一次婚姻失敗了。

後來，再婚以後，我的丈夫是一個律師。他是一個很平靜、對所有事都能仔細分析的人，但從不為任何事情憂慮。每當我神情緊張或焦慮的時候，他就會對我說：『不要慌，讓我們好好想想——你到底在擔心些什麼呢？讓我們來看看平均率，這種事情有發生的可能性嗎？』舉個例子，我記得有一次，當時我們在新墨西哥州旅行。我們從阿布奎基開車去卡爾斯巴德洞窟，走在一條土路上，在半路上我們遇上了一場很可怕的暴風雨。路面很滑，汽車根本就不受控制。我想我們一定會掉到路邊的水溝裡，但是我的丈夫一直在我身邊說：『我現在開得非常慢，不會出事的。就算車真的滑到了水溝裡，根據平均率，我們也不會受傷。』在他的鎮定和信心的影響下，我終於恢復了平靜。「有一年夏天，我們一家人到加拿大的洛磯山區露營。那天晚上我們的營帳紮在海拔很高的地方，突然來了一陣恐怖的狂風暴雨，我們的帳篷好像要被撕成碎片。帳篷是用繩子綁在一個木製的平台上的，外面的帳篷發出尖厲的聲音，在風裡搖晃著。我一刻不停的都在想：我們的帳篷要被吹垮了，要被吹到天上去。當時，我真的被嚇壞了，但是我丈夫不停的說：『親愛的，我們有好幾個原住民嚮導，這些人對這種情況瞭若指掌。他們在這些山地裡紮營，都有六十年了，這個營帳在這裡也過了很多年，直到現在都沒有被吹掉過。根據平均率來看，今天晚上也不會被吹掉。而且即使被吹掉的話，我們還可以到另外一個營帳裡去，所以，你完全沒有緊張的必要，不必擔心。』……我放鬆心情，到後半夜時真的很安穩的睡著了。「有一段時間，在加州我們所住的那一帶在蔓延小兒麻痹症。要是在以前，我一定會手足無措，但是我丈夫讓我保持鎮定，我們盡量的把所有的預防方法全部派上用場，禁止孩子們出入公共場所，暫時不去上學，也不去看電影。在與衛生單位聯繫過之後，我們得知，截止目前，即使是在加州所發生過的最嚴重的一次小兒麻痹症流行期，整個加州也只有一千八百三十五名兒童染上了這種病。而平常只有兩百至三百人。這些數字聽起來，雖然還是很令人害怕，但是畢竟我們感覺到，根據平均率來看，某一個孩子被感染的可能性很小。「根據平均率，這種事情不會發生』，就是如此簡單的一句話，把我九〇%的憂慮都消除掉了，使我過去二十年的生活都過得平靜而美好。」

所以，你要在被憂慮摧毀以前，先改掉憂慮的習慣，必須遵守下面的規則：「不要擔心不可能發生的事情。」

勇於接受無法避免的事實

漫漫人生路，你我一定會遇到一些讓人很掃興的事情，如果它們既然已經發生，就不可能變為另一種情況了。當然，我們自己也可以作出一些選擇：我們可以把它們當做不可避免的情況來接受，並且適應它；或者我們可以讓憂慮來摧毀我們的生活，甚至最後把自己搞得精神瓦解。

已故的布斯．塔金頓說過：「人生加諸我身上的任何事情，我都能承受，但除了一樣：那就是失明。那是我永遠也沒有辦法忍受的。」

但是，在他六十多歲時，當他有一次低頭去看地上的彩色地毯時，感覺彩色全都是朦朧的，他看不清楚地毯的花紋。他去找了一個眼科專家，確定了一個不幸的事實：他的視力在衰減，有一隻眼睛的視力幾乎全喪失，另一隻也快瞎了。對他來說，最可怕的事情還是發生在了他的身上。

這個「所有災難中最可怕的災難」發生了，塔金頓是什麼反應呢？他是不是會有「完了，我這一輩子完了」的感覺呢？沒有，連他自己都沒有意識到自己會非常開心，甚至還能善用他的幽默感。以前，眼球裡面浮動的「黑斑」令他很難過，因為當它們在他眼前游過時，會遮住他的視線，然而現在，當那些最大的黑斑晃過從他眼前的時候，他卻會幽默的說：「嘿，又是老黑斑爺爺來了！今天天氣這麼好，他會到哪裡去呢？」

當塔金頓完全失明後，他說：「我發現我也能承受失明的痛苦，就像一個人能承受別的災難一樣。要是我的所有感官都完全喪失了它的功能，我認為我還能夠繼續在我的思想裡生存，因為我們只有在思想之中才能夠看見，只有在思想之中才能夠生活，不論我們對這一點是否明白。」

為了使視力得到恢復，塔金頓在一年之內接受了十二次手術，為他做手術的是當地的眼科醫生。他害怕了嗎？他明白這是必須要做的，他無法逃避，所以唯一能讓他減輕痛苦的辦法，就是勇於接受它。他沒有接受使用醫院的私人病房，而是住進普通病房裡，和其他病人在一起。他試著讓其他病人開心，即使在他必須接受好幾次手術時——而且他當然非常清楚在他眼睛裡做什麼手術，他也是盡力去想他是多麼的幸運。「多麼好啊，」他說，「多麼妙啊，現在的科學竟然發展到了這種程度，能夠為像眼睛這麼纖細的東西做手術。」

若換成一般人的話，忍受十二次以上的手術和長期在黑暗中的生活，或許都會變成神經質了。但是塔金頓卻說：「我希望自己是開心。」這件事教會他怎麼樣接受災難，使他了解到生命帶給他的所有一切，都是他的能力所能達到和所能忍受的；這件事也使他感悟了富爾頓所說的「失明並不令人難過，難過的是你不能忍受失明」這句話真正的道理。

與之相反，就算我們加以反抗，或者是因此而退縮，或者是為它難過，我們也無法改變那些已經發生的不可避免的事實。所以，每個人都要學會勇於接受不可避免的事實。

面對困難保持樂觀的心態

生活中，人們總會遇到一些或大或小的困難和挫折，而我們是無法掌控這些困難給我們生活帶來的苦難的。但是困難是生活的一部分，沒有任何人能夠逃脫，所以當困難降臨到你身上，你該怎麼辦呢？我知道大多數人在遭遇困難和挫折後，總是把擔心憂慮加以誇大，整日提心吊膽，鬱鬱寡歡，甚至萎靡不振，一蹶不振。這裡我要告訴你，其實困難並不可怕，但可怕的是你因此而逃避現實，憤世嫉俗。如果你在遇到困難時，能夠鎮定自如，樂觀而勇敢的面對，並保持你的理智和清醒的大腦想辦法去解決，這才是解除困難的最佳方法。威廉發現最近自己在公司很難立住腳了，他在工作中出現的困難也特別多，而自己跨出去的每一步都相當難，這種壓力和困難也自然而然帶給他憂慮煩躁的心情，他總是被悲觀消極的思想環繞著。經人指導，他運用了一個征服憂慮的原則，有三個步驟可以幫助他驅除困難所帶來的憂慮，使他能夠積極樂觀的面對困難。

步驟一：問問你本人，可能發生的是什麼？「我怕陷於其中不得脫身，又怕萬一被開除了，全家人會很丟面子。我憤恨自己一輩子都不會有什麼成功之就了，我開始腸胃痛。吃了醫生開的藥，但是沒有效。在週末不上班的時候，我的腸胃就不痛，但是星期一開始上班，腸胃就又痛起來。」威廉說道。

步驟二：可能發生的最壞的情況是什麼？

威廉想了想說：「我不可能被開除，大公司基本不開除人。但是我陷身在這無聊的工作中好幾年，不能夠脫身，這也夠痛苦的了。」

步驟三：如果無計可施了，就準備接受最壞的情況。「我首先想到，我要接納目前的工作，因為它安穩可靠，但是我很快的就把全部的心思去思考『如果無計可施了』這句話，冷靜的想辦法把最壞的情況做些改正。我可以請求調職來改善我的現狀！在今天來看，這確實是一個好辦法，但是那時卻從來沒有聽說過有任何一位職員主動要求調職，通常調職是高階管理人員的事。不過，我覺得自己實在不能再忍受了，因此，第二天我就去請求公司裡的一個高階主管，結果我被調到南美去做一份比較有意思的工作。」威廉興奮的說著：「還有，我一調離那無聊的工作，我的腸胃也好了，而且一直沒再發作過。」這神奇的三個步驟，在威廉身上已經產生了很好的效用。

在紐約市面臨財政困難的時候，紐約市政府被迫解僱一部分公職人員，有些資深人員不幸也要接受這份命運，這些公職人員原本都以為吃政府飯是最有保障的，現在卻要面臨失業，因此不免大為驚慌。

有一個叫名泰勒的消防隊員對此感到特別憂慮，矛盾重重。他處在不上不下的情況——不知道自己的年資能否保住工作，因為解僱與否是由年資來決定的，他的年資可能超過解僱標準，也可能低於標準。他開始擔憂：如果工作沒有了該怎麼辦，但是又推想自己可能不會被解僱。

他應用了上面神奇的公式，克服了他的憂慮。他想到最壞的情況是：他會失去工作。他可以接受這種情況，他還年輕，可以重建他的生活。那麼現在該採取什麼行動應付這種狀況呢？他決定再去進修，準備開創新的事業。一旦下定了這個決心，憂慮開始從他的生活中退卻。就算這次他能保住工作，他還是要去進修，這樣縱使紐約市政府要再進一步解僱人員，或者他退休了，或是他自己決定離開消防隊，都會對他很有幫助。

馬里蘭州的夏綠蒂，一天早上醒來，發現她剛剛裝修好的地下室進水了，她驚慌得六神無主。「我第一個反應，」她說道，「是想坐在地上為自己的災難大哭一場，但是我沒有這樣，我問自己，最壞的情形會怎樣？」「答案很簡單：家具可能全泡壞了，嵌板可能被泡得彎曲變形，還留下了水漬，地毯也也不能用了，而保險公司可能不會賠償這些。」「第二，我問自己，我能做些什麼來減輕災情？我先叫孩子把凡是能拿得動的家具搬到沒有被水淹的車庫裡去。我向保險公司經紀人報告，並且打電話請地毯清潔工帶吸塵器來清理地毯。我親自動手把所有能洗的全用洗衣機洗了，像沙發椅套這一類。然後我和孩子向鄰居多借些除濕機，以便地下室能更快乾燥。當我丈夫下班回家的時候，一切都已經整理就緒了。我設想了可能發生的最壞情形，想出怎樣做些補救，然後動手忙起來，做了我必須做的事，我根本沒有時間憂慮。」夏綠蒂這樣說。這的確是一個樂觀主義者，她能如此鎮定的面對困難，實在是佩服啊。

我們是不是很熟悉這句話：想想你自己的幸福。我們常常認為自己所有的好處和財產都是我們「應得」的。如果我們數一數我們的幸福，享受幸福能讓我們克服憂慮。

在我們的生活中，大概有百分之九十的事還不錯，只有百分之十不算太好。我們如果要快樂，就要多想想好的事情。當你面對困難時，不要逃避，不要氣餒。讓我們再看一個例子吧。艾瑪從明尼蘇達州的一個小鎮來到紐約市，想開拓一番演藝事業。她高中時是一位戲劇社團的明星，三年級的時候被校友會選為校花，四年級的時候又一次當選。她讀了兩年當地的大學，成績優異，並且在年度戲劇演出中擔任主角，因此她決定到紐約來讀美國演藝學院。

在演藝學院裡，她得和天分優越於她的同學們競爭，可結果不很樂觀。她對卡內基班上的同學說，「我過去是長得還算不錯，又有一些天分和經驗。但是和其他年輕人在一起，我並不是個演藝界的好種子。有好幾個星期我都在煩惱，晚上睡不好，在學院的表現就更糟糕。最後，就在幾個月以前，我退學了。我沒有膽量告訴父母，但是我認為自己既然不上學了，就不能接受他們寄來的錢，因此開始找工作，但是我能做什麼呢？我沒有一技之長可轉行去坐辦公室或做其他任何工作，因為我過去的一切夢想和計畫，都是把演藝作為終身職業。」「屢次遭受挫折之後，一個就業輔導單位的女士注意到了我，她建議我看看自己的長處。她說：『幾年前有一首流行歌曲，你要記住其中的兩句歌詞——加強優點，消除缺點。』我回頭去看自己走過的路，尋找一下自己有什麼長處。我記起過去在舞台上所擁有的快樂，我的交際能力也很強，我也有相當的聰明才智——至少我在學校裡的成績還不錯。後來我不再為沒有真正的演藝天分而傷心懊惱了，我開始考慮如何加強我的長處，我決定回學校讀書，獲取教師資格。為了學費和生活費，我重新去學打字，我現在得到一份接待員的工作。我重視我所有的長處，希望在未來能發揮這些長處，創造一番滿意的事業。」

因此，在困難面前一定不能跌倒，要勇敢的站起來，去審視困難。「加強優點，消除缺點。」多好的一句話啊。

其實，我們可能會成功——我們成功的機會總是比較多。當然，就算沒有成功，我們試著把壞的變成好的時，也會讓我們往前看。這樣我們就可以用積極的想法替代消極的想法，激起我們創造的活力，使我們忙碌，使我們沒有時間也沒有心情去哀傷那已經永遠流逝的過去。

人有時也會為一些很小的困難而憂慮，他們過分強調在生活中受到的一些傷害，並且經常因此而憤世嫉俗。

我的一位在紐澤西州的學員卡翠娜說到她過去為她的「大鼻子」而勞心費神的事。「我過去常用膠布把鼻子拉起來，以為這樣鼻子就會挺直，但是沒有，我不讓人從側面看我。學生時代的我，一直為我的鼻子而煩惱。

「畢業後我進入商界，還在為我的鼻子所困擾。我想如果我有一個漂亮的鼻子，別人就會喜歡我。最後我去做了美容手術，在醫院裡，他們切開我的鼻子，把我的鼻子墊高。我的眼睛在手術之後有黑圈，面頰也腫大，過了幾個星期才消失。因為第一次手術不成功，我在六個月以後又動了一次手術。再過了六個月，我的鼻子在車禍中被撞壞了，因此又做了第三次手術。

「為了美麗，我的鼻子進行了三次手術，你相信嗎？當我回家的時候，母親和朋友們根本沒有一個人對我鼻子的變化有半點的注意。

「那些喜歡我的照舊喜歡我，那些人不注意我的人仍舊不注意我。我學到的一課是：人們喜歡你因為你的為人，而不是因為你的樣子。不幸的是，我已經為我的鼻子憂慮了很多年。」

請避免這種不幸的事情發生吧，我說過困難並不如想像中那樣可怕，可怕的是你面對困難而蜷縮自己，過分的憂慮可能引發更大的困難，這樣始終解決不了問題。你應該正視困難，用你那顆堅強的心去積極樂觀的面對困難，消除困難！

讓生活充滿熱忱

熱忱是一種意識狀態，它能夠鼓舞和激勵一個人如何有效的對待自己的工作，並具有很強的感染力。人類最偉大的領袖——那些知道怎麼樣鼓勵他們的擁護者發揮最大熱情的人，就是以熱忱作為行動的主要推動力。當然熱忱也同樣適用於推銷。可以說熱忱是人類一種重要的力量。

愛默生曾經說過：「有史以來，任何一件偉大的事都是因為熱忱而成功的。」

熱忱和積極的心態及和你獲得成功的過程之間的聯繫，就像汽油和汽車引擎之間的關係一樣，以熱忱作為行動的動力。你可以運用積極的心態來掌控你的熱忱，以便使它能不斷浸入你心靈引擎的汽缸中，並在汽缸內被明確目標發出的火花引燃，從而推動信心和個人進取的活塞。

熱忱是你性格的原動力，如果你沒有熱情的性格，即便你各方面能力很強，也沒有用。每個人都有一種超越自身的潛在能力。倘若你有足夠多的知識，有銳利的判斷力，甚至有出色的理論思考能力，但在你能夠讓它們發揮之前，缺乏熱忱，你將無法感受到它們神奇的力量。真正的熱忱是可以創造奇蹟的。

在巴黎的一家藝術博物館中，陳列著一尊美麗的人像雕塑，它的創作者是一位不知名的窮困的藝術家。他天天都到一間小閣樓上去創作，在雕塑快要結束的時候，城裡的氣溫驟降，幾乎降到了攝氏零度以下。如果黏土模型縫隙中的水分結冰凝固的話，整個雕塑的線條就會變形扭曲。於是這位藝術家就把自己身上穿的睡衣脫下來穿在他心愛的雕塑上，在第二天清晨，人們發現這位敬業的藝術家已經什麼都不知道了，可他用心創作的雕塑卻完好無損的保存下來。在別人的幫助下，這尊雕塑最後被製成了大理石作品，成為人們永久欣賞的珍貴藝術品。

法國英雄聖女貞德憑著一柄聖劍與滿腔的愛國熱忱，為法國的軍士們注入了一股頑強拚搏的鬥志。正是她的熱情，擊敗招降了前進道路上的一切障礙。

英勇的阿拉伯人穆罕默德，帶著他的阿拉伯勇士們，用短短幾年的時間，打開了有無限遼闊疆土的帝國。儘管一開始他們的武器也不算先進，但是，他們每個人都懷著熱忱的心態及崇高的理想，憑著這股無比的熱忱，他們的士氣與對手相比毫不遜色。他們在戰場上馳騁殺敵，終於戰勝了羅馬人的軍隊。

熱忱的確可以創造奇蹟，假若缺乏這種熱忱，藝術品將無法流傳後世，軍隊也無法克敵。

熱忱是一種巨大的力量，它會和信念一起將失敗挫折打敗。擁有熱情會讓你的工作更輕鬆，會讓你有更吸引人的個性，增強你的進取心。

拿破崙．希爾就是被他繼母的熱情所激勵而走向成功之路的。

在他還是孩子的時候，父親就給他找了個繼母。他的繼母身世較好，而他卻一貧如洗。父親向他介紹完繼母的情況後，告訴他要尊重她。而希爾卻不服氣。等到第二天，他的繼母親切的走到他的面前，托起他的小腦袋，和藹的說：「你一定是最聰明、最有勇氣的小男孩。」

希爾內心的反感頓時煙消雲散，在這句充滿信任的話的幫助下，他開始與繼母友好相處。在此之前，沒有人像她那樣熱情的稱讚希爾，而他的繼母憑著這一句充滿熱情的話語，造就了一個偉大的教育家作家的誕生，使我們得以看到了成功學的經典著作。

她不僅改變了小希爾，還憑著她做事熱忱的態度，使家庭有了巨大的變化。她鼓勵希爾的父親去學習牙科，最終成了一位小鎮上的著名牙醫。希爾十四歲時，她買了部打字機送給希爾，讓他努力實現自己的夢想。希爾被繼母的熱忱深深打動了，他對她總是充滿敬佩之情。在希爾還在為能否成為一位作家而苦惱時，又是她的繼母鼓勵支持他為一家報社投稿，讓他抓住每一個成功的機會，直到希爾最終獲得了成功。

熱忱的力量真的是巨大，有了所擬定的目標時，當這股力量被釋放出來，再透過自身的能力，就會形成一股勢不可擋的前進的動力，並且可以克服任何艱難困苦。

在我的辦公桌上方，掛著這樣一塊牌子，上面這樣寫著：

你的年輕會與你的信仰程度成正比。

你的年輕會與你的自信程度成反比。

你的年齡會與你的恐懼多少成正比。

你的年老會與你的希望程度成正比。

你的年老將與你的絕望程度成反比。

年齡雖然會讓皺紋爬滿你的皮膚，但若沒有熱忱，皺紋會布滿靈魂。

這是對熱忱最好的讚美。熱忱是人類意識的主流，它能夠促使一個人將所寫的東西付諸於實際的行動。擁有熱忱的態度是做任何事情的關鍵，在這一點上，我們每一個人都要激發起自己生命中的熱忱之情，只有這樣，事業和生活才能獲得進步。

沒有熱忱，就好像沒有上發條的鐘錶一樣缺乏動力。熱忱的力量大而無比。當這股力量被釋放出來支持明確的目標時，更會形成一股巨大的力量，擊退你遇到的所有艱難困苦。

真正的熱情來源於你的心情，發掘你內心中真實的熱忱是一種積極心態的象徵。展現與分享熱忱吧，當你用心去完成某項工作時，說明你已經開始應用熱忱，創造出你的成功。

記住，在這個社會中，你付出的熱情越多，你所得到的東西就越多。

第十章　讓生活與工作、金錢相和諧

慎重選擇適合於你的工作

一個人若是極度熱愛自己的工作，那就會更容易走向成功，所以一項適合於你自己的工作，對一個人的一生而言是相當重要的。

生活中，如果可以實現的話，那就盡量找一個適合於自己的工作。我曾問過著名的輪胎製造商老闆，成功的第一步是什麼？他回答我說：「那就是做一份自己喜歡的工作。若是你所從事的工作是你喜歡的，那無論工作多久，都不會感覺累和厭倦，反而會覺得像玩遊戲一樣的輕鬆刺激。」

愛迪生也是如此，他曾是一個沒有進過學校的報童，可他後來卻成了推動美國工業革命進程的歷史性人物。愛迪生為了研究他的實驗，可以待在實驗室裡辛苦工作整整十八個小時，並且吃、睡都在那裡，但是他從沒為此有任何的抱怨。他還說過：「我一生中從未做過任何工作，因為我每天都其樂無窮！」

這些偉大人物的成功，也許就是因為從事了他們喜愛工作的緣故。

對於平凡的我們來講，你也許會說，我剛剛畢業，根本不清楚自己適合什麼樣的工作，怎麼能對工作產生興趣呢？

現為美國家庭產品公關部主任的羅珊娜女士說：「在我這麼多年的工作中，讓我覺得最遺憾的事就是，有許多年輕人一樣也不看清自己，到底適合什麼樣的工作。若一個人僅是為了薪水而工作，而不是出於自己的興趣，那真是太可悲了。」羅珊娜還說：「當一位大學畢業生找到我，並告訴我他們獲得了何種的學位，然後讓我幫他們找一個適合他的職位時，我總是很無奈。因為他們根本就不知道自己適合做什麼，更說不上什麼理想了。」

事實上，能否正確選擇你的工作，對你的健康也會有影響。有研究表明，使人長壽的第一因素就是找到一份適合自己的工作。就像丹尼爾所說的：「為那些找到心愛工作的人祝福吧，他們已不用乞求其他幸福了。」

最近我和一個叫羅傑的人事經理談論到求職人員的情況。在一個晚上的深談中，羅傑告訴我，在他過去的二十年的工作生涯中，大約接見了有七千五百名求職人員，還出版過一本和求職有關的書。應該說他對這方面是了解很深的。於是我問他：「羅傑，現在年輕人求職時，所犯的最大毛病是什麼？」「有些人的確很糟糕，他們之中有些人竟然都不清楚自己想做些什麼，喜歡做什麼，」他聳聳肩說，「這叫人真吃驚啊，人們花在購買一件穿幾年就要扔掉的衣服上的心思，竟比選擇一個關係到未來命運的工作要多好幾倍——而他們將來全部的幸福和希望都維繫在這個工作上了啊，真是匪夷所思啊。」

面對競爭如此激烈的社會，你打算怎麼安排你的工作呢？隨著一種名為「就業指導」的職業興起，也許會給你提供一些就業的幫助，但這也許會損害你的一生。這種行業存在著許多缺陷與不足，曾經有一位職業輔導員建議我的一位學生去當作家，理由就是因為他的詞彙量很廣，這是有些荒唐而可笑的理由。所以他們只是發揮了提供建議的作用。切記，最後做決定的還應該是你自己。這些指導並不是切實可靠的，這個行業離你所要求的還很遠，所以關鍵時刻還要靠你自己。在你了解了許多人的不快和沮喪都是因為工作不適合自己而引發的之後，你就要重視這個問題：一個人若不能從事他喜歡的工作，那將是他人生中最大的遺憾，也是社會最大的損失之一。

讓我們來看看傑森的例子。

傑森的父親在城裡開了一家乾洗店，他將兒子請到店裡，希望他能夠接手這家乾洗店。但是，個性好強的兒子卻對乾洗店的工作不以為然。所以，對待工作一點不認真，提不起精神，除了一些必須要做的工作以外，傑森幾乎什麼也不管，甚至有時連來都不來。面對這樣的兒子，他父親十分寒心，他為這個不思進取的兒子而萬分痛苦。

直到一天，傑森向父親坦露了自己的願望，他想成為一名機械師，並希望在機械廠上班，父親對此感到有些茫然，最後還是拗不過兒子，就答應了他的請求。於是傑森開始了他的機械工人的工作。儘管他每天要做的工作比乾洗店苦好幾倍，而且還要身穿油膩的工作服，工作時間也總是延長，但他絲毫不感覺疲憊，反而很快樂。因為他愛好這些。工作之餘他還學習了工程學、機械裝備學、引擎等各方面的知識。最後終於在機械製造上獲得了巨大的成功。經他研製的轟炸機，幫助盟軍贏得了世界大戰，而他自己也最終成為了飛機公司的總裁。

想想，如果當年傑森沒有離開父親開的乾洗店，那會是一個什麼樣的結果？

當我們面臨工作選擇時，請不要貿然的從事某項工作，一定要選擇一個自己喜歡的工作。所以，人生中一定要找一份適合自己的工作，這會對你的成功及健康起著極其重要的作用。

合理支出，以防止入不敷出

據一本雜誌作的一項調查統計，我們有百分之七十的煩惱都與金錢有關聯。蓋洛普民意測驗協會主席喬治曾說，他作過多方面的研究，絕大部分人都相信，只要再把他們的收入多加百分之十，財政困難就會基本解決了，也許百分之十的收入可以使你擺脫金錢的困擾，但是，實際生活中的例子並非如此。

曾擔任地區財政顧問的卡密爾女士說：「對許多人來講，多賺一點錢通常並不能幫助他們解決難纏的財政問題。事實上，我們不難發現，因為收入的增多而帶來財政問題增多的例子並不少見。收入的增加往往會讓你的支出陡然增加。其實，令許多人頭痛的並不是沒有足夠的錢，而是他們根本不知道該如何合理的去花掉它們。」

的確，卡密爾女士的觀點對那些入不敷出的人或家庭非常適用。那麼，我們就更應該學會精明的花費自己的金錢。

首先，有計劃有預算的花費，能夠保證你的家人從收入中得到合理公平的分享，而不是隨心所欲、漫無計畫的浪費。這就像一些公司擬定年度計畫一樣，而我們所作的是擬定花錢的計畫，然後按計畫實施。記住，當關係到你的錢時，你為之擬定的計畫就像是在為自己經營一項宏偉的事業，那麼，我們應該怎麼樣計畫和擬定目標呢？以下的規則對你也許會適用。

一、把你的開銷記錄在本子上，避免不必要的開銷

約翰．洛克菲勒每晚禱告之前，都會把一天中花費了幾便士都弄個清楚，否則就無法安穩的睡覺的。其實，你我都應該這樣做，去找個乾淨整潔的本子，然後將你的日常開銷記錄在上面。當然，你沒必要每天都記，你可以在最初的一兩個月將所花的錢全部記下來，這樣，我們便可以清楚的知道你把錢都花在了什麼地方，然後便可以擬定一個預算。

通常，當人們將所花的錢一筆不漏的記錄在小本子上後，都會驚訝的大叫：「天啊！難道那麼多錢都花在了這種沒用的地方上了？真是令人難以置信。」

我有一個朋友，一次，他們夫婦倆像平時一樣整理當天的帳單，記錄花費的情況，他們突然發現每個月的帳單上大約都有七十美元花費在買酒上。他們為此感到十分驚訝，因為他們都不是酒鬼，只是非常的好客，喜歡在週末叫朋友到家中小聚。這時當然需要酒，所以才導致有那麼多開支花費在買酒上。於是，夫婦二人商討後，決定不再開免費的酒吧了。那七十美元因此也有了它更好的用處。

所以，用一個本子將你近期的開銷全部記下來，然後作仔細的分析，避免以後不必要的開銷，這是一種行之有效的理財方法。

二、做一個合理的開銷預算

假設有兩個極其相似的家庭，他們的房子相同，都在郊區，家庭成員相同，收入也相同，但是，他們的家庭預算卻永遠不會相同的。因為他們的家庭需求不同，每家都有每家的特點，所以預算一定要按照針對你自己的方式擬定。

其實作預算的真正意義是要我們有一種「物質超越感」。真正依據預算而生活的人，一定會十分快樂，沒有壓力感。

那麼，我們普通家庭生活具體的應該怎樣擬定預算呢？

我們可以把一年內的花費全部列出來，比如：一日三餐及食物、房租、水電費、保險費等必要的開銷，當然有些其他的開銷也要算一下，比如：衣服、醫療、交通費、教育子女費用等等。然後再比一下哪一個是最需要的，而哪一個是沒必要花費的。我們完全可以自己做衣服，而把省下來的錢買一台電視，因為你一定也希望擁有更舒適的家比購買沒必要的衣服更有必要吧。當我們不能買下所有東西的時候，就應該挑選最需要的東西購買。最後，在全家人商量比較後，轉用到下一個季度或月度的生活中，想必對你的生活開支會提供很大的幫助。

三、面對增加的收入，使用時一定要慎重

在美國，年收入五千美元是一筆不小的數目了（指當時的經濟水準，編者注），但是許多家庭經過不懈的努力達到五千美元的標準後，他們會在郊區買一棟房子，然後再買一部高級轎車和一套新潮的家具，還有很多很多的衣服和食物。但是，當他們回過神來發現自己的存款是赤字時，就會更加憂慮了。因為隨著收入的增加，他們的花銷也變得沒有節制了。

我們都渴望擁有美好幸福的生活，但是這一定要在合理的前提下，否則，即便收入再豐厚，也會被債

務所拖累。我們不要等債主來敲我們的門，或催帳單塞滿了信箱時才回過神來。

四、培養孩子對金錢負責的習慣

我們要教育孩子從小養成節儉，對金錢負責的好習慣。凱莉曾在雜誌上發表的一篇文章中，敘述了她是怎樣教導小女兒養成對金錢負責的好習慣的。在女兒九歲時，她將一個特別的儲蓄存摺送給了自己的小女兒。每當女兒領到自己的零用錢的時候，就將自己的錢「放入」那本存摺中保存著。而當她想用錢的時候，就從那存摺中領出來，然後在存摺上作詳細的記錄，從中支取了多少，結餘有多少。小女孩從中學到了許多關於儲蓄的知識，並且培養了自己對金錢負責的態度。這其實是教育子女對錢財合理性使用的一種良方。

五、投保意外保險

很多預算專家都建議家庭最好購買一些意外保險，比如投保一些主要的意外傷害事故。萬一遇到什麼事，不但要花費許多金錢，還會帶來許多麻煩，因此意外保險可以提供不錯的保障，況且這些保險的費用也不是很貴。

比如醫療保險，我認識的一位婦人因腰部受傷而在醫院待了半個月，但是，她出院後只向醫院繳了八美元，為什麼呢？因為她買了醫療保險。所以說不怕一萬，就怕萬一，有了保險，就不必為突如其來的事故擔憂了，在現代生活中，這也應該算合理理財的有效途徑。

六、節省你年收入的百分之十

財務專家說，如果你能節省年收入的百分之十，即使你們不富裕，也可以在幾年後生活得很優越。將年收入的百分之十存進銀行，或做沒有太大風險的投資是很有必要的，因為這不會讓你承擔過大的消費壓力，對錢做到了心中有數。節約可以抵禦風險，為今後的生活帶來意想之外的收穫與喜悅。

在生活中合理的安排金錢，對我們每一個家庭而言都特別重要。雖然金錢並非萬能，但如果可以聰明的規劃自己的金錢，會為我們的生活帶來更多的平靜、幸福與祥和。

所以，讓我們變成生活中的理財高手，再也不用為金錢的入不敷出而苦惱不已吧。

讓工作與休閒之間保持的平衡

要想成為優秀的管理者，一定是一位善於平衡的人。在事業與生活中能夠很好的相互平衡，對一位事業有成的成功人士來說是十分重要的。

一個成功的人，要學會充分享受平靜的生活，給工作以外留些空閒的時間，這是很有必要的，當你工作休閒能相互協調時，你不僅會感到生活的愉快，更會使你在事業上精力充足，效率也能大為提高。

致力於教會工作的哈德門為教會獻出了自己的青春年華，他對工作極度認真，對上帝及他人虔誠的服務，贏得了眾人的好感，並對他的工作給予認可。貼近群眾、關注弱勢群體是他的主要職責。此外，他還肩負著輔導心靈、指點迷津的工作。儘管他的工作表現很出色，但他的內心中卻總感覺缺少些什麼。

不久，他的父親便和他通了電話，並希望能和他當面聊聊。哈德門答應了父親的請求，並約定在街角的咖啡廳見面。

哈德門自從在教會工作以來，全身心的一直投入在了自己的工作中。他被派到長島工作後，與住在法明代爾的父母分離兩地，長這麼大從來沒有和父母鬧過矛盾，但這次電話讓哈德門聽出了父親心中的不滿。

於是，在約定的地點，這對父子見了面，如同是商業洽談的情景。還是父親先開了口，他語重心長的對哈德門說：「孩子，你的工作我們大家都看在眼裡，你善良、勤勞，對工作盡職盡責，給許多無助的人提供了幫助，我和你的母親都以你為自豪。但是，你不覺得你太忽略你的家庭了呢？我們理解你工作需要投入大量的精力與時間，可你在工作之餘也想起你家中的親人呀？每次你都是有事情才會給我打電話，然後連句問候的話語都沒有，更不要指望你特意回來看望我們了。」

哈德門聽後有些不安，但又覺得自己有些委屈，他對父親說：「但是我哪有時間呀，我在專心致志的工作，在很小的時候，我就很崇拜您對工作的敬業精神，並視你為自己的偶像，而我不過是在做和你當年同樣的事而已。」

哈德門的父親聽後特別不滿，他說：「我們是不一樣的，我當時儘管有很多時間從事體力工作，但我每晚都會回家，問候家中的每一個人，這些你做到了嗎？」

哈德門無言以對，好不慚愧的低著頭，他父親語氣又轉向了隨和：「我不再為難你，你回去好好想一想自己的行為，相信你作為教徒，不會想不通這麼簡單的事情。」

與父親分開後，哈德門情緒一直很低落，他一直在回想著父親對自己的評價，腦海中回想起一家人在一起的快樂時光，又回憶著自己因工作而對家庭的冷淡。於是，他將自己這幾天的工作放了下來，給自己的兄弟打了電話，但是電話那頭口氣都是冷冷的：「你想要什麼？」他這才真正意識到自己與家人的距離已經很遠了，他終於明白了父親的用意。

於是哈德門開始彌補自己對家人的忽視，他每週都會抽空去拜訪自己的父母兄弟，並和他們傾心交談，關注他們內心的感觸與身體健康。這充滿真情的舉動終於讓他又贏取了家人的好感，而他自己也終於找回了他內心所缺少的那個東西。

作為教會工作者的哈德門都會因忙於工作忽略與家人的溝通，何況我們普通人呢。所以在有效、合理的完成自身工作的同時，我們更應該多關注自己的家庭，使工作與生活休閒相平衡，才會使生活、工作兩不誤，而且會更加成功。

不光是要在工作與生活中平衡，工作之餘還要關心自己的休閒活動，在公司上班的職員都不應忽略這件事，將自己放在休閒活動上使自己放鬆，以便更好的投入到第二天的工作中才是明智之舉。有一家知名的財務管理公司，其與眾不同之處就在於員工工作的區域開設了一間各種設施齊全的多功能健身房，並且由總經理帶頭鼓勵員工在工作之餘都到此健身，以便使大家都能夠得到休閒健身的機會。

該公司總裁總是高興的說：「我們很快，就會將公司內部的健身房再擴大三倍，每當下班時，職員們都會急切的跑來這裡健身，他們就不願再到別的健身房去了。這樣一來，公司的職員不但在健身中得到了身體上的鍛鍊，他們還在此邊運動邊交談，促進了同事之間情感的交流，提高了大家在一起工作的默契感，這對公司也有極大的好處。」

可見，成功的公司讓員工在繁忙的工作中享受休閒時光，是絕對可以讓公司有更好的發展的。一旦你從休閒中體會到樂趣，你就會將這種愉快的心情延伸到工作中來，沒有人規定辦公室一定要死氣沉沉的。

一家著名的汽車公司也向我們做了個好榜樣。其公司市場部部長理查自豪的說：「我們的公司可以說是一個快樂的大家庭，大家彼此相處得非常友好。每次有新人加入董事會時，他們都會給新人準備一份小禮物——一塊可愛的小動物手錶，並且友善的對他們說：「歡迎你加入我們的大家庭，希望你在這兒的工作是快樂而有意義的。當你工作感到疲憊時，請看看這只可愛的手錶，希望它能夠讓你輕鬆片刻。」

其實，在工作當中，無論公司的規模多大，都要試著將辦公的氣氛調和到最輕鬆的程度。大家都像好朋友似的親切的開一些玩笑，多用些幽默的話語，這將是一種很積極的辦公室放鬆方式。

無論在工作、學習中，都達到一種平衡的狀態，這是一件非常好的事。當然，家庭的力量也是無止境的。某集團總裁說：「我心中沒有任何的猶豫，任何功名對我來說都不重要，在我的生命中，最重要的是我及我的家人。」

很多人都會贊同他的說法，他們也都認為家庭是最重要的，但是無數人只是有這種想法，卻極少會有實際行動，因而忽略了人生中的許多樂趣。

學會欣賞家人、朋友和你自己，學會考慮合理安排工作和業餘生活，過一個充實而輕鬆的生活是很有必要的。

要達到生活中的平衡，就要將工作與休閒相結合，千萬不要認為把自己的時間投入家庭、運動、休閒是毫無意義的事，這不但不會耽誤你的工作，反而會使你的工作更加起勁，會使你的人生變得更加精彩。

變不利因素為成功的動力

假若別人有兩條腿，而我只有一條；如果別人富有，而我貧困；如果我長得醜，而別人漂亮……無論哪一點我都與別人不一樣，都可能成為我們的缺陷——只要你自己這麼認為。

對於喜歡逃避責任的人來說，困難是最好的擋箭牌。也許你常聽到有人把失敗抱怨為自己沒有上大學，但假若他們真的上大學，他們便又會找到更多的理由來欺騙自己。成熟的人則不會，他們會想盡辦法去解決困難，而不是去逃避和尋找藉口來自己安慰。

一生致力於研究人類內在潛能的心理學家阿德勒發現，人類有「扭轉乾坤的能力」。

美國著名總統亞伯拉罕．林肯在當選國會議員時，有一次填履歷表，在所受教育一欄中填寫不全，因為在他的成長過程中，他接受的正規教育總共還不到十二個月。他說他受的教育有限，在他長大一些時，他也僅僅會讀、會寫、略懂些算術而已，再後來便沒有上過什麼學。「我在受教育程度上是很小的，到後來我能有這樣的成就，完全是靠我後來日積月累的緣故，我總是在不停的自學我所需要的東西來充實自己。」

因為家境貧困，林肯甚至到了十五歲才開始識字，因為識字晚，他的閱讀能力很差勁，甚至連基本的寫作都不會。直到有一年的秋天，林肯居住的小鎮來了一位鄉村教師，並在當地建立一個很小規模的私人學校，讓當地居民的孩子們學習識字。那時，他因為家離學校較遠，林肯總是和姐姐從四哩以外的家中步行去學校。林肯身穿短小的皮褲，在冬天，小腿總是被凍得通紅，但是無論條件有多艱苦，林肯每天都堅持來到這所簡陋的小學校上課。儘管他們上課的小屋又矮又破，課桌又舊又黑，室內幾乎沒有什麼照明設備，林肯仍然堅持來上學。

因為家境貧寒，林肯根本沒錢買書本。每到發新書時，他都先向同學借一本書，然後拿回家，用同樣大小的紙工整的將課本抄下來。最後用線縫好，作為自己的課本。五年後，他又到另一所學校斷斷續續的上過學，後來就再也沒有接受過系統的教育。

但是，在環境惡劣的情況下，林肯並沒有放棄學習，儘管他不能像同齡人一樣接受良好的教育，他卻益發勤奮的自學了許多課程。在他自學的過程中，培養了自己熱切渴望知識和刻苦鑽研的學習態度。他先後讀了《天路歷程》、《魯濱遜漂流記》、《伊索寓言》、《聖經》等經典名著。在他的閱讀過程中，他增進了閱讀能力，培養了寫作興趣。因為非常喜愛《聖經》和《伊索寓言》這兩本書，他總是隨身帶著它們，從不離手，一有時間，就拿出來拜讀，從中感悟和思索。

林肯沒有足夠的錢買書，但他並沒因此而放棄他喜愛的書籍，他反而比原來更加勤奮。沒錢買書，林肯就動腦筋向別人借閱，這也提高了林肯的閱讀速度。一次，他向一位農夫借閱《華盛頓傳記》，每天傍晚都藉著微弱的月光看到不能再看為止，然後再把書放到枕邊。第二天，太陽一升起，他立即爬起來藉著晨光繼續閱讀。一天，因為他不小心將那本書淋濕了，書的主人看到後大為不滿，要他賠償，由於沒錢，他只好到農夫家做了三天農活來作為補償。

因為家庭貧困，林肯沒有充足的時間閱讀學習，但他總是利用一切時間學習。到農地工作時，他常隨身帶一本書到農地裡，當人們休息時，他就坐在樹下，掏出書來仔細品味，一點兒也不像從事繁重農活的人。

就是在如此艱苦的環境中，林肯努力培養自己的閱讀和學習習慣的。在每次的閱讀中都累積自己的知識。儘管他面對的生活帶給他許多困難，但他沒有絲毫退縮，而是以實際行動面對不公平的人生，最終成為美國最偉大的總統之一。

有些人不敢直接面對困難，而有些人則截然相反，他們敢於面對困難，向困難挑戰，從不幸中尋求成功。

一次，我訪問芝加哥大學，與校長討論如何直接面對苦難與不幸，他向我舉例說：「如果有一個檸檬，就把它變成檸檬汁吧！」這就是成功人士所採取的方法，例子簡單卻一語道出了人生的真諦。當灰心喪氣的人將檸檬作為他人生中的負擔時，成功的人就會問自己：「我要從中受到什麼啟示？我怎麼把它轉化成對我有利的因素？該怎麼樣使手中的酸檸檬變成甜檸檬汁？」

海倫．凱勒是一個極富傳奇色彩的女孩，她在一歲多的時候，因為急性腦充血而喪失了聽力和視力，並且也不能講話，命運對這個活潑可愛的小女孩簡直是太殘忍了。因為父母的要求，一位來自盲人學校的老師蘇利文幫助海倫學習，使她能夠受到與正常人同等的教育。

海倫在老師的幫助下，學會了盲文，蘇利文讓她在大自然的懷抱中直接感悟學習。因為海倫接受具體事物比較容易，蘇利文老師就幫助她觸摸具體事物，這更容易使她識字。但是，當遇到抽象的詞彙時，老師無法用具體的事物來讓她感知，她花了很多功夫還是不能很好的理解其中的意思。她一度灰心的想放棄學習，但在老師的支持與鼓勵下，她終於攻克了學習上的難關。

海倫憑著驚人的毅力和信念學會了點字閱讀，並且學會了用特殊印表機進行寫作，海倫每天勤奮的學習，並不斷成長、充實自己。

海倫並不滿足自己的這點知識，還希望自己能受到更高一階的教育。她申請大學的入學考試，以超乎常人的力量，全力以赴的準備大學的入學考試。在學習上，她遇到了從沒有過的困難，但是她並沒有因此而放棄學習的念頭。她頑強的克服了重重障礙，終於如願以償的考入哈佛大學的拉德克利夫學院，成為哈佛大學第一位身患三重殘疾的大學生，最後，她以優異的成績，獲得了哈佛大學的學士學位。

此後，海倫不斷的在世界各地進行演講，盡自己的所能為身障者謀福利。她終身為殘障事業獻身，給身障者帶去了福音和光明，實現了自身的最高價值。海倫·凱勒雖然身受三重殘疾，但憑著她自身的努力、高尚的精神力量和無私的奉獻精神贏得了「光明天使」的美譽。

蕭伯納常常對那些抱怨現狀的人說：「他們一事無成，總是抱怨自己的境遇不佳，但我就不相信這種說法。如果你得不到你所需要的環境，那你自己完全可以創造一個，讓壞事變成好事。」事實上，如果你成天抱怨某件事，認為是環境所帶來的不公平，那你就更難獲得成功。

我年輕時，總是因為自己個子比別人矮而失落。過了多年以後，我才懂得，身高與許多與生俱來的東西一樣可能好也可能不好，但這並不重要，它並不能阻礙我們的意志，與我們的成功與否也並沒有很大的關係。因而，自身條件怎麼樣，完全取決於我們自己的態度。

生命中最重要的事情不是利用你所擁有的，只有愚蠢的人才會那樣做。我們要做的是從失敗和困難中總結教訓，努力去克服，並逾越困難的鴻溝，獲取最終的成功，與此同時還少不了智慧的幫助。

倘若你希望自己具有良好的人生心態，那就請將自己的不利因素盡可能轉化為克服困難的動力，讓酸檸檬變成可口的甜檸檬汁吧！

在合作競爭中實現自我價值

一個人不可能獨立的生活在社會中，人與人之間的合作與競爭是我們社會生存和發展的動力。有句老話說得好，「駝負千斤，蟻負一粒。」說的就是駱駝雖然力量大，能擔負起千斤，但是螞蟻雖然力量小，由於眾多螞蟻的協作，也能完成任務。即使是在艱難的條件下，憑著智慧和團結的力量，最終也可以戰勝困難，取得勝利。

亞里斯多德說過：「人類是天生社會性的動物。」一個人的力量畢竟是有限的，而個人的力量無法突破時間和空間的障礙。因此必須加入群體，發揮了團體精神才會取得成效。讓我們看看下面這個例子吧。

有一次，強納森手下的一名工廠經理來向他討教，因為他的員工總是難以完成自己的分內的工作。「像你這樣能幹的人，」強納森問，「怎麼會沒有辦法工廠員工提高工作效率呢？」「我不知道，」那人回答，「我向那些人好話說盡，我又發誓又詛咒的，我說我會在後面推他們一把，我也曾威脅要把他們開除，但一點效果也沒有，他們還是無法達到預定的生產效率。」當時日班已經結束，夜班正要開始。「給我一根粉筆，」強納森說。然後，他轉身面對靠他最近的一名工人，問道：「你們這一班今天製造了幾部暖氣機？」「六部。」工人回答說。強納森不說一句話，在地板上用粉筆寫下一個特大的數字：「六」，然後走開了。夜班工人進來時，他們看到了那個「六」字，就問這是什麼意思。「大老闆今天來這兒了，」那位日班工人說，「他問我們製造了幾部暖氣機，我們說六部。他就把它寫在地板上。」

第二天早上，強納森又來到工廠，夜班工人已把「六」擦掉，寫上一個更大的「七」。日班工人早上來上班時，顯然看到了那個很大的「七」字。原來夜班工人認為他們比日班工人強，他們當然要向夜班工人挑戰，他們認真工作，那晚他們下班之後，寫了一個頗具威脅性的大「十」字，情況明顯逐漸好轉。不久之後，這家產量一直落後的工廠，終於比其他工廠生產出了更多的產品。

其中的原因何在？「要使工作能圓滿完成，」強納森說，「就必須激起競爭。我指的並非是賺錢的卑鄙手段，而是激起超越他人的欲望。」

超越他人的欲望！挑戰！挑戰！這是振奮人們精神的一項絕對可靠的方法。如果沒有人向他挑戰，狄奧多．羅斯福可能就不會坐上美國總統的寶座。當時，這位在義勇騎兵隊中的戰士剛從古巴回來，並被推選競選紐約州州長。結果，反對黨發現他不再是該州的合法居民，羅斯福嚇壞了，想退出。但就在這時，有個人提出了挑戰，他突然轉身面對羅斯福，高聲叫著：「聖璝山的這位英雄，莫非只是一名懦夫？」於是羅斯福留下來接受挑戰——其餘的全是歷史了。這項挑戰不僅改變了他一生，而且對美國歷史也產生了極大的影響。「每個人都會有所畏懼，但是勇敢的人把他們的畏懼放在一邊而勇往直前，結果有可能通往死亡，但最終是通向勝利。」這是古代希臘帝王的言論。還有什麼東西比克服困難的機會更具挑戰性？強納森深知挑戰的效力，所以能激起員工的工作熱情。艾爾弗雷德．史密斯也懂得這一點。艾爾弗雷德．史密斯在擔任紐約州州長的時候，就應用過這個方法。星星監獄，魔鬼島，是西方臭名昭著的一座監獄，醜聞以及一些惡毒的謠言滿天飛舞。史密斯需要一個強人來管理這裡，但是，找誰呢？他派人把新漢普頓的勞斯．劉易斯請來。當看到劉易斯時，他誠懇的說：「你去主管星星監獄，怎麼樣？他們那兒需要一個有經驗的人。」勞斯．劉易斯非常為難，他深知此職務非常危險。這是一個具有政治性的職位，是政治奇想中的攻擊目標。而且監獄長不斷的變換，其中有一個只做了三個星期就難以堅持。他必須考慮他的前途，這是否值得冒險？

史密斯看到他遲疑不定，於是往椅背一靠，露出笑容，說：「我不怪你嚇成這樣子，這的確是個不容易應付的地方，它需要一個強有力的人到那邊坐鎮。」史密斯提出了挑戰，劉易斯很喜歡去擔任一個需要大人物坐鎮的職位。於是點頭同意了，並且堅持下去，成了當時最著名的監獄長。他曾接受電台的採訪，他的監獄生活故事也被改編成十幾部電影。而他的「人性化」在監獄改革中帶來了奇蹟般的改變。哈維．

泛世通，偉大的泛世通輪胎及橡膠公司的創始人。他說：「我發現，光用薪水是留不住好員工的，我認為，是工作本身的競爭……」偉大的行為科學家之一弗德瑞克．赫茲伯格也認同這種說法。他深入研究了好幾千名從工廠員工到高階經理的工作態度，那麼他發現激勵工作的最大因素是什麼呢，是工作具有刺激性？是鈔票？是良好的工作環境？是福利？都不是。激勵人們工作的主要因素是工作本身。如果工作令人興奮和有趣，負責這項工作的人就會渴望去做，而且努力把它做好。這就是每個成功的人所喜愛的：競爭和表現自我的機會，證明他自己價值的、並超越了而獲勝的機會。所以，如果你想使那些有精神、有勇氣的人接受你的想法，請向他們提出挑戰。

下面的分析或許對你理解合作與競爭有些幫助。人為什麼要自立又要合群？這裡有兩個方面的因素。

首先，從客觀方面說，人生的生存狀態是依靠群體的方式實現的，絕對孤立的個體無法實現人生。因為，人自身生存所需要的物質材料和精神材料，不可能完全透過個人的活動來取得和滿足，而個人的體力、智力有限，所以只能在群體的活動和交往中取得發展。非但如此，個人在生活中所遇到的困難，完全靠自己的力量也不能得以解決，有時得靠他人或團體的協助、支持才能解決。所以，人必須相互依賴相互聯繫才能生存。人是作為關係而存在的，這就是人生的生存狀態。

其次，從主觀方面說，人是能夠意識到群體之間的聯繫的，因此應當在理智和情感上，主動而自覺的去適應和達成必要的、有益的群體關係。所謂「合群」，正是強調在認知客觀存在的群體關係的基礎上，自覺的、主動的去維繫和促進群體的正常關係，使人生得到健康無阻礙的發展。如果客觀方面所揭示的是人生的「生存」，主觀方面所要求的就是「應該」。這就是說，人生不單是群體的，而且應該是自覺去過群體生活，才能夠應該合群，並且善於合群。人只有這樣，才能主動維護和促進群體的生存和發展，同時也才能保證個體更好的自立。這就是個人只有在群體中才能得到發展的道理。

自立與合群，是人生能夠全面發展的兩個主要方面，特別是在現代社會商品經濟普遍發展的條件下，要使個性和能力的全面發展成為可能，就必須把自立與合群相互結合在一起，在競爭與協作中，全面發展自立與合群的能力。人的自立與合群，孕育著積極的競爭與協作。競爭與協作，都是人類進取與取得事業成功的機制。積極的競爭，也可以稱作良性的競爭，是人類生長完善和社會發展的普遍現象。不過在專制的社會制度下，這種競爭機制卻難以正常的、良性的施展，常常釀成嫉妒詭計，甚至是廝殺；而在比較自由、民主的社會制度下，競爭能夠進行正常的、良性的發展，在社會生活中普遍發揮作用。

其實，最早普遍施展競爭的是英國，它也是與競賽作同義理解的，而且作這種理解的就是講出「人對人是狼」的霍布斯。在他看來，「奮力自強以圖與對方相匹敵或超過對方，就謂之競賽」。但這種競賽如果摻雜入自私的目的和手段，就會變為相互敵對和損人利己的爭鬥。由此，他提出保證個人生存權利的契約論和自然法，以約束個人的隨心所欲。這就要求有為達到利己目的的履行契約的協作。

十九世紀的英國社會主義者威廉．湯普遜，曾經透過功利主義觀點對歷史上的競爭作過比較分析。他最初肯定謀求利益的動機，對勞動者來講是一時也不能缺少的推動力。要將這種動力的作用發揮得淋漓盡致，就要使勞動者有條件發揮自己的能力。這就是要使勞動者能收穫自己的勞動成果，並因努力勞動而得到獎勵。他肯定個人競爭制度比起強制制度與非自願制度來，產生很多的優越性。按照他的理想，實行這種競爭加合作的制度，就能實現個人利益與社會整體利益的結合。

他的思想具有永久的魅力。競爭是生物界和人類社會的一個普遍規律。積極的、良性的競爭是應當肯定的。

只有具有競爭力的自立自強的個體所組成的群體，才能具有整體的活力和創造力，沒有競爭的個體所組成的群體，是缺乏生命力和創造力的。因此，競爭是群體發展和富有創造力的根本機制。但是，個人的競爭性要能夠正常發揮，同時必須發展群體意識，積極主動的與他人互助、協作。

競爭本身是智慧、才能的比賽，同時也是品德、人格的比賽。正是競爭激烈著人們強烈的協作願望和行動，所以競爭與協作才是人生的真諦。如果你想事業有成，就請你從現在開始試著去競爭和協作吧！

第十一章　擺脫疲勞，永保活力

提前休息，防止疲勞

任何一個稍懂一些醫學的人都會告訴你，疲勞會降低人身體對普通感冒等疾病的抵抗能力。而任何一位心理醫生也會告訴你，疲勞同樣會降低你對憂慮和恐懼等感覺的抵抗能力，所以說，防止疲勞就等於防止了疾病的發生。

芝加哥大學實驗心理學實驗室的主任——雅各布森醫生，他寫過兩本關於如何放鬆緊張情緒的書——《消除緊張》和《你必須放鬆緊張情緒》。他花好長一段時間用來主持研究放鬆緊張情緒方法在醫學上的應用。他認為任何一種精神和情緒上的緊張狀態，「在完全放鬆之後就不可能再存在了」。也就是說，如果你能讓自己緊張的情緒得到完全的放鬆，就不會再憂慮什麼了。

為何這一點這麼重要呢？因為疲勞增加的速度出奇得快。美國陸軍曾經進行過幾次實驗，證明即使是年輕人——經過多年軍事訓練而很堅強的年輕人，如果不帶背包，每行軍一小時，坐下來徹底休息十分鐘，他們行軍的速度就加快很多，也能比其他軍隊更持久。

也許你的心臟跟軍人一樣強健。你的心臟每天壓出來的流過你全身的血液，足夠裝滿一節火車上盛油的車廂；你的心臟能完成這麼多令人無法相信的工作量，可以持續二十年、五十年、七十年，甚至可能九十年之久。這樣一來，心臟怎麼能承受得住呢？哈佛醫院的沃爾特．加農博士解釋說：「絕大多數人都認為，人的心臟不住的跳動著。事實上，在每一次收縮之後，它有一段完全靜止的時間。當心臟按正常速度每分鐘跳動七十次的時候，一天二十四小時內的實際工作時間只有九小時，也就是說，心臟每天的休息十五個小時。」

約翰．洛克菲勒有過兩次驚人的紀錄：他不但賺到了當時全世界為數最多的財富，又能夠健健康康的活到九十八歲。他是怎麼做到這兩點的呢？他家裡的人都很長壽，這當然是最主要的原因之一；另外一個原因，是他每天中午在辦公室裡都有半個小時的午覺。他會躺在辦公室的大沙發上——而在睡午覺的時候，他也不接任何人的電話。有本談論疲倦的書裡說：「休息並不是絕對什麼事情不做，人的休息其實是對身體上某些損失的修補。」

別小看短短的一點休息時間，能夠產生很好的修補效果，即使只打五分鐘的瞌睡，也有助於你減少疲勞的影響。

愛迪生之所以有無窮的精力和耐力，他自己認為都來自於他那隨時想睡就睡的習慣。

當亨利．福特的八十大壽即將來臨的時候，我去訪問過他。我實在猜不透他怎麼看起來那樣有精神，那樣健康。我問他祕訣是什麼？他說：「能坐下來的時候我絕不站著，能躺下的時候，我絕對不會讓自己站著。」

我曾經把這一類的方法介紹給好萊塢的導演試一試，他後來告訴我說，這種方法真的特別有效。

這位導演是好萊塢最著名的導演之一。幾年前他來看我的時候，他是製片公司短片部經理，他說他總是感到勞累和身體酸軟。他試過很多種方法，喝礦泉水、吃維他命和別的補品，但對他一點幫助也沒有。我建議他每天去「度假」。怎麼做呢？就是當他在辦公室裡以及與部下開會的時候，躺下來使自己得到放鬆。

兩年之後，我再見到他的時候，他說：「奇蹟出現了，這是我醫生說的。以前每次和我手下談短片問題的時候，我總是坐在椅子裡，身體和心理上都處於緊張的狀態。現在每次開會的時候，我躺在辦公室的長沙發上。我現在覺得比我二十年來都好很多了，每天延長兩個小時的工作，也不怎麼感覺到疲勞。」

所以，保持精力旺盛、防止疲勞的第一項規則就是：經常休息，在你感到疲勞以前就休息。

當腓德烈．泰勒還在米德威鋼鐵公司做管理工程師時，就用事實證明了這種方法是正確的。他曾觀察過，工人每人每天可以往貨車上裝大約十二點五噸生鐵，而通常他們中午時候就已經非常勞累了。他把所有使工人產生疲勞的因素總結了一下，作了一次科學性研究，認為這些工人不應該每天只裝運十二點五噸生鐵，而應該裝運四十七噸。照他的計算，他們工作量應該可以達到目前成績的四倍，而且不會疲勞，只是必須想辦法證實一下。

泰勒選了施密特先生做「試驗」，讓他按照碼錶的規定時間來工作。有一個人站在一邊拿著一只碼錶來指揮施密特：「現在拿起一塊生鐵，走——現在坐下來休息——現在走——現在休息。」

結果怎麼樣呢？其他人每天最多只能達十二點五噸的生鐵，而施密特每天卻能裝運到四十七點五噸生鐵。而在腓德烈．泰勒的米德威鋼鐵公司工作的那三年裡，施密特的工作量從來沒有減少過，他之所以能夠做到，是因為他在疲勞之前就有時間休息：每個小時他大約工作二十六分鐘，而休息三十四分鐘。他休息的時間要比他工作的時間多——但他的工作成績差不多是其他工人的四倍。

如果你是一名打字員，你就不能像愛迪生那樣，每天在辦公室裡睡午覺；而如果你是一名會計，你也不可能躺在長沙發上與你的老闆討論帳目問題。但是如果你住在一個小城市裡，每天中午回去吃午飯的話，飯後就可以很好的休息十分鐘。這也是馬歇爾將軍常做的事。在第二次世界大戰期間，他覺得指揮美軍部隊非常忙碌勞累，所以中午必須休息。如果你已經過了五十歲，還感覺自己忙得連一點午休時間都沒有的話，那麼趁早趕快購買人壽保險吧。

如果你根本不可能睡個午覺，至少也要在吃晚飯之前躺下休息一個小時，這比飯前喝一杯酒要便宜多了。而且整體算起來，比喝一杯酒還要有效五千四百六十七倍。如果你能在下午五點、六點、或者七點鐘左右睡一個小時，你就能夠在自己的生活中，每天使自己多清醒一個小時。為什麼呢？因為晚飯前睡的那一個小時，加上夜裡所睡的六個小時，一共是七小時，這所給予你的好處遠超過連續睡八個小時要多得多。

如果你從事體力勞動，休息時間多一些的話，每天就可以做更多的工作。

我們再來重複一遍：常常休息，照你自己心臟做事的辦法去做——在你感到疲勞之前先休息，這樣你每天精力旺盛的時間，最起碼就可以多一個小時。

在你感到疲勞前休息，這是你消除疲勞、精力充沛的第一個技巧。

不妨假裝對工作有興趣

煩悶，是產生疲勞的重要原因之一。

幾年前，《心理學學報》上有一篇報告，談到一位博士的一些實驗，證明了煩悶容易讓人產生疲勞這一發現。這位博士讓一大群學生做了一連串的實驗，他清楚那些學生對這些實驗都沒有多少興趣。其結果呢？所有的學生都覺得很倦怠、打瞌睡、頭痛、眼睛疲勞、很容易發脾氣，甚至還有幾個人覺得胃很不舒服。所有這些是否都是「想像出來的」呢？不是的，這些學生做過新陳代謝的實驗，經過試驗，得出了這樣一個結果，一個人處於煩悶的時候，他的血壓和氧化作用，實際上真的會降低。而一旦這個人對他的工作產生興趣的時候，就會使整個新陳代謝立刻加強。

如果我們手頭做著一些很有趣味、很令人興奮的事時，就很少有疲倦感覺。比方說，我最近在加拿大洛磯山脈的路易斯湖畔度假那些日子，我釣了好幾天的鮭魚。我每天要跨過很多橫倒在地上的樹枝，要穿過長得比人還高的樹叢，要爬過很多倒下來的老樹，但是如此辛苦了八個小時之後，我卻沒有任何疲倦的感覺，為什麼呢？因為我非常興奮，興致勃勃，而且覺得自己成績很好——我抓到了六條很大的鮭魚。但是如果我覺得釣魚是一件很煩悶的事情，那麼你想我的感覺會是什麼樣呢？我一定會因為在海拔七千英尺的高山上，這麼來來回回的勞碌奔波而感到筋疲力盡的。即使像登山這類消耗體力的運動，恐怕也沒有煩悶的力量大，因為煩悶更容易讓你感到疲憊。

如果一個人受到了忙亂心理因素的困擾，通常比肉體勞累更容易覺得疲勞，這已經是大家都知道的事實了。羅傑先生是一家儲蓄銀行的總裁，他告訴過我一件事，恰好能充分的說明這個道理：一九四三年七月，加拿大政府要求加拿大登山俱樂部協助威爾斯軍隊進行登山訓練，羅傑先生就是被選來訓練這些士兵的教練之一。他告訴我，他和其他教練從四十二歲到五十九歲不等，帶著那些年輕士兵，長途跋涉過很多的冰河和雪地，再用繩索和一些很小的登山設備爬上四十英尺高的懸崖。他們在加拿大洛磯山的河谷裡爬上很多山峰，登山活動進行了十五個小時以後，那些身體強健的年輕人早已經筋疲力盡了。

他們有疲勞的感覺，是否因為他們在軍事訓練時，肌肉沒有訓練得很結實呢？當然不是，任何一個接受過嚴格軍事訓練的人對這種荒謬的問題都肯定會覺得極其可笑。他們之所以會有筋疲力盡的感覺，是因為他們感覺登山很煩。他們中很多人疲倦得沒有吃晚飯就睡著了。但是那些教練們，那些年齡比士兵要大兩三倍的人，他們是否有疲倦的感覺呢？沒錯，但是他們不會如此的筋疲力盡。那些教練們吃過晚飯後，還在那裡坐著聊了幾個鐘頭，談他們這一天的事情。他們之所以不會疲倦到筋疲力盡的地步，就是因為他們對這些事情非常感興趣。

愛德華．桑代克是一所知名大學的博士，他在主持一些有關疲勞的實驗時，用那些讓年輕人經常保持感興趣的方法，使他們的清醒時間幾乎達到了一個星期之久。在經過很多次調查研究之後，桑代克博士表示：「煩悶是使工作效率減低的唯一真正原因。」。

如果你從事腦力工作，使你疲勞的原因很少是因為你的工作過量，而是因為你的工作量不夠。

下面的例子是與一位打字小姐有關的故事，她發現，假裝對工作感興趣很有意思，會使人收穫很多——她過去不喜歡自己的工作，但是現在不會了。她的名字叫做維莉．戈爾登小姐，她在信上是這樣對我說整件事情的：

我所在的辦公室一共有四位打字小姐，每個人都要負責替幾個人打信件，每隔一段時間，我們就會因

不妨假裝對工作有興趣

為工作繁忙而暈頭轉向。有一天，一個部門副經理一定要我把一封長信重打一遍，這使我大為惱火。我告訴他，這封信只要改一改就可以了，沒有重打一遍的必要。可是他對我說，如果我不做的話，他就會去找願意重打的人來做。當時我簡直氣得快瘋了，但是當我開始重新打這封信的時候，突然發現很多人都會跳起來抓住這個機會，來做我現在正在做的事情。從另外一個角度來說，人家付我薪水也正是要我做這份工作，我開始感覺比以前好多了。於是，我下定決心，就算我不喜歡這份工作也要假裝喜歡做。接著我有了這個重大的發現：假如我假裝很熱愛自己的工作的話，我就真的能做到某一程度的熱愛，我也發現當我做我喜歡做的工作時，我的工作效率就會提高很多。所以我現在很少加班了。這種新的工作態度，使大家都認為我是一個很好的職員。後來有一位單位主管缺少一位私人祕書，他就找到了我——他說我很願意做一些額外工作而不抱怨，將會是一個最好的祕書。這件事情證明了心理狀態發生轉變所能產生的力量。對我來說，這是非常重要的一個發現，它為我創造了奇蹟。

戈爾登小姐正是運用這種「假裝」哲學，它教導我們要「假裝」自己很快樂：如果你「假裝」對工作很有興趣，一點點假裝就會使你的興趣成真，可以使你很少緊張、憂慮和疲勞。

有一次，我不斷的被別人打擾，一位讀者給我的來信我也沒回，跟人家約好的事情也沒有做，到處都是問題，那一天一切的事情都不對勁，一件事情也沒做成，但是回到家裡的時候卻已經累得骨頭要散開了，而且頭痛得非常厲害。

到了第二天，辦公室裡的一切事情都進行得非常順利。我完成的工作是前一天的四十倍，但是，當我回到家裡的時候，神清氣爽，你一定有過類似的經歷。

在這一點上，我們可以學到什麼呢？那就是，我們的疲勞通常不是因為工作本身，而是因為憂慮、緊張和不快。

那麼，你該怎麼辦呢？在這件事情上，你該怎麼辦呢？下面是一位打字小姐的故事——這位打字小姐在奧克拉荷馬州陶沙市的一個石油公司工作。她每個月有幾天都得做一件你能想像到的最乏味的工作：填寫一份已經印好的有關石油銷售的報表，把各種統計資料填在上面。這件工作非常無聊。她為了提高工作熱情，就想出了個辦法把它變成一件非常有意思的工作。她是如何做的呢？她每天跟自己競賽。她清點出每天早上所填的報表數量，然後盡量在下午去打破前一天的紀錄。結果怎樣呢？她比其他打字小姐要快很多，一下子就把很多沒意思的報表填完了。這樣做對她有什麼好處呢？沒有，得到升遷了嗎？沒有；得到感激了嗎？沒有；加薪水了嗎？也沒有。但是她沒有讓自己感到煩悶，也沒有使自己感覺疲勞，使她能保持很高的興致，因為她盡最大的努力把一件沒有意思的工作變得有意思，她就能節省下更多的體力和精力，即使在她休息的時間，她也能得到同樣的快樂。

我可以保證這個故事的真實性，因為那個女孩子現在成了我的妻子。

每個小時都跟你自己說一遍，你就可以指引自己去想很多勇敢而快樂的思想，也可以由此得到力量和平靜。跟自己多談值得感謝的事情，你就可以在腦子裡充滿向上的思想。只要你的想法正確，就能使任何工作不那麼討厭。約翰作過這樣一個決定，結果了完全改變他的生活。他把一個很沒意思的工作變得很有意思。他的工作確實很無聊——在高中的福利社洗盤子、擦櫃檯、賣霜淇淋，而其他男孩則在玩球或與女孩子約會。約翰很討厭這份工作，但他卻必須得做。於是他決定利用這個機會研究霜淇淋是怎麼做成的，裡面有些什麼成分，為什麼有些霜淇淋比較好吃。他研究霜淇淋的化學成分，結果他成為了那所高中的化學課程奇才。他對食品化學興趣特別濃厚，於是進了麻薩諸塞州立大學，專門研究食物與營養。後來紐約可可交易所提供了一百美元的獎金，舉行可可和巧克力應用徵文比賽，這是一場由所有大學生參加的公開徵文比賽，頭獎竟是約翰。

後來，他發現與之相關的工作不太好找，於是，他在自己家的地下室開設了一間私人實驗室。不久之後，當局通過一項新法案：牛奶裡面所含的細菌數目必須加以統計。於是約翰就開始為當地十四家牛奶公司統計細菌——為了完成這項工作，他需要再請兩位助手。

二十五年過去了，他怎樣了呢？那幾位從事食物化學實驗工作的先生們都已經退休了，約翰也成為他那一行的領導人物。而當年從他手裡買過霜淇淋的一些同學，大部分卻窮困潦倒、失業在家，有的還抱怨政府，說他們一直沒有獲得好工作的機會。

如果約翰當初沒有盡心把一件很無聊的工作變得有意思的話，恐怕也沒有成功的機會。

如果他沒有想到他改變那份工作的話，他可能永遠都只能是一名工人。

每個老闆都希望自己的員工對工作感興趣，因為那樣他才能賺更多的錢，但是我們且不管老闆要什麼，你要想想，你自己對工作有興趣的話，能夠對你有什麼好處，經常這樣提醒自己，這樣做可以使你從生活中得到加倍的快樂，因為你每天清醒的時間，有一半以上要花在工作上。如果你在工作上找不到快樂，在別的地方就更難找到了。

時刻提醒自己，對自己的工作感興趣，就能讓你發現快樂。要不停的提醒你自己，對自己的工作感興趣，就能使你不再憂慮，而最後可能會給你帶來升遷或加薪。即使事情的結果沒有如你想像的那樣，至少也可以把你的疲勞減低到最低限度，使自己的精力更加旺盛。

假裝對工作感興趣，這是消除疲勞、保證精力旺盛的一個很有效的技巧。

放鬆你緊張的肌肉

什麼心理因素影響坐著不動的工作者而使他們疲勞呢？是快樂？是滿足嗎？都不是，當然不是這樣！而是煩悶、懊恨，一種不受欣賞的感覺，一種無用的感覺，過於匆忙、焦急、憂慮——這些都是使那些坐著工作的人極度疲乏的心理因素。這些因素會使人容易患感冒，減少工作成績，而且會讓你在停止工作時帶著神經性的頭痛。

只用大腦不會讓你疲倦。這個事實是否讓你難以相信，但它卻是一個非常重要的事實。

剛聽起來，這句話似乎非常荒謬，但是幾年前，科學家曾試圖研究，人類的大腦能夠持續工作多久，「工作效率降低」不會產生，這是科學上對疲勞的明確定義。令科學家非常吃驚的是，他們發現流過思考的大腦細胞的血液，沒有任何疲勞的跡象；但如果你從一個正在工作的工人的血管裡抽出血液，你就會從他的血液裡發現充滿了「疲勞毒素」和各種廢物。但是如果你從愛因斯坦的腦部抽出一點血來，即使是在一天工作後的終了，也不會發現任何「疲勞毒素」。

如果單單討論大腦，那麼它「在八個或者甚至十二個小時之後，工作能量還像開始時一樣迅速和有效率」，大腦是不會疲倦的。

那麼，讓你疲倦的誘因是什麼呢？心理專家大都認為，我們感到的疲勞，多半是來自於精神和情感因素。英國最著名的心理分析家在他所寫的書裡說：「我們感到的疲勞絕大部分是由於心理的影響。事實上，純粹由生理引起的疲勞很少。」美國著名的心理分析家說得更詳細，他說：「一個坐著工作的人，如果健康狀況良好的話，他的疲勞百分之百是來自於心理因素，也就是情感因素的影響。」

請你停下所有正在做的事情，現在就停下來，自己反省一下：你讀這幾行字的時候，有沒有皺著眉頭？你是否覺得兩眼之間有一種壓力？你是否很輕鬆的坐在你的椅子裡？還是聳起肩膀？你臉上的肌肉是緊張還是放鬆呢？除非你的全身放鬆得像一個舊的破布娃娃一樣軟，否則你這一剎那就是在製造神經和肌肉的緊張，你是在為自己製造疲勞。

在勞心的時候，為什麼我們也會產生這些不必要的緊張呢？一位教授說：「我發現主要原因……是幾乎所有的人都相信，越是困難的工作，越需要『用力』，否則成績就不夠好。」

放鬆你緊張的肌肉

所以，只要我們集中精神，就皺起了眉頭，聳起了肩膀，要所有的肌肉都來「用力」。事實上，這對我們的思考沒有半點幫助。

如果你有這種精神上的疲勞，應該怎麼辦呢？放鬆！放鬆！再放鬆！要學會在工作時放鬆一些。這很容易嗎？那才不，恐怕你得把固守了一輩子的習慣都改過來。但是花這種力氣並不會白費的，因為這樣可以使你的生活產生革命性的轉變。威廉．詹姆斯在他那篇討論放鬆情緒的文章裡說：「過度緊張、坐立不安、著急以及緊張痛苦的表情——這是一種壞習慣，一種完完全全的壞習慣。」緊張是一種習慣，放鬆也是一種習慣，而壞習慣應該消除，即使沒有好習慣，也要慢慢的養成。

如何才能做到讓自己放鬆呢？是先從思想開始，還是從神經開始呢？二者都不是。你應該先放鬆自己的肌肉。

專家告訴我們應該這樣做：我們先從你的眼睛開始，先把這一段讀完。讀完之後，把頭向後仰，閉起眼睛。然後默不作聲的對你的眼睛說：「放鬆，放鬆，不要緊張，不要皺眉頭，放鬆，放鬆。」這樣慢慢的做著，重複的做著……

幾分鐘後，你就會有感覺，你眼睛的肌肉開始執行你的命令了。你是否覺得，有一隻無形的手把這些緊張的情緒都拿起了？或許這很難讓人相信，但是你在這一分鐘裡，卻已經試過了放鬆情緒藝術的全部關鍵和祕訣。你可以用一樣的辦法放鬆你的臉部肌肉、你的頭部、你的肩膀、你整個身體。但你的眼睛是你全身最重要的器官。雅各布森——芝加哥大學的博士，他曾說過：如果你能完全放鬆你的眼部肌肉，你就可以遺忘所有的煩惱了。在消除神經緊張時，眼睛之所以這麼重要，是因為它們消耗了全身能量的四分之一。這也就是為什麼很多眼力很好的人，卻有「眼部緊張」感覺，因為是他們的感覺使自己緊張。

緊張、憂慮和情緒不安，才是產生疲勞的三大原因。通常我們以為是由勞心、勞力產生的疲勞，實際上都應該「怪」在這三個原因之上。請記住！緊張的肌肉，也就是正在工作的肌肉，應該放鬆。把你的體能儲備起來，以應付更重大的責任。蘇珊娜是個以擅長寫長篇小說而著稱的女作家，她小時候遇見一位老人，教了她一生所學過最重要的一課。她那時候摔了一跤，摔破了膝蓋，還扭傷了手腕。那個以前在馬戲團演小丑的老人把她扶了起來，在幫她撣乾淨身上的灰塵的時候，那個老人說：「你之所以會碰傷，是因為你不懂得放鬆自己。你應該假裝讓你自己軟得像一隻襪子一樣，像一隻穿舊了的襪子。來，我告訴你怎樣做。」

那個老人就認真的教她和其他孩子怎麼跑，怎麼跳，怎麼翻跟斗，還一直教他們說：「要把你自己想像成一隻舊襪子，那樣你就可以完全的放鬆了。」

何時何地你都能夠放鬆，只是不要花費力氣去讓自己放鬆。所謂放鬆，就是消除所有的緊張和力氣，心裡光想著舒適、放鬆。

下面是幫你學會放鬆的五個技巧：

(一) 閱讀關於這方面的一些好書。

(二) 每天對自己進行五次檢討，問問你自己：「我有沒有讓我的工作變得比實際上更重要？我有沒有用一些和我的工作毫無關聯的肌肉？」這些都會幫助你養成放鬆的好習慣。就像一位博士所說的：「那些對心理學最了解的人們，都知道疲倦有三分之二都是習慣性的。」

(三) 到了晚上時，再檢討自己一次，問問你自己：「我疲倦的程度如何？如果我感覺疲倦，並不是我過分勞心的緣故，而是因為我做事的方法有問題。」一位學者說：「我盤算自己的成績，不是盤算我一天後有多疲倦，而是我有多不疲倦。」他說：「當一天過完而我感到特別疲倦時，或者我感覺我的精神特別不好時，毫無疑問，我會知道，這一天不論在工作的品質和數量上都做得不夠。如果每一位生意人都能學會這一點，因為神經緊張而引起疾病致死的比率就會降低了，而且在我們的精神病療養院裡，也不會再有那些因為疲勞和憂慮，導致自己精神崩潰的人。」

（四）時刻對自己進行放鬆，使你的身體軟得如一隻舊襪子。我工作的時候，常常在書桌上放一隻紅褐色的舊襪子，提醒我應該放鬆到什麼程度。若是你找不到一隻舊襪子的話，一隻貓也可以。你有沒有抱過在太陽底下睡覺的貓呢？當你把牠抱起來的時候，牠的頭就像打濕了的報紙一樣。你能像貓一樣的放鬆自己，就能很容易的把這些問題避免了。

（五）工作時採取舒服的姿勢。要記住，身體的緊張會產生肩膀的疼痛和精神上的疲勞。請記住：放鬆你的肌肉，放鬆，放鬆，再放鬆。

保持平和的心態

在一次聚會中，我和友人無意的談到「怎麼樣安靜的入睡」的話題，沒想到這個話題讓大家都產生了很大興趣，每個人的看法非常深刻。其中一個人向別人傾訴著自己難以入眠之苦，整晚都會輾轉反側，第二天便無精打采，疲憊不堪。「看來，上床就寢前不宜看電視或看報……」他繼續說道：「昨晚我不停翻身、難以入眠，其實是因為腦袋中總回想著一些事情。」

每人的方法都不同，第二個人說：「上床前不宜看電視或報紙。這句話對我而言實在是警句，我昨晚也一樣苦苦的熬過一個失眠的夜晚……或許，造成失眠的另外一個原因是睡前喝咖啡。」

另外一個人的說法與前兩個都明顯不同：「昨天晚上我過得不錯。我很早開始看書報、電視，所以有足夠的時間消化這些東西，當然晚上睡得安穩、香甜。」他繼續說道：「我幾乎從未出現過失眠的狀況，因為我一直都在使用一套奇妙的睡眠計畫。」

我好奇的詢問他所指的「絕妙的睡眠計畫」是什麼？他是這樣回答的：「在我很小的時候，父親總習慣在臨睡前把家人召集在一個房間裡，然後給我們誦讀聖經中的話聽。直到現在，當時那種情景依然清晰如在眼前，而且父親的聲音經常在耳邊響起。因此，現在即使換成了自己誦讀這些話語，也總覺得那是像用父親的語調讀出來似的。每晚當我讀完聖經的一段話，並作完禱告之後，再上床就寢，往往能夠很快的睡去。」

（他又加重語調強調說）「我不會在耳朵裡填塞煩惱再上床睡覺的。我經常會在心平氣和以後才去就寢。」

那麼，怎樣讓自己的心理保持平和呢？那就是改變個人的想法。為了擁有平和的心，你必須努力培養自然、舒暢的心態。因為，任何人無論在待人處事方面或個人的生活感受方面，與本身的想法都是息息相關的。

一、讓心靈留下一片空白

要想保持心平氣和，有一項最重要的技巧，那就是讓心靈留下一片空白。

我發現這樣一個現象，那就是，能夠把心中的煩悶傾訴知心朋友的人，通常都是能夠減少疲勞、把握快樂、精力旺盛的人。

從另一方面來說，如果僅是讓心靈空白還不夠，你必須添加一些內容才行，因為人的心靈不能永遠空白，而毫無內涵，否則，曾經丟棄的消極想法很有可能又重新蹦入你的思想之中。因此，我們必須在心靈呈現空白的同時，立即注入富含健康性、創造性的想法。如此一來，那些負面的想法將不能再對你造成任何影響。久而久之，那些重新注入腦中的新想法將在你的思想中生長，而且能把幾乎所有的負面想法都驅退。這時，你就擁有了平和的心態。

二、語言引發思考

要想保持自己心情的平靜，當然還有其他多種不同的做法。比如，不同的談話方式及語調也會讓心靈發生不同的變化。有時，當我們在言談之間出現神經質般的感動或其他失常表現時，通常會對情緒造成一定的負面影響。但若能經常保持積極的言談態度，則會帶來好的影響。

當你覺察到自己在言談間有消極或失常的傾向時，不妨警覺的馬上改變為正面和溫和的語調及內容。這些內容對於你振奮精神、克制緊張情緒具有巨大作用。比如，早餐時消沉的談話，即常常演變為當天不愉快的情緒源頭。其實，當你的言談一再驅向消沉或惡兆時，情況便可能真的轉向惡劣，因為言談會對一個人考慮的方向產生影響，進而引導行為。

所以，在一天的剛剛開始，最好以平和的言談作為序幕。這樣，相信在這一整天你都會享有愉悅的心情與感受，生活也必然趨向充實與成功。

三、在沉默和想像中開始休息

每日堅持短暫的絕對沉默，這是讓自己擁有平和心靈的另一個重要技巧。

大體原則是這樣的，在每天二十四小時中，至少要保持十五分鐘的個人沉默時間。在這段時間裡，你不妨選擇一個安靜的地方，在那裡或坐、或臥、或躺，安靜的享受屬於你自己的沉默時間，既不讀寫任何東西，也不與他人交談，盡量摒除一切思慮，把你的心靈置於虛空的狀態中，有時難免會產生思緒紛亂的狀況，但只要你努力嘗試，定會讓自己的心靈如同靜止的水面般平整如鏡。此時，「傾聽」就是你最需要做的。通常，在沉默時聽到的聲音大多是和諧的、美麗的。這種情況正如這句話所言：「沉默是形成自然、偉大之事的要素。」

對於現代人來說，嚴重影響我們心靈平和的就是噪音問題。

一項科學實驗表明，人們若長期處在噪音的環境中，其工作、休息效率都明顯降低。如果沒有適度的調養生息，將會加大、加深反面的影響。此外，遠處的汽車喇叭聲，也會給睡眠中的身體狀態產生一些負面的影響。這是因為這些聲響會直接傳入人體的神經組織，使肌肉細胞產生反應，而這種反應會降低人們真正的休息。相反，沉默卻有著鎮定情緒、強健身體的作用。事實上，從全部的沉默之中所得到的休息，才能說是真正的休息。

在現代這個社會，想要得到片刻的沉默安靜，確實很難，尤其是現代製造噪音的媒介，充斥著人們的居住空間與時間，似乎讓人永遠處於壓縮與緊張的狀態中。儘管如此，假使你有時能使自己的心思沉浸於美好、祥和的想像畫面中，也是不錯的做法。在這種情況下，你心中原有的一些不愉快，往往能因此而淡化，甚至可以使自己的心靈產生奇妙的變化！

四、克服自責的不利因素

很早以前，我就發現了那些缺乏平和之心的人，通常總是過於自責。其實，只要他們心中對自己存有寬恕之心，情況就會改觀很多。

事實，這類型的人太過自責了，他們多半認為自己應當受到懲罰，因此他對於任何事都處於不安的狀態。在這樣反面的心理預期之下，經常很難尋求平和之心，於是，如何從罪惡感的深淵中解放自己，就是這個問題的根本所在。

有位醫生根據他的實驗結果與觀察發現，絕大多數精神病患者的病因都是因為自我感覺有罪惡感。此外，這一類病患時常會在無意識之中過量消耗體力的疲勞活動來試圖彌補自己的罪惡感。如此一來，就造成了一種後果，那就是患者遭遇到的挫敗及打擊，其主因反而不是由於舊時的罪惡感，而是因為後來非正常性的過多的疲勞因素居多。這位醫生強調，如果這種類型的患者能夠排除本身的罪惡心態，將可避免變相的自我疲勞，或者把挫折的傷害降到最低。

五、讓意念飄飛

有一次，我住在皇家夏威夷飯店，這家飯店臨海，空氣中散發著淡淡的花香；別致的庭院中種滿木槿樹，據說有兩千多種；映入眼簾的則是熟透的木瓜果實。此外，森林的火焰般的深紅色襯托著美麗風光；而刺槐樹在雪白的花間忽隱忽現，成為了一道很具魅力的景色。

在這個島嶼的附近，有一片令人不能置信的藍色海洋，環繞著整個島嶼。放眼望去，全是一片水天相接的天然美景。岸邊，白色的浪花來回的衝擊拍打著。而海灘上，三三兩兩的夏威夷居民或慕名遠來的觀光客悠閒的享受著這美麗的自然景色。他們或者衝浪、或者嬉玩獨木舟——這簡直是一幅悠然自得的美麗圖畫。

當我試圖用筆墨捕捉這些動人的畫面的時候，心中竟奇蹟般的擁有了一種溫暖的感覺。往日那些在心中不時羈絆的煩惱，彷佛已退至千里之外。當初我只是單純的為了工作需要而來到此地，未曾想卻在此收穫了意外驚喜，我的心充滿著美麗的一切，所以感到異常的安詳、平和。

保持心平氣和，這是要消除疲勞、保持充沛精力的第五個技巧。

大膽說出你的心事

從某個角度來說，心理分析是以語言的治療功能為基礎的。從佛洛伊德時代開始，心理分析專家都知道，一個病人只要能夠說話，單單只要說出來，就有可能徹底的解決他心中的憂慮。

這是為什麼呢？也許是因為把它們講出來之後，我們就可以更深入的看到人們的問題，能夠發現更好的解決方法。沒有人知道具體答案，但是我們所有的人都知道「吐露一番」或是「發發心中的悶氣」，就使人立刻感覺到舒暢了很多。

所以，當你下一次碰到什麼問題時，何不去找個人來談一談呢？當然，我的意思並不是指，隨便到哪裡抓一個人，把我們心裡所有的苦水和牢騷都說給他聽。要找一個自己能夠信任的人，跟他約好一個時間，也許找一位親戚，一位醫生，一位老師，一位律師，或是一個神父，然後對那個人說：「我希望得到你的忠告。我有個問題，我希望你能聽我談一談，你也許可以給我提一點忠告。旁觀者清，你可以看到我自己所看不到的地方。即使你做不到這一點，只要你坐在那裡聽我談談這件事情，就算幫了我一個大忙。」

如果你真的覺得找不到一個人可以當做傾訴的對象的話，那我要告訴你所謂的「救生聯盟」——這個組織和波士頓那個醫學課程完全沒有關聯。這個「救生聯盟」是世界上最不尋常的組織之一，它最初成立的目的，是為了預防可能發生的自殺事件。但是多年之後，它的範圍擴大到給那些不快樂或是在情感和精神上需要安慰的人。所以，找他們也是很有用的。

說出你的心事，這是波士頓醫院所安排的課程中最主要的治療方法。下面是我在那個課程裡所學到的一些概念。其實，在自己家裡就可以完成這些事。

（一）對你的鄰居有興趣，也就是對那些和你在同一條街上共同生活的人有一種很和善也很健康的興趣。有一個很孤獨的女人，認為自己非常「孤立」。她一個朋友也沒有。有人要她試著把她下一個碰到的人作為主角編一個故事，於是她就開始在公共汽車上為她所看到的人編造故事。她假想那個人的背景和生活狀況，試著去想像他的生活怎樣。後來，她碰到別人變得愛聊天，而今天她非常的快樂，變成一個很討人喜歡的人，也使她自己的痛苦得到治療。

（二）找個時間為自己準備一本「供給靈感」的剪貼簿。你可以貼上自己喜歡的令人振作的詩篇，或是名人格言。如果你覺得自己有段時間精神沮喪，也許在本子裡就可以找到治療方法。在波士頓醫院的很多病人都把這種剪貼簿保存好多年，他們說這等於是替自己在精神上「打了一針」。

（三）今晚睡覺以前，先安排好明天的工作。在班上，他們發現很多家庭主婦，因為做不完的事而感到很勞累。她好像有做不完的工作，老是被時間趕來趕去。為了治好這種匆忙的感覺和憂慮，他們建議，各位家庭主婦，在前一天就安排好第二天的工作，結果如何呢？她們能完成許多的工作，就不至於那麼疲勞。同時還因有成績而感到非常驕傲，甚至還有時間休息和打扮。每一個女人每一天都應該抽出時間來打扮，讓自己看來漂亮一點。我認為，當一個女人明悉自己漂亮後，自己就不會「緊張」了。

（四）對於別人的缺點，不要太操心。即使你的丈夫有很多錯誤，但如果他是個聖人的話，恐怕他根本就不會娶你為妻了，對不對？在那個班上有一個女人，她發現自己成了一個專門對人苛刻、責備別人、愛挑剔，還常常拉長一張臉的妻子。當人家問她「要是你丈夫死了你怎麼辦？」的問題時，她才發現自己做的不對之處。她當時吃了一驚，連忙坐下來，把她丈夫所有的優點列舉出來，她所寫的那張單子可真長呢。因此，下一次要是你覺得你嫁錯了人，何不也試著這樣做呢？也許在看過他的所有優點之後，就會發現他正是你一直以來希望遇到的那個人。

下面是一些運動，是在家裡自己就可以做的。先試一個星期，看看對你的外貌有什麼好處：

（一）只要你感覺疲倦了，就平躺在地板上，盡量把你的身體伸直，如果你想要轉身的話就轉身，每天做兩次就行了。

（二）閉上你的雙眼，像一位教授所建議的那樣說：「太陽在頭上照著，天空藍得發亮，大自然非常的沉靜，控制著整個世界——而我，大自然的孩子，也能和整個宇宙和諧統一。」

（三）如果你不能安心的躺下來，因為你正在爐子上煮菜，沒有這個時間，那麼你只要能坐在一張椅子上，得到的效果也完全相同，在一張很硬的直背椅子裡，如古埃及的一個坐像那樣，然後把雙手平放在大腿上。

(四) 慢慢的把你的十個腳趾頭蜷曲起來，然後讓它們放鬆；收緊你的腿部肌肉，然後讓它們放鬆；慢慢的朝上走，運動各部位的肌肉，最後到你的頸部，然後讓你的頭向四周轉動著，你的頭好像是一個足球，不斷的對自己說：「放鬆……放鬆……」

(五) 用一種很穩定、很慢的深呼吸平息你的神經，要從丹田吸氣，印度的瑜伽術做得不錯，因為安撫神經的最好方法就是有規律的呼吸。

(六) 想想自己臉上的皺紋（或者防止起皺紋），盡量抹平它們，鬆展你緊皺的眉頭。不要閉嘴巴。這樣每天做兩次，也許你就不用再到美容院去按摩了，這些皺紋也許會因此而慢慢消失。

壓力的起源是什麼

壓力是人皆有之的一種東西，它好像無處不在。在我看來，壓力其實是一個過度使用的詞語。我們總是為必須承受最大壓力的角色而競爭，並且因人們知道我們正處在壓力之下而高興。事實上，我們傾向於誇大我們所承受的壓力，卻很少停下來思考壓力從哪裡來的，和它對我們的生活所表達的意義。

其實壓力的起源和時代有關，我們的祖先不會像我們現在這樣，面對交通車況所引發的憤怒！研究資料顯示，當工作環境有很大改善時，我們的工作時數增加，並且必須處理更多工作上和家庭生活中的壓力。現代社會期望我們思考得更快、工作得更努力，並在每件我們著手進行的事情上表現優秀。在文明的時代，我們所給予自己一個現代的狀況，稱之為壓力。

面對危險時，我們生理上馬上會有應變，荷爾蒙和腎上腺素增加，更多的血液輸送到大腦並提高感官的知覺。在每天壓力的慣性之下，我們的身體會有類似的反應，但是警覺狀態（通常是使用在打架或飛行時）會拉長，在缺少自我檢視的情況下，可能就會導致身體和心理上的功能失常。

以醫療的看法，壓力導致於身體三種體液的不平衡。每一種體液如果過量的話，就會引發身體某些症狀。

壓力其實不是一種客觀事實，而是一個主觀感受。相同的事在不同的人看來，會產生完全不同的感受。同樣的事在同一個人身上，也可以隨著環境、時間的轉變，而產生不同程度的壓力。例如你第一次參加面試時，你會緊張得喘不過氣來，但當你面對第十次、第二十次時，你就彷彿如履平地，不費吹灰之力就可以安然度過了。

很多時候我們會發現不是事情本身讓你煩躁不安，而是你對事情的看法和感受讓你不快樂。以上面的例子來說，當你第一次去面試時，你的心會緊張，你對整個程序沒有太大的把握，所以你會懼怕失敗，擔心被人羞辱，也可能缺乏自信，輕視自己。這些恐懼不安的感受，往往令你壓力重重，情緒緊張。

壓力的另一個來源是工作，據一份心理問答調查顯示，上班族階層認為工作是首先導致精神緊張的原因。報告指出辦公室的壓力主要源於工作過量，被訪者表示問題在於太忙碌或職員太少，無人分擔工作。

事實上，不少人是工作狂，整天不停工作，一秒也不肯停下來。問題是人不是一部永不停息的機器，長期接受重重的心理壓力的結果就是身心健康受損，並出現各種症狀，包括心跳、出汗、緊張、脾氣急躁、頭痛、腸胃出現問題、肌肉疼痛等等。一般人在這種情況下會主動自覺的休息一下，舒緩身心的壓力。但是患上工作狂的人反而會因此而自誇，覺得這些是都市人必然的經歷，相信這些就是成功人士的代價，於是，他們拚命的去追求成功。

人人皆不同，一般而言，壓力的表現常是某種形式的痛，我們可以思考痛給我們帶來給我們什麼樣的訊息：可能是有些事需要改變。通常，我們有壓力時，一個平常的小問題似乎都會令人感覺是個難以逾越的障礙，最微不足道的工作都可能使我們畏縮。有人可能感覺到持續的疲倦，有人可能會有幻想的痛，另外有人可能會突然的表現為憤怒。我們不必是醫生就能診斷出是壓力，也不需要特別的技巧去治療壓力。我們只要可以發現真正的原因，我們就可以治療我們自己——只要我們不要把壓力視為每天自然生活的一部分，或將壓力當成獲取同情，或獎勵的手段。

和壓力對抗的第一步是：接受它的存在是我們的生活形態或生活態度的結果——它並不是我們原有的失敗或弱點的一種表示。逐漸的，我們會期待自己在每一方面都很出色，不只是在工作和家庭方面，在家庭園藝上，在假期規劃上，甚至在放鬆方面也要做得很好。我們對自己有這麼多的期望，有這麼多地方要去，有這麼多事情要做，它們便成為壓力的來源。

如果某一天你感到壓力過大，就應該快快放一個長假，讓身心舒展一下，並應該及早到醫院治療身體的毛病。這個階段你自己的身體發出了警告信號，所以萬萬不能大意。因為，如果你不理會這些信號，你的身體便會越來越糟，精神萎靡不振，接著就會有注意力不集中，精神散漫、魂不守舍等現象，工作表現開始變差，生活感到緊張慌忙。若你仍然不願意休息的話，精神健康會大受損傷。這時，休息和學習減壓的方法是不能缺少的了。

最後，我們必須接受，生活雖然是有壓力的，但這並不是它原有的特質。如果我們學著了解自己的需要和能力，找到一些控制壓力的方法。沒有任何事可以讓壓力上身：我們可以讓這種現代傢伙滾一邊去。

讓自己精神百倍的奧祕

有人問一個著名的歌劇演唱家，她是否因感到身心不舒服而不能登台演出時，她回答道：「不，我們歌唱家付不起生病的醫藥費。我們必須要隨時上台。稍有小病就屈服，不再工作，我們還沒有富裕到那種程度。」

演員和歌唱家一樣，因為職業的需要，必須把私人的情感放在一邊，絕對忠實於觀眾，即便是狀態不佳時也是這樣。他們並不是生病時真的承擔不起藥費，而是不管什麼時候，都不讓個人的情緒和小病與自己的工作相衝突。如果他們稍有不適就無法展現在觀眾面前，怎麼能擁有持久的名聲和藝術成就呢？

能夠有力控制住自己情感的演員和歌唱家，結果怎樣呢？儘管受職業所限，經常不分白天黑夜的工作，身心健康不斷的受到消磨，但他們仍然精神百倍、容光煥發。是不是他們採取什麼特別的措施，以維持著年輕和健康的活力呢？他們唯一的措施就是以積極的心態來面對工作。即使到了老年，相比同齡人，他們看起來依然是非常年輕。

如果馴馬師不以嚴格的標準來訓練馬，牠就會特別懶散，顯現不出駿馬的神采。人整天無精打采，只圖一時的舒服，就會和這樣的馬一樣，變得懈怠，什麼都不想做。如果人的思想也是這般沒有活力，就會讓身體也跟著陷入怠惰之中，甚至變得麻木不仁。

商界人士整天忙著工作，沒有喘息的機會和時間去自顧自憐，還會總是覺得自己一身病痛嗎？神經兮兮，覺得自己這也不舒服，那也不舒服嗎？

世界就像一座大軍營，我們都是最高統帥指揮下的士兵。每天，如果不是真正無法動彈，就必須按時出操。

如果你讓不良情緒和臆想控制了自己，就等於為健康殺手打開了大門，讓它們扼殺掉自己的成功和快樂。不要身體一有難受的感覺和懶惰的思想，就對自己同情不已，任何情況下都不能這樣。此時，只要你一鬆懈，就會使自己成為不良情緒的奴隸，任其擺布而引病上身。

有些人經常覺得自己好像有病，結果反而真的疾病上身，如果自己的腳偶爾弄濕了，他們就會認為要得傷寒或感冒。如果不巧被風吹了一下，就確信痛苦又可怕的病症會隨之而來。如果感到身體寒冷，喉嚨疼痛，並咳了幾聲，就會大動干戈，四處求醫問藥。這些情況在家庭生活中難道沒有嗎？他們頭腦裡的「頑症」減弱了對疾病的抵抗力，使身體經受不住小毛病的影響。如果認為自己病了，也就真會生病。

發現尋求生活的快樂卡內基曾以兩百美金的賞金，徵求一則以「我怎麼樣快樂起來」為題，對人們有幫助也能激勵人心的真實故事。這次徵文競賽的三位評審是：航空公司的董事長，大學校長，廣播新聞評論家。他們收到兩篇非常好的故事，但三位評審委員無法在其中選出第一名，於是讓兩名應徵者平分了獎金。

下面就是得獎的故事之一，執筆者是住在美國密蘇里州春田市的波頓先生。我九歲的時候沒有了母親，十二歲的時候又失去了父親，我父親死於車禍，母親在十九年前的某一天離家而去，從此我就再也沒有見過她和她帶走的兩個小妹妹。直到離家七年之後，她才給我寫信。我父親在母親離家三年後死於車禍，他和一個合夥人在密蘇里的一個小鎮買下一間咖啡店，合夥人趁他出差的時候把咖啡店賣了，攜了現款後逃跑了。一個朋友打電報給父親，叫他趕快回家，在匆忙之中，父親在堪薩斯州沙林那遇車禍喪生。我的兩個姑姑，她們又老又窮又有病，把我們五個孩子中的三個帶到她們家裡去，沒有人要我和小弟弟，我們只好靠鎮上的人來幫忙。我們被人家叫做孤兒，或者被人家當做孤兒來看待，但我們所擔心的事情很快發生了。

我在鎮上一個很窮的人家住了一陣子，但是日子很艱難，那一家的男主人失業了，所以他們沒有辦法再養活我。後來菲利浦先生和他的太太收留了我，讓我住在他們離鎮十一哩的農莊裡。菲利浦先生七十歲，他對我說，只要我不撒謊，不偷東西，能聽話做事，我就能一直住在那裡。這三個要求變成了我的聖經，我完全遵照它們生活。我開始上學，其他的孩子都來找我麻煩，取笑我的大鼻子，說我是個笨蛋，還說我是個『小臭孤兒』。我氣得想去打他們，但是收容我的那位農夫菲利浦先生對我說：『永遠記住，能走開不打架的人，要比留下來打架的人偉大得多。』我一直沒有和人打過架。

後來有一天，有個小孩在學校的院子裡抓起一把雞屎，丟在我的臉上。我把那小子痛揍了一頓，結果交上了好幾個朋友，他們說那傢伙活該。我非常喜歡菲利浦太太給我買的一頂嶄新的帽子。有一天，有個大女孩把我的帽子扯下來，在裡面裝滿了水，帽子被弄壞了。她說她把水放在裡面的原因，是要那些水能夠弄濕我的大腦袋，讓我那爆米花似的腦袋不再亂晃。我在學校裡從來沒有哭過，但是我常常在回家之後號啕大哭。有一天，菲利浦太太給了我一些忠告，使我驅除了所有的煩惱和憂慮，而且把我的敵人都變成了朋友。她說：『孩子，要是你肯對他們表示興趣，而且能夠關注為他們做些什麼的話，他們就不會再來逗你，或叫你小臭孤兒了。』我接受了她的忠告，我要用功讀書。

很快我就成為班上的第一名，卻從來沒有人忌妒我，因為我總在盡力幫助別人。我幫好幾個男同學寫作文，寫很完整的報告。有個孩子不好意思讓他的父母親知道我在幫他的忙，所以常常告訴她母親說，他要去抓袋鼠，然後就到菲利浦先生的農場裡來，把他的狗關在穀倉裡，然後讓我教他讀書。

死神再次降臨到我們的身邊，兩個年紀很大的農夫都死了，還有另一位老太太的丈夫也死了。在這四家人中我是唯一的男性，我幫助那些寡婦們度過了兩年。在我上學或是放學的路上，我都要到她們的農莊去，替她們砍柴、擠牛奶，替她們的家畜餵飼料和餵水。現在大家都很喜歡我，每個人都把我當做朋友。當我從海軍退伍回來的時候，他們向我表達了他們的謝意。我到家的第一天，有兩百多個農夫來看我，甚至有人從八十哩外開車過來。他們對我的關懷非常真誠，因為我在忙碌的同時也樂意去幫助其他人，所以我沒有什麼憂慮，而且十三年來再也沒有人叫我「小臭孤兒」了。

華盛頓州西雅圖已故的佛蘭克．陸培博士也是一樣。他因為風濕病在床上躺了二十三年的時間。但是《西雅圖報》的記者史都華．懷特豪斯寫信告訴卡內基說：「我去訪問過陸培博士好幾次，我從來沒見過有哪一個像他這樣不自私，這樣好好過日子的。」

一個像他這樣躺在床上的身障者，怎麼做到好好過日子的呢？他的做法是：把威爾斯王子的名言「我為人服務」作為座右銘。他搜集了很多病人的姓名和住址，寫信給他們，信中充滿快樂和鼓勵，使他們高興，也激勵他自己。事實上，他組織了一個專供病人通信的俱樂部，最後，成為一個全國性的組織，稱之為「病房裡的社會」。他躺在床上，平均每年要寫一千四百封信，把別人捐贈的收音機和書籍送給那些需要幫助的人，為成千上萬的病人送去了快樂。陸培博士和別人最大的不同是什麼呢？那就是陸培博士有一種內在的力量，有一個目的，有一個任務，有一份快樂，那份快樂是在為一個比自己高貴得多也重要得多的理想服務所得到的，而不是做一個像蕭伯納所說的「以自我為中心，又病又苦的老傢伙，一天到晚抱怨這個世界沒有好好使他開心之人」

古波斯拜火教的始祖瑣羅亞斯德說：「為別人做好事不是一種責任，而是一種快樂，因為這能增加你自己的健康和快樂。」紐約心理治療中心的負責人亨利．林克說：「現代心理學上最重要的發現就是透過科學證明：必須要有犧牲自我的精神或者是約束自我的能力，這樣才能達到了解自我與懷抱快樂。」多為別人著想，不僅能使你不再憂慮自己，也能幫助你結交很多的朋友，並收穫很多的樂趣。

洛克菲勒早在二十三歲的時候就一心一意追求他的目標。據他的朋友說：「除了生意上有好消息以外，沒有任何事情能令他展開笑顏。當他做成一筆生意，賺到一大筆錢時，他會高興的把帽子摔到地上，快快活活的跳起舞來。但如果失敗了，那他會隨之病倒。」就在他的事業達到頂峰之時，財富像維蘇威火山的金黃色岩漿那樣，財源滾滾的流入保險庫中，而他的私人世界卻塌垮了。許多書籍和文章公開譴責標準石油公司那種不擇手段致富的財閥行為，他們利用和鐵路公司之間的祕密回扣，無情的擠掉任何競爭者。

在賓夕法尼亞州，洛克菲勒成為當地人們最痛恨的人。被他打敗的競爭者，把他的人像吊在樹上洩恨。充滿火藥味的信件如雪花般湧進他的辦公室，恐嚇說要取他的性命。他雇用了許多保鏢，以防遭敵人暗殺。他試圖不理會這些仇視怒潮，有一次還以諷刺的口吻說：「你儘管踢我罵我，但我還是我行我素。」

但他最後還是發現自己畢竟也是凡人，不能忍受人們對他的仇視，也受不了憂慮的困擾。他的身體開始不行了。疾病從內部向他發動襲擊，令他措手不及，疑慮不安。起初，他試圖對自己偶爾的不適保密。但是，失眠、消化不良、掉頭髮——這些病症卻是無法隱瞞的。最後，他的醫生把實情坦白的告訴他。他只有兩種選擇：要麼選擇財富和煩惱，要麼選擇性命。他們警告他：必須在退休和死亡之間作一抉擇。他最後選擇了退休。但在退休之前，煩惱、貪婪、恐懼已徹底擊敗了他的健康。美國最著名的傳記女作家見到他時嚇壞了，她寫道：「他臉上所顯示的是駭人的年老，我從未見過像他那樣蒼老的人。」醫生們開始挽救洛克菲勒的生命，他們為他立下三項規則——這是他終生徹底奉行不渝的三項規則：

（一）避免煩惱。在任何情況下，絕不為任何事煩惱。

（二）放鬆心情。多在戶外做適當運動。

（三）注意節食。隨時保持半飢餓狀態。

洛克菲勒遵守這三項規則，從而挽救了自己的性命。退休後，他學習打高爾夫球，整理庭院，和鄰居聊天，打牌，唱歌等。當然他同時也做別的事。一位作家說：「在那些痛苦及失眠的夜晚裡，洛克菲勒終於有時間開始自我反省。」他開始為他人著想，他曾經一度關閉那種他能賺多少錢的想法，而開始思索那筆錢能給多少人換來幸福。簡而言之，洛克菲勒現在開始考慮把數百萬的金錢捐出去。有時候，做這件事可真不容易。當他向一座教堂奉獻時，全國各地的傳教士齊聲發出反對的怒吼：「腐敗的金錢！」但他繼續捐獻，在獲知密西根湖湖岸的一家學院因為抵押權而被迫關閉時，立刻展開援助行動，捐出數百萬美元去援助那家學院，將它建設成為目前舉世聞名的芝加哥大學。他也盡力幫助黑人，像塔斯基吉黑人大學需要基金來完成黑人教育家布克·華盛頓的志願，他就沒有半絲疑慮的捐出鉅款。他也幫忙消滅十二指腸蟲，當著名的十二指腸蟲專家說：「只要價值五毛錢的藥品就可以給一個人治癒這種病，但誰會捐出這五毛錢呢？」洛克菲勒捐出數百萬美元消滅十二指腸蟲，消滅了這種讓美國幾乎一度陷於癱瘓的疾病。然後，他又採取更進一步的行動，成立了一個龐大的國際性基金會——洛克菲勒基金會，致力於消滅全世界各地的疾病、文盲及無知。像洛克菲勒基金會這種壯舉，在歷史上實屬首例。

洛克菲勒深知，世界各地有許多有識之士，做著許多有意義的活動，但是這些偉大的工作，卻經常因缺乏基金而被迫停止。他決定幫助這些人道的開拓者，並不是「將他們接收過來」，而是給他們一些錢來幫助他們完成工作。今天，你我都應該感謝約翰．D．洛克菲勒，因為在他的金錢資助下，發現了盤尼西林以及其他多種新藥。他讓你的孩子不再因患「腦膜炎」而夭折；他使我們克服了瘧疾、肺結核、流行性感冒、白喉和其他目前仍危害世界各地的疾病。洛克菲勒把錢捐出去之後，是否已獲取了心靈的平安？他最終感覺非常滿足了，洛克菲勒十分快樂。他已完全改變自己，完全不再煩惱。

其實在生活中，快樂要靠自己去尋找的，它不會輕易的降臨到你的身邊，要想得到快樂，需要你用心去發掘和創造。其實快樂是無處不在的，只要你驅除心中的煩惱，做一件幫助別人的事，拾起一個丟在地上的垃圾……快樂就會與你不期而遇了。

這時，你可以很好的享受快樂了！

第十一章　擺脫疲勞，永保活力

讓自己精神百倍的奧祕

人性的弱點

卡內基經典成功學，一針見血指出人類劣根性

作　　者：（美）戴爾·卡內基　著，趙雅筑　編譯
發 行 人：黃振庭
出 版 者：崧燁文化事業有限公司
發 行 者：崧燁文化事業有限公司
E-mail：sonbookservice@gmail.com
粉 絲 頁：https://www.facebook.com/sonbookss/
網　　址：https://sonbook.net/
地　　址：台北市中正區重慶南路一段六十一號八樓 815 室
Rm. 815, 8F., No.61, Sec. 1, Chongqing S. Rd., Zhongzheng Dist., Taipei City 100, Taiwan (R.O.C)
電　　話：(02)2370-3310
傳　　真：(02) 2388-1990
總 經 銷：紅螞蟻圖書有限公司
地　　址：台北市內湖區舊宗路二段 121 巷 19 號
電　　話：02-2795-3656
傳　　真：02-2795-4100
印　　刷：京峯彩色印刷有限公司（京峰數位）

定　　價：450 元
發行日期：2020 年 9 月第一版
◎本書以 POD 印製

國家圖書館出版品預行編目資料

人性的弱點：卡內基經典成功學，一針見血指出人類劣根性 / 戴爾．卡內基著；趙雅筑編譯．-- 第一版．-- 臺北市：崧燁文化，2020.09
面；　公分
POD 版
ISBN 978-986-516-478-2(平裝)
1. 人際關係 2. 溝通技巧 3. 成功法
177.3　　109014034

官網

臉書